Elfriede Maresch   Traudi Schlitt   Frank Uwe Pfuhl

Vogelsberg

Elfriede Maresch   Traudi Schlitt   Frank Uwe Pfuhl

Vogelsberg

Einziger Wasserfall im Vogelsberg: Die Nidda in Schotten

Titelbild: Schwarzbachtal bei Ilbeshausen-Hochwaldhausen

Bild Seite 2: Ausblick vom Schlossberg Ulrichstein

Inhaltsverzeichnis

Vorworte 6

DER VOGELSBERG
Auf der Landkarte schnell gefunden 14
Naturräumliche Gliederung - die drei Gesichter des Vogelsbergs 16
Wetter und Wasser im Vogelsberg 20

VULKANISMUS: DER VOGELSBERG ENTSTEHT
Vom Ausbruch der Vulkane – wie der Vogelsberg entstanden ist 22
Geotope – Lesezeichen im Buch der Erdgeschichte 26
Ein Stein wird edel – eine Hommage an den Vogelsberg 74
Wo gibt es hier Vulkane? Unterwegs zu Schloten und Lavaströmen 78
Naturpark Hoher Vogelsberg und Geopark Vulkanregion Vogelsberg 82

LANDSCHAFTEN UND LEBENSRÄUME DES VOGELSBERGS
Lebensraum mit einer außergewöhnlichen Artenvielfalt 90
Quellen – sensible Übergänge zwischen Grundwasser und Erdoberfläche 94
Niddatalsperre – technisches Bauwerk und Lebensraum in einem 98
Die Wälder im Vogelsberg 102
Naturwaldreservat Niddahänge östlich Rudingshain 116
Hecken, Feldgehölze, Hutebäume und Lesesteinwälle 120
Die Vogelsberger Wiesen sind bunt und vielfältig 130
Der Vogelsberggarten in Ulrichstein – „Gen-Bank" für alte Arten 142
Verträumt, aber voller Leben – die Mooser Teiche 146
Naturparadies „Vogelsberger Seenplatte" 150

NATURSCHUTZ UND NATURERLEBEN IM VOGELSBERG
Den Vogelsberg erwandern und erleben mit den Naturparkführern 154
Heidehaus Kirtorf – Ausbildungszentrum für Natur- und Umweltbildung 156
Das Naturschutzgroßprojekt Vogelsberg 158

KULTUR, GESCHICHTE UND ALTES HANDWERK
Trockenmauern aus Basalt – wie aus der Not eine Tugend wurde 162
Einzigartig im Vogelsberg – die Basaltkirche in Wingershausen 166
Eine Industrie prägt die Landschaft – Der Erzabbau im Vogelsberg 170
Der Schmerofen in Kirtorf – ein Relikt vergangenen Handwerks 180
Fachwerkbau im Vogelsberg als Bild einer Kulturlandschaft 184
Eine Fachwerkkirche mit außergewöhnlichen Schnitzereien 190
Fachwerk wie nicht von dieser Welt – Teufelsmühle in Ilbeshausen 195
Der Totenköppel – mystischer Ort von einmaliger Schönheit 200

Danksagungen 206
Bildautoren & Impressum 207

Liebe Leserinnen, liebe Leser,

wir bekennen uns zu dieser Region. Und das seit über einhundert Jahren. Seit über einem Jahrhundert liegen unserem Unternehmen diese Region und ihre Menschen am Herzen, indem wir den uns erteilten Auftrag erfüllen, einen wichtigen Teil der Daseinsvorsorge für Oberhessen sicherzustellen: die Versorgung mit elektrischer Energie, in einem erheblichen Teil die Förderung und Lieferung von Trinkwasser und seit langer Zeit auch die Organisation des Öffentlichen Personennahverkehrs.

Nun könnte mancher einwenden: Klar liegt einem Unternehmen eine Region am Herzen, wenn es dort geschäftlich tätig ist. Dazu ist jedoch einzuwenden: Alle Überschüsse und Vorteile der OVAG-Gruppe fließen in die Landkreise Vogelsberg, Wetterau und Gießen – und damit in unsere Region und nicht etwa an anonyme Aktionäre wo auch immer in diesem Land. Hinzu kommt: Die OVAG-Gruppe verwendet Mittel, um die Region auf freiwilliger Basis zu unterstützen – das ist dann die Sache mit dem Herzen weit über das bloße „Geschäft" hinaus. Sei es im Sport und in der Kultur, sei es im Bereich des Erhalts der Umwelt oder bei gesellschaftspolitischen und sozialen Projekten. Gerade als kommunales Unternehmen empfinden wir es als unsere Verantwortung, solche Beiträge zu leisten. Dazu gehört, dass wir hin und wieder Bücher publizieren, die mit Land und Leuten oder mit der OVAG zu tun haben. Es ist nicht nötig, an dieser Stelle zu betonen, welch besondere Landschaft, welche von der Natur reichhaltig beschenkte Landschaft Oberhessen ist. Wir halten es aber für wichtig, die Vorzüge dieser Region in Text und Bild festzuhalten – nicht nur für uns, die wir das Privileg genießen dürfen, hier zu wohnen und zu leben, sondern auch für Menschen aus anderen Teilen des Landes. Sei es schlicht als „Werbung" für Oberhessen, sei es, um all jenen, die mit dieser geographischen Bezeichnung nichts anzufangen wissen, zu zeigen: „Seht her, hier leben wir! Seht her, so sind wir! Seht her, es lohnt sich, hier zu leben! Seht her, es lohnt sich, für die Pflege dieser Region einzutreten."

Vor vier Jahren haben wir den Band „Auenlandschaft Wetterau" veröffentlicht, der ein großes Echo weit über die Region hinweg hervorgerufen hat. Nun also mit dem vorliegenden Werk die Hommage an den Vogelsberg. Es ist das Verdienst der Autoren – denen wir an dieser Stelle ausdrücklich für ihr Engagement danken möchten –, dass ein Buch entstanden ist, das für den Laien verständlich ist, ohne die Ansprüche des Kenners zu verletzen. Eine Mischung, die ein Buch hat entstehen lassen, das zeitlos ist, das seiner chronistischen Pflicht nachkommt, das auch noch in vielen Jahren Bestand haben wird, das man immer wieder gerne zur Hand nehmen wird. Davon sind wir überzeugt.

Brechen Sie also gemeinsam mit uns auf zu diesem unterhaltsamen Streifzug durch den Vogelsberg, erfreuen wir uns an Bekanntem, staunen wir über uns bislang Unbekanntes.

Viel Lesefreude wünschen Ihnen

Rainer Schwarz
Vorstandsvorsitzender der OVAG

Rolf Gnadl
Vorstand der OVAG

Was ist der Vogelsberg?

Sicherlich für jeden etwas anderes: Vulkanlandschaft, Land der Hecken, Quellgebiet, waldreiche Mittelgebirgslandschaft, Wintersportort, Arbeitsplatz, Luftkurort und Erholungsgebiet und sicherlich vieles mehr.

Genau diese Schwierigkeit, den Vogelsberg zu fassen zu bekommen, hatten wir als Autoren. Er ist so facettenreich und zugleich so vielfältig, dass es ihm nicht gerecht würde, ihn in eine Schublade zu packen. Und genau aus dieser Erkenntnis rührt der einfache Titel: VOGELSBERG – Punkt. Kein Untertitel, keine lange Aufzählung irgendwelcher Attribute.

Damit verbunden ist auch, dass wir keinen Anspruch auf Vollständigkeit erheben. Möglich, dass nicht jede Leserin oder jeder Leser „sein" Bild vom Vogelsberg wiederfindet. Da nehmen wir es mit Voltaire, der feststellte, dass „die Kunst zu langweilen darin besteht, von einer Sache alles zu erzählen." Wir erzählen unsere Geschichten vom Vogelsberg in kurzen Texten und in vielen Bildern und freuen uns, wenn wir damit den Appetit angeregt haben.

Aber was ist der Vogelsberg für uns? Auch wenn keiner von uns hier geboren ist, so fühlen wir uns magisch angezogen, sind tief im Herzen berührt von dieser Landschaft, in der wir eine neue Heimat gefunden haben und mit der wir Erlebnisse unserer Kindheit und Jugend verbinden. Rodelspaß, Jugendherbergsaufenthalte, Verirren im Herbstnebel, nächtliche Erkundungsgänge zu röhrenden Hirschen, nette Bekanntschaften in den Vogelsbergdörfern, Spurensuche in Fachwerkkirchen oder einfach nur ausgedehnte Wanderungen durch bunte Blumenwiesen.

In Michael Endes Buch „Momo" wird Zeit in Form von Stundenblumen sicht- und greifbar. In den Metropolregionen ist die Zeit flüchtig, sie verfliegt in Hektik und Geschäftigkeit – äolisch, unsichtbar. Nicht so im Vogelsberg. Zeit begegnet uns hier in verschiedener Gestalt: Der Stundenzeiger ist das Gestein, der Minutenzeiger die Kulturgüter und der Sekundenzeiger die Jahreszeiten.

Der geübte Beobachter kann nämlich sehen, was da passiert ist, sieht die Zeit förmlich vorbeiziehen in Millionen Jahren in Steinbrüchen und an Geotopen. Die Jahrhunderte sind in den Baustilen, den Baustoffen und in den Spuren menschlichen Wirtschaftens abzulesen. Kaum an einem anderen Ort lassen sich die Jahreszeiten so intensiv erleben wie im Hohen Vogelberg – im Winter oft unter dicker Schneedecke, still und starr. Dann das Tauwetter und die randvollen Bachläufe und schließlich ein Aufblühen im Frühling in einer Formen- und Farbenpracht, die die umliegenden Landschaften längst eingebüßt haben.

Bei Momo lassen die Menschen schließlich Hektik und Geschäftigkeit hinter sich. Haben Zeit füreinander und für die kleinen und großen Entdeckungen des Besonderen im Leben. Viele dieser Entdeckungen lassen sich im Vogelsberg machen – er verdient es, dass man sich Zeit für ihn nimmt.

Oktober 2015

Elfriede Maresch, Traudi Schlitt und Frank Uwe Pfuhl

Der Europäische Siebenstern ist eine von vielen botanischen Kostbarkeiten, die im Vogelsberg zu entdecken sind.

Mehrere Millionen Jahre lang ließ der Vogelsberg – heute immerhin Mitteleuropas größtes geschlossenes Basaltmassiv – wohl bei seinen ungezählten Ausbrüchen die Erdkruste in weiten Teilen unseres Kontinents erzittern und erbeben. Gigantische Feuersäulen loderten hoch in den Himmel, hausgroße glühende Gesteinsbrocken wurden aus den Kratern geschleudert oder rollten weißglühend die feurigen und rauchenden Hänge hinunter. Brodelnde Asche- und Staubwolken zogen um den halben Erdball und verdunkelten monate-, ja vielleicht sogar jahre- oder jahrzehntelang die Sonne.

Von all diesen dramatischen Ereignissen haben wir als heutige Vogelsberger nichts mehr gemerkt – Gott sei Dank. Der Vogelsberg ist zahm geworden. Lediglich die Fernsehbilder aus Hawaii oder von anderen Stellen unserer Erde, wo Vulkanausbrüche immer wieder an die Glutmasse tief unter der Erdoberfläche erinnern, vermitteln uns einen blassen Eindruck von diesen gigantischen Naturgewalten.

Doch so spektakulär und laut sich der Vogelsberg in Jahrmillionen bemerkbar machte, so still war es lange Zeit um ihn. Die Literatur über diese Mittelgebirgslandschaft ist nicht sehr umfangreich – und auch wenig einladend.

So beschreibt zum Beispiel der seinerzeit in Gießen lehrende Mineraloge Philipp Engel Klipstein in einem 1790 in Berlin erschienenen Buch sein Unterfangen, die Gesteinsarten im Vogelsberg zu untersuchen und berichtet über die Quellen des Forellenteiches „und eine andere sehr ergiebige Quelle: Beide sollen Sommerszeiten so kühl sein, dass ohne Lebensgefahr nicht davon zu trinken wäre."

Und auch aus dem Jahr 1793 gibt es eine bemerkenswerte Beschreibung mit interessanten Ausführungen. „Der Vogelsberg wird in Vergleichung der nahen Gegend um Hanau für ein rauhes Land gehalten. Wenn man die Gränzberge erstiegen, so ist die obere Fläche, mit Ebenen, Hügeln, Wäldern, Wiesen, und Fruchtfeldern untermenget. Der Boden ist schwer, hat

keinen Sand, ist fast durchgehends eisenschüßig, zum Theil steinigt und zum Fruchtbau ganz gut, wenn er nur recht gedünget wird. Man findet fast durchaus einerley Steinart, nemlich schwarze Waken, und diese liegen an einen Teihl Orten in ungeheuren großen Stücken über, und neben einander, die noch Zeugen von großen Revolutionen des Erdbodens sind."
Und selbst meine Mutter riet uns Kindern in den sechziger Jahren des 20. Jahrhunderts noch vehement davon ab, „auf den Vogelsberg zu fahren", wobei bei den damals weitaus schlechteren Verkehrsverbindungen noch niemand ahnen konnte, wie leicht, bequem und schnell Hoherodskopf, Taufstein, Bismarckturm, Hochmoor, Geiselstein und andere attraktive touristische Ziele heute zu erreichen sind.
„Da gibt es nichts zu sehen außer Steinen und Hecken – und die haben wir bei uns auch", war ihr Standardargument. Überzeugen konnte mich das schon damals nicht. Schon als junger Student besorgte ich mir alle erreichbare Literatur über den Vogelsberg, der ja schließlich meine Heimat ist.
Inzwischen hat sich in Sachen Aufklärung über und Werbung für den Vogelsberg als attraktives touristisches Ziel sehr viel getan. Die Vogelsberggemeinden und –städte stellen ihre Sehenswürdigkeiten in allen möglichen Veröffentlichungen vor und werben selbstbewusst und bilderreich um Urlauber und Wanderer, Radfahrer und Skateboarder, Motorsportfreunde, Camper, Wintersportler, Aktiv- und Passivurlauber, Singles und Familien. Und sie halten auch, was sie versprechen!

Vor allem auch als Naturfreund muss man nicht mit dem Flieger um die halbe Welt reisen, um spannende Beobachtungen in Natur und Landschaft zu erleben. Im Vogelsberg mit seinen sanften Hügeln, ausgedehnten Wäldern und gurgelnden Bächen findet man nicht nur eine herrliche Landschaft, sondern auch auf Schritt und Tritt botanische Kostbarkeiten: Arnika und Türkenbund, Sumpf-Blutauge und Europäischer Siebenstern, Alantdistel und verschiedene Orchideenarten seien an dieser Stelle nur als besonders auffällige Blütenpflanzen genannt. Aber auch zahlreiche verschiedene Moos- und Farnarten warten aufs Entdecktwerden. Eindrucksvoll präsentieren sich außergewöhnliche Baumgestalten. Die Mammutbäume im alten Pflanzgarten von Schotten sind wohl das bekannteste Beispiel.
Punkten kann der Vogelsberg auch mit seinen reizvollen Fachwerkdörfern, wehrhaften Burgen und Schlössern und vor allem seinen schmucken Fachwerkkirchen.
Der Vogelsberg ist auf jeder physikalischen Landkarte sofort zu erkennen: ein auffälliger Punkt in der Mitte Europas. Wenn Sie, liebe Leserin, lieber Leser, den vorliegenden prachtvollen Bildband gelesen haben, werden Sie mit dieser farbigen Landmarke auf der Karte zukünftig gedanklich nicht nur einen Orientierungspunkt, sondern automatisch auch eine Landschaft zum Liebhaben verbinden.
Und – noch besser: Besuchen Sie dieses Mittelgebirge im Herzen Europas und erfreuen Sie sich an der herrlichen Landschaft, den liebenswerten Menschen und an der vielfältigen Tier- und Pflanzenwelt.

Alfred Leiß
Vorsitzender des Naturschutzbeirats des Wetteraukreises

Der Vogelsberg – auf der Landkarte schnell zu finden

Auf der Karte schnell zu finden: der Vogelsberg. Wie ein großer i-Punkt auf dem mit leicht östlichem Drall nach Norden verlaufenden Oberrheingraben. Ein kreisförmiges Gebilde, aus dem in alle Himmelsrichtungen Wasserläufe ihren Weg suchen. Seiner Höhe wegen als „Mittelgebirge" bezeichnet, ist der Begriff im Fall des Vogelsbergs mehrdeutig. Er liegt beinahe in der Mitte Hessens und der Mitte Deutschlands.

Der Vogelsberg nimmt heute eine Fläche von rund 2.500 Quadratkilometer ein, das entspricht ziemlich genau der Fläche des Saarlandes. Er hat einen Durchmesser von 60 Kilometern, das Kreiszentrum befindet sich nahe Laubach. Die höchsten Erhebungen finden sich nicht in der Mitte, sondern 15 Kilometer nach Osten versetzt. Ungefähr in einer Linie stehen hier der Taufstein (773 m), der Hoherodskopf (764 m) und der Sieben Ahorn (753 m). Wirkliche Berggipfel bilden sie aber nicht. Man könnte meinen, der Funkturm auf dem Hoherodskopf sei gezielt aufgestellt worden, um die höchsten Erhebungen zu markieren und den Vogelsberg überhaupt auch erst einmal aus der Ferne sichtbar zu machen. Das ist nämlich gar nicht so leicht: Aus der zentralen Wetterau ist der Vogelsberg kaum als Gebirge auszumachen, während der Taunus im Westen schon viel mächtiger wirkt. Und das liegt nicht allein daran, dass der Taunus mit seinem Großen Feldberg (879 m) oder die Rhön im Osten mit der Wasserkuppe (950 m) einige Höhenmeter mehr aufweisen können.

Der Vogelsberg macht sich eben sehr breit. Er läuft in weiten Terrassen und mit sanfter Abstufung in die umgebende Landschaft aus. Die Ausformung seiner Oberfläche folgt im Wesentlichen der Verwitterung und Abtragung, die wiederum vom Gefälle in die umgebenden Landschaften abhängig ist. So fällt der Vogelsberg nach Norden und Nordosten eher sanft ab, während die südlichen und südwestlichen Seiten durch die Flüsse tiefer eingeschnitten sind. Das größte Gefälle vom Oberwald hinunter in die Auenlandschaft der Wetterau haben die Nidda und die Nidder. Sie haben sich sichtbar in ihre Täler eingeschnitten, langgezogene Riedel blieben als Höhenzüge stehen – die wie Finger nach der Wetterau greifen. Aber was genau ist der Vogelsberg, was grenzt ihn von der Umgebung ab?

Die Definitionen fallen recht unterschiedlich aus. Einen Anhaltspunkt bietet die Geologie: Die heutige Verbreitung des Basalts dieses größten mitteleuropäischen Vulkangebiets umreißt seine tatsächliche Fläche. Die ist keineswegs deckungsgleich mit dem „Naturpark Hoher Vogelsberg" und auch der Vogelsbergkreis deckt nicht einmal die Hälfte davon ab. Große Teile der Landkreise Gießen und Wetterau, einige Gemeinden des Main-Kinzig-Kreises sowie Randbereiche der Landkreise Marburg-Biedenkopf und Fulda liegen im geologischen Vogelsberg. Im Uhrzeigersinn umrunden die Städte Gießen, Alsfeld, Lauterbach, Schlüchtern, Büdingen und Friedberg das Gebiet.

Die heutige Verbreitung von Basalten des Vogelsbergs (grün dargestellt) liefert einen Anhaltspunkt für die Abgrenzung dieser Landschaft, die keineswegs deckungsgleich mit politischen Grenzen ist.
(Karte: nach Ehrenberg und Hicketier (1985) ergänzt nach der Geologischen Übersichtskarte von Hessen (HLUG) durch K. Bär)

Naturräumliche Gliederung – die drei Gesichter des Vogelsbergs

Außer der Geologie werden auch die typischen Ausformungen einer Landschaft sowie deren klimatische Prägung und Vegetation als Abgrenzungskriterien für die Gliederung in naturräumliche Einheiten herangezogen. Der Vogelsberg gliedert sich in drei Einheiten: „Hoher Vogelsberg", „Unterer Vogelsberg" und „Vorderer Vogelsberg". Genau genommen lappt der „geologische Vogelsberg" aber auch in die Nachbareinheiten, wie beispielsweise in die „Wetterau" über.

Typisch für den Hohen Vogelsberg sind die großen Niederschlagsmengen. Durchschnittlich 1.200 Millimeter im Jahr kommen da zusammen, bedingt durch den Steigungsregen, der insbesondere an den Westhängen abregnet. Zum Vergleich: In der niederschlagsarmen Wetterau fallen teilweise gerade einmal 500 Millimeter pro Jahr. In der Gesamtbetrachtung ist die Niederschlagsverteilung aber recht verschieden, sowohl die Menge als auch die Verteilung über das Jahr weichen stark voneinander ab. Vom Fuß des Vogelsbergs zu seinen Höhenlagen nimmt die Niederschlagsmenge kontinuierlich zu, aber während unten noch die meisten Niederschläge in den Sommermonaten fallen, verschiebt sich die Verteilung Richtung Winter mit zunehmender Höhe. In den mittleren Lagen fallen vergleichbare Mengen in den Sommer- und Wintermonaten, im Hohen Vogelsberg bringen die Winterniederschläge die größten Mengen vor allem in Form von Schnee.

Die Zahl der Tage mit geschlossener Schneedecke nehmen klimabedingt ab, trotzdem ist der Hohe Vogelsberg im Vergleich zu den umgebenden Naturräumen deutlich schneesicherer.

Ausblick von der Herchenhainer Höhe über den Unteren Vogelsberg. Im Hintergrund erhebt sich der Taunus.

Hoher Vogelsberg

Im Norden meist über 500, im Westen zum Teil unter 400 Meter Höhe liegt der Naturraum „Hoher Vogelsberg", dessen Höhenlagen oberhalb von 600 Metern auch „Oberwald" genannt werden. Hier finden sich die naturschutzfachlich interessantesten Flächen, immerhin genießen 86,95 Prozent des „Hohen Vogelsbergs" einen Naturschutzstatus, ob als Fauna-Flora-Habitat- (FFH-) oder EU-Vogelschutzgebiet.

Der Oberwald ist charakterisiert durch eine lange andauernde Schneedecke, seine „Buchenwaldmütze" in den Gipfellagen und extensiv beweidete Grünlandflächen. Ackerbau ist hier oben wegen der teils flachgründigen Böden, aber auch wegen der verkürzten Vegetationsperiode nicht möglich.

In der Zone unterhalb des Oberwalds liegen die Quellgebiete der wichtigsten Flüsse, die sich in alle Himmelsrichtungen erstrecken. Rodungen in der Vergangenheit machten das Gebiet nahezu waldfrei, was besonders bei einer beschleunigt einsetzenden Schneeschmelze starke Hochwässer verursacht. Die landwirtschaftlich genutzten Flächen sind in den Hanglagen durch Hecken gegliedert.

Unterer Vogelsberg

Einem unförmigen Ring gleich umschließt er den „Hohen Vogelsberg". Bis zu 20 Kilometer breit liegt der „Untere Vogelsberg" auf Höhen zwischen 300 und 500 Metern. Die Böden werden tiefgründiger, weisen teilweise fruchtbaren Löß auf, weshalb in dieser naturräumlichen Einheit die landwirtschaftliche Nutzung dominiert. Es gibt einen hohen Grünlandanteil, Wald ist nur inselartig vorhanden. Eine Ausnahme bildet im Osten der Gieseler Forst, mit einem Untergrund aus Buntsandstein und ausgedehnten Kiefernforsten.

Vorderer Vogelsberg

Im Nordwesten zwischen Gießen und Laubach liegt der „Vordere Vogelsberg", der durch einen schwach ausgeprägten Geländeanstieg in Richtung Vogelsbergzentrum charakterisiert ist. Die vulkanischen Gesteine sind bis ins Lahntal flächenhaft ausgebreitet, zum Teil größere Auflagen aus Löß sorgen für eine hohe Bodenfruchtbarkeit, die ackerbauliche Nutzung ist hier weit verbreitet. Inselartig finden sich einzelne Basaltkuppen und flachgründige Basaltverwitterungsböden mit artenreichen Buchenwäldern.

Die Ohm bei Ulrichstein, wenige Meter unterhalb ihrer Quelle.

Wetter und Wasser im Vogelsberg

Nidda, Nidder, Wetter, Horloff, Lauter, Ohm, Schlitz, Felda – im Vogelsberg entspringen eine Reihe von Flüssen. Über die Höhe verläuft von Südosten nach Nordwesten die Wasserscheide Rhein/Weser. Woher kommt dieser Quellenreichtum? „Sommernebel und acht Monate Winter!" schrieb der Schottener Autor Otto Müller im 19. Jahrhundert, womit er die hohen jährlichen Niederschlagsmengen beschreibt. Statistisch gesichert ist die kurze Vegetationszeit im Hohen Vogelsberg: Nur 130 bis 140 Tage pro Jahr haben eine Durchschnittstemperatur von 10 Grad und mehr. Raureif- und Raufrosttage sind im Herbst und im Winter hier häufig. Im Oberwald fallen durchschnittlich 38 Prozent der Winterniederschläge als Schnee, überfrieren, tauen spät. Wahrscheinlich bedingt durch den Klimawandel geht der Trend derzeit hin zu geringeren Schneemengen und damit längeren Vegetationsperioden. Ein Zeichen dafür ist, dass in dem auf 280 Metern Höhe gelegenen Schottener Stadtteil Wingershausen seit kurzem wieder

Wein angebaut wird – erstmals, seit dieser in der „kleinen Eiszeit" (Anfang des 15. Jahrhunderts) eingestellt wurde.

Auch die Gesteine des Untergrundes tragen zur Grundwasserneubildung bei, in Zeiten des Vulkanismus vorwiegend vor 18 bis 16 Millionen Jahren entstanden, bilden sie heute ein komplexes Kluftwasserleitersystem. Zwischen Lagen gut wasserleitendem Basalt liegen im Wechsel immer wieder Tuffe und stark verwitterte Basalte, die sehr feinkörnig und tonig sind und so das versickernde Wasser zurückhalten und stauen. Insbesondere im Oberwald gibt es mehrere Stockwerke, in denen sich wasserleitende Basalte mit stauenden Tuffschichten abwechseln. Das erklärt auch die etagenweise Anordnung von Quellen.

Schwebende Grundwasserstockwerke also, vielleicht große Wasserspeicher in der Tiefe, die bei einer Bohrung, einer dauernden Wasserentnahme schwer gestört werden? „Die gebildeten Grundwasservorkommen besitzen ein Alter zwischen vier Tagen und 2000 Jahren", heißt es in einer Veröffentlichung der „Schutzgemeinschaft Vogelsberg e.V.". Und weiter: „Die Herkunft des Grundwassers in einem bekannten Gewinnungsgebiet ist aufgrund der vielen unregelmäßigen Gesteinsklüfte, in Verlauf und Größe unbekannt, oft nicht nachvollziehbar. Aufgrund seiner geologischen, hydrologischen und biologischen Verhältnisse ist der Vogelsberg ein auf Wasserentnahmen empfindlich reagierendes System." Reinheit und Geschmack des Vogelsbergwassers sind gut. Dazu tragen die Waldböden und die flusslaufbegleitenden Auwälder mit ihrer Filterfunktion bei. Zumindest ein Teil des Grünlandes an den Hängen wird nur extensiv bewirtschaftet und wenig gedüngt. So fördern seit Jahrzehnten verschiedene Verbände in einer Reihe von mittelhessischen Gewinnungsgebieten für den Bedarf des Rhein-Main-Gebietes. Zunächst galt das Prinzip „Wachsender Bedarf – wachsende Entnahme." Trockenfallen von Feuchtgebieten als Folge, Setzungsschäden an Gebäuden haben in den Achtziger und Neunziger Jahren zu Protesten der Öffentlichkeit und zu Entschädigungsforderungen geführt. Langsam hat sich Einsicht über die Problematik behördlich genehmigter, aber rein am Bedarf orientierter Wasserentnahmen durchgesetzt. Nun wird die Förderung reduziert, sobald die Grundwasserstände unter festgesetzte Marken fallen – eine Flexibilität, die der Nachhaltigkeit und dem Schutz der Biotope dient.

Seit ihrer Gründung 1989 setzt sich die „Schutzgemeinschaft Vogelsberg" mit anderen Umwelt- und Naturschutzvereinigungen für umweltschonende Grundwassergewinnung ein, ebenso für Wassersparen. Eine Intention, der sich auch die regionalen Wasserversorger angeschlossen haben. Denn das Vogelsbergwasser ist mehr als ein lukratives Wirtschaftsgut. Quellen, Bäche, Flüsse und Seen gehören zu den landschaftsprägenden Elementen, sind Lebensraum gefährdeter Tier- und Pflanzenarten.

Vom Ausbruch der Vulkane – wie der Vogelsberg entstanden ist

Kilometerlange Ströme heißglühender Lava, riesige, dunkle Wolken mit vulkanischer Asche, Hitze, Bersten, Knacken, Knirschen, ohrenbetäubende Explosionen, vulkanische Bomben – apokalyptische Zustände in einer Urlandschaft, in der heute der Vogelsberg liegt. Mit rund 2.500 Quadratkilometern ist er das größte zusammenhängende Vulkangebiet Mitteleuropas. Erste Ausbrüche gab es vor 18 Millionen Jahren, seit rund 15 Millionen Jahren ist es hier wieder ruhig. Seither nagte der „Zahn der Zeit" heftig am Gestein dieses Mittelgebirges, wodurch sich dessen basaltische Grundfläche und vor allem auch die messbare Höhe über dem Meeresspiegel deutlich verkleinerten. Mächtig dick ist die vulkanische Auflage aber immer noch. Vor wenigen Jahren wurde in Ulrichstein eine Bohrung in den Untergrund getrieben. Bei 656 Metern Tiefe (ausgehend von 669 Metern über Normalnull) abgebrochen, konnte die Basis der Vulkangesteine noch nicht erreicht werden, weshalb man davon ausgehen kann, dass zumindest der zentrale Vogelsberg bis hinunter auf Meereshöhe vulkanischen Ursprungs ist.

Einst war der Vogelsberg über 1.000 Meter hoch

Die für junge oder noch aktive Vulkangebiete typischen Landschaftsformen sind inzwischen verloren gegangen. Vulkankegel wurden eingeebnet, Maare verfüllt, Flüsse haben sich in die Lavaströme eingeschnitten. Andererseits wurden Schlote herauspräpariert und bilden markante Kuppen – ohne dass die frühere Höhe des zugehörigen Vulkans zu bestimmen ist. Wissenschaftler gehen heute davon aus, dass der Vogelsberg einmal Erhebungen von über 1.000 Metern hatte, also einiges abgetragen wurde. Dazu kommt, dass sich das Gelände auch schon vor und während des Vulkanismus abgesenkt hat, was zu zusätzlichem Höhenverlust führte. Heute misst die höchste Erhebung, der Taufstein, gerade einmal 773 Meter. Dort aber wird die Theorie bestärkt, dass der Vogelsberg einmal höher gewesen ist: Ein Schlot ist nicht zu finden, stattdessen eine kleine Verebnung und man geht davon aus, dass ein Lavastrom das Ausgangsmaterial der Blockhalde lieferte – und der muss von einem höher gelegenen Ausbruchszentrum heruntergeflossen sein.

Lava floss bis Frankfurt und Hanau

Einst reichten die Basaltdecken bis an den Untermain. Einzelne, inzwischen isolierte Vorkommen finden sich bis auch heute in Frankfurt und Hanau. Wenn deren Ausbruchszentren im Bereich des immer noch für uns sichtbaren, zentralen Komplexes gelegen haben, müssten die Lavaströme die kaum vorstellbare Strecke von über 50 Kilometern zurückgelegt haben. Überraschend ist die Spurensuche nach den Resten dieser Ströme in der heutigen Landschaft. Dem Glauberg etwa sieht man seine Herkunft kaum an, aber auch sein Plateau besteht aus Ba-

Das Plateau des Glaubergs ist ein isolierter Rest von Lavaströmen des Vogelsbergs.

salten – isolierten Resten von Lavaströmen aus dem Vogelsberg. Von ihren Fördergebieten sind diese Lavaströme heute abgeschnitten, weil große Bereiche durch Abtragung fehlen.

Schon die Dimensionen des Vogelsbergs machen klar: Das kann nicht ein einzelner Vulkan gewesen sein, der hier ausgebrochen ist. Vielmehr brachen hunderte Vulkane aus, verteilt über das ganze Gebiet und verteilt über eine lange Zeit. In den drei Millionen Jahren hat es immer wieder längere Phasen ohne Ausbrüche gegeben. So war zwischen den Ausbrüchen genug Zeit für Abtragung und Verwitterung. Oft lagerten die jüngeren Vulkane ihre Materialien auf den Resten der abgetragenen Vorgänger ab. Es entstand eine Art Torte, bestehend aus vielen Schichten übereinander lagernder Basaltdecken, zwischen denen mächtige Tufflagen zu finden sind, „eingestreut" auch Schlackenkegel und Maare.

Erdplatten geraten in Bewegung und die Erdkruste reißt auf

Vorausgegangen waren den vulkanischen Aktivitäten gigantische Bewegungen in der Erdkruste, auch als „Plattentektonik" bekannt: Die Afrikanische Platte wanderte nach Norden, wo sie gegen den europäischen Teil der Eurasischen Platte stieß. Dieser Druck war so groß, dass sich die Alpen auffalteten und Brüche entstanden. Der größte dieser Brüche ist der Oberrheingraben. In seiner Verlängerung nach Norden liegt der Vogelsberg. Später taten sich hier tiefe Risse in der Erdkruste auf, Magma stieg aus dem Erdmantel empor, das Vulkanfeld entstand. Zunächst eine Landschaft mit vielen einzelnen Vulkanen, aus der erst nach und nach ein geschlossenes Vulkangebiet entstand. Wichtig für die Lage und Größe des Vogelsbergs ist auch, dass er genau dort entstand, wo sich der alte Grabenbruch mit der in West-Ost-Richtung verlaufenden Zone der jungen Vulkanfelder kreuzt, zu denen neben Eifel auch Westerwald, Rhön und Oberpfalz gehören.

An den Gesteinen des Vogelsbergs und ihren Ausformungen sind unterschiedliche Ausbruchstypen zu erkennen. Zu heftigen Explosionen kommt es, wenn das heiße, aufsteigende Magma bei Erreichen der Erdoberfläche auf Wasser trifft. Dieses verdampft, dehnt sich auf das Tausendfache aus. Die Folge ist die Produktion von vulkanischer Asche und ein Trichter, den der Vulkan in den Untergrund sprengt. So gebildete Maare sind noch heute in der Eifel sichtbar.

Explosion wie bei einer Sektflasche

Zu Beginn explosiv verlaufen auch Ausbrüche ohne den Einfluss von Wasser. In dem aufsteigenden Magma reichern sich die darin gelösten Gase im oberen Bereich an. Tritt das Magma dann an die Oberfläche, nimmt der Druck in ihm ab, die Gase können sich ausdehnen und ähnlich einer überschäumenden Sektflasche kommt es zu einem explosionsartigen Ausbruch. Das Ergebnis dieses Ausbruchstyps ist am Schlackenkegel zu erkennen. Ein Beispiel dafür ist im historischen Steinbruch in Nidda-Michelnau zu sehen. Dort sind auch vulkanische Bomben im Gestein zu erkennen.

Ein typisches Produkt explosiver Ausbrüche sind die heute für den Wasserhaushalt des Vogelsbergs so bedeutenden Tuffe. Dabei handelt es sich um verfestigte Aschen. Diese bilden in der Wechsellagerung mit Basalt wasserundurchlässige Schichten und sorgen für die Rückhaltung versickernden Wassers. Hat eine Entgasung der basaltischen Schmelze stattgefunden, verlaufen weitere Ausbrüche nicht mehr explosiv, beinahe ruhig fließen jetzt Lavaströme aus. Nach Abkühlung entsteht Basalt. Im Vogelsberggebiet hat es zwei große Ausbruchsphasen gegeben. Die ältere Phase hat eine größere Vielfalt verschiedener Gesteine hervorgebracht. Bei dieser ersten Phase waren die Schmelzen teils sehr viel heißer. Sie bildeten eine dünnflüssige Lava, die innerhalb der Vulkanfelder Mitteleuropas nur hier zu finden ist.

Unter warmem Klima kam es anschließend zu einer starken Verwitterung. Die jüngere Ausbruchsphase brachte dann ein einheitlicheres Gestein hervor.

Basaltverwitterung liefert wertvolle Rohstoffe

Die klimatischen Bedingungen hatten sich mittlerweile geändert, anschließend verlief die Verwitterung deutlich langsamer. Welches Klima tatsächlich zur Zeit des Vulkanismus und danach geherrscht haben muss, lässt sich an der Entstehung für den Menschen wertvoller Rohstoffe ablesen: An vielen Orten des Vogelsbergs treten Roterden zu Tage. Sie sind ein Produkt der Basaltverwitterung im Tertiär. Es kam zur Bildung von Bauxit

Produkt der Basaltverwitterung: Roterden gibt es an vielen Orten im Vogelsberg.

Auf der exponierten Lage eines Schlots des Vogelsbergvulkanismus wurde im Mittelalter die Münzenburg errichtet.

und zur punktuellen Konzentration des im Basalt enthaltenen Eisens. Beides wurde im Vogelsberg abgebaut. Vergleichbare Prozesse laufen in unserer Zeit in wärmeren Zonen der Erde ab. Hohe Temperaturen und größere Niederschlagsmengen zersetzen auch sehr harte Gesteine und die Auswaschung sorgt für eine Änderung der Zusammensetzung.

Die Zeichen des Vulkanismus heute in der Landschaft zu lesen, ist eine große Herausforderung. Anhand weniger Felsen und einiger Steinbrüche – die eine Zeitreise durch das Gestein erlauben – muss das Geschehene abgeleitet werden. Tuffe beispielsweise sind sehr verwitterungsanfällig und daher nur in Steinbrüchen zu sehen. Die weit verbreiteten Basaltrücken sind dagegen meist ehemalige Lavaströme. Punktuell sind auch Schlote zu sehen, dies sind Aufstiegskanäle, in denen das Magma erkaltete. In beiden Fällen, sowohl bei den Lavaströmen als auch in den Schloten, entstehen häufig Säulen mit einer meist fünf- oder sechseckigen Grundfläche. Die Basaltsäulen entstehen durch Schrumpfung beim langsamen Erkalten der Lava. Dabei zeigt die Säule mit ihren Enden immer zu den Abkühlungsflächen. Das führt dazu, dass die Säulen eines Lavastroms senkrecht stehen und die eines Schlots horizontal oder schräg verlaufen. Ein Rückschluss auf die Fließrichtung des Lavastroms kann daraus nicht gezogen werden. Zugänglich sind Lavaströme unter anderem in der Geologischen Baumhecke Eichelsachsen oder bei den Uhuklippen.

Besonders markante Schlote sind die, auf denen im Mittelalter die Münzenburg, die Ronneburg und die Amöneburg errichtet wurden. Dagegen wurde das Niddaer Örtchen Stornfels auf dem Verwitterungsrest eines Lavastroms gegründet.

Genau genommen auch ein Geotop: das Hochmoor im Oberwald

Geotope – Lesezeichen im Buch der Erdgeschichte

Geotope sind Naturmonumente, Zeugnisse der Entwicklungsgeschichte der Erde und des Lebens. Weit über 250 Geotope verschiedener Art sind heute schon im Vogelsberg erfasst. Nach Schätzungen von Geologen liegt die mögliche Gesamtzahl gar bei 400 bis 800. Viele gilt es noch, zugänglich zu machen.

Als Geotope bezeichnet werden sowohl vom Menschen geschaffene Aufschlüsse als auch Landschaftsformen oder Erscheinungen, die das Wirken geologischer Kräfte zeigen.

Den besonderen Wert eines Geotops macht seine geowissenschaftliche Bedeutung, Seltenheit oder Schönheit aus. Ein ausgewiesenes Geotop sollte begehbar und für Forschung und Lehre nutzbar sein.

Im Vogelsberg fallen unter diese Definition Steinbrüche, Felsklippen, einzelne große Basaltbrocken, Blockhalden, Vorkommen von Kalk oder Kaolin, Eisenerz- und Bauxitgruben sowie Quellen. Genau genommen ist auch das Hochmoor im Oberwald, die Breungeshainer Heide, ein Geotop, ebenso wie vorgelagert der Horloffgraben mit seinen Vorkommen an Braunkohle. Die häufigsten Geotoparten sind natürliche Felsen sowie aktive oder stillgelegte Steinbrüche. An den Felsen lassen sich Verwitterungsformen ablesen, auch haben sie für den Menschen oft mythische Bedeutung. Die Steinbrüche dürfen meist nur nach Erlaubnis betreten werden, sie werden während des Abbaus als Wunden in der Landschaft wahrgenommen, sind aber ein wichtiges Fenster in die Erdgeschichte und in den Aufbau des Vogelsbergs. Steinbrüche finden sich vorrangig in den tieferen Randlagen.

Geotope laden dazu ein, die großen geologischen Prozesse quasi vor der eigenen Haustür im Kleinen zu erkennen, wobei aber auch manches Geotop sogar den Geologen noch Rätsel über ihre vulkanische Struktur aufgibt – nicht immer ist beispielsweise sicher, ob es sich bei Basaltfelsen um einen Schlot oder einen Lavastrom handelt.

Geotope sind monumentale Zeugnisse der Erdgeschichte. Auch der aufgelassene Steinbruch am Gederner Schmitterberg könnte aufgrund seiner Schönheit bald als solches ausgewiesen werden.

Einige der Vogelsberger Geotope sind mittlerweile ausgeschildert, Infotafeln liefern interessante Informationen vor Ort. Wer besonders an der Geologie des Vogelsbergs interessiert ist, findet in einer Veröffentlichung des Hessischen Landesamts für Umwelt und Geologie von 2010 unter dem Titel „Der Vogelsberg – Geotope im größten Vulkangebiet Mitteleuropas" detaillierte Beschreibungen von 80 Geotopen. Hier sollen fünf Geotope exemplarisch vorgestellt werden. Diese und weitere finden sich auf den folgenden Seiten in Bildern.

Die Amöneburg

Das kleine Städtchen Amöneburg am nordwestlichen Rand des Vogelsbergs ist ein wahres Kleinod: verwinkelte Altstadtgassen, eine mittelalterliche Burgruine und eine Kirche, die schon von Weitem auf der Kuppe sichtbar ist.
Um rund 160 Meter überragt der basaltische Bergkegel der Amöneburg die waldfreie Ebene der Ohmsenke. Fast wie vom Menschen geschaffen wirkt die Erhebung. Besonders beeindruckend die 25 Meter hohe Ostwand. Dort laufen die Säulen fast waagerecht auf den Betrachter zu. Daraus kann geschlossen werden, dass sich hier einst ein großer Schlot voller Magma befand. Das harte vulkanische Material war von weicherem Gestein beziehungsweise unverfestigten Ablagerungen umgeben, die über die vielen Millionen Jahre hinweg abgetragen wurden. Auch heute wirken hier noch die Kräfte der Erosion, was ständig herabfallende Steine beweisen. Es empfiehlt sich also, das aufgestellte Warnschild ernst zu nehmen.

Steinbruch am Glauberg

Nur einige Meter vom Museum der Keltenwelt entfernt, am Aufstieg auf das Plateau, bietet sich in einem kleinen, ehemaligen Steinbruch ein interessanter Einblick in das geologische Innenleben des Glaubergs.
Zu sehen ist eine Folge von Lavaströmen mit kleineren Lavazungen, gebildet aus einer heißen, dünnflüssigen Basaltlava, die ihren internationalen Namen aus der hawaiianischen Sprache hat: Pahoehoe-Lava. Diese Lavaströme bildeten eine Haut, die beim Voranschieben oft ein Muster

an der Oberfläche bildete, das ihr auch den Namen Stricklava eingebracht hat. Das Gestein der Lavaströme besitzt viele große Blasenhohlräume, die von Gasblasen stammen. Das steinerne Ergebnis wird umgangssprachlich auch „Lungstein" genannt und ist wegen seiner leichten Bearbeitbarkeit gut für Steinmetzarbeiten geeignet. Zu sehen in den Fensterwandungen von Kloster Arnsburg oder der Münzenburg.

Am Glauberg sind die einzigen gut erkennbaren und frei zugänglichen Lavaströme dieser Art in Mitteleuropa erschlossen.

Steinbruch Michelnau

Wildromantisch liegt der stillgelegte Steinbruch oberhalb des Niddaer Ortsteils Michelnau. Hohe Wände mit rotem Gestein, segmentartige Spuren der Sägen, mit denen es blockweise aus der Wand geschnitten wurde. Ursprünglich fand es als Backofenstein Verwendung, später dann war es wegen seiner intensiven Farbe und der leicht zu bearbeitenden Struktur auch als Fassadenverkleidung und Werkstoff für Skulpturen in Verwendung.

Das Gestein ist ein Schlackenagglomerat – dem Tuffgestein verwandt –, hervorgebracht durch einen Schlackenvulkan. Seine zahlreichen Blasenhohlräume weisen darauf hin, dass Gasmengen im Magma die Ursache der explosiven Ausbrüche war, die die Schlacken Schicht um Schicht aufbauten. Kleine weiße Kristalle (Zeolithe), die unter der Lupe gut zu sehen sind, füllen viele seiner Hohlräume, sie bilden eine Art Zement im Gestein.

Ein Verein pflegt das Gelände und bietet Führungen an. Die Aussichtsplattform des Steinbruchs, die einen guten Einblick bietet, ist jederzeit öffentlich zugänglich.

Geologische Baumhecke Eichelsachsen

Auf eine ehrenamtliche Initiative hin entstand bei Eichelsachsen eine Art Freiluftmuseum, in dem Gesteinsexponate aus der gesamten Region zu sehen sind. Im Zentrum der rund 100 Meter langen Geologischen Baumhecke befindet sich ein kleiner, ehemaliger Steinbruch, in dem gut die Säulen eines erstarrten Lavastroms zu sehen sind.

Ein Fußpfad bildet einen Rundkurs durch die Hecke, vorbei an Hinweistafeln zu den Gesteinen und zu einer Sitzgruppe, die einen Ausblick in die umgebende Vogelsberglandschaft bietet. Die Geologische Baumhecke ist eine Station des zehn Kilometer langen Wanderwegs „Spur der Natur".

Lavakeller Herbstein

Lavastrom unter den Füßen, Lavastrom über dem Kopf – das gibt es im Lavakeller in Herbstein zu erleben. Das „Geotop des Jahres 2011" ist ein alter Burgkeller, der bereits im 13. Jahrhundert in den Untergrund getrieben wurde. Da der Keller auch unter der ehemaligen Stadtmauer hindurchführt, liegt die Vermutung nahe, dass er auch als eine Art „Notausgang" genutzt werden konnte.

Die Seitenwände im Lavakeller bestehen aus einem dichten, roten Gestein, das so weich ist, dass es leicht herauszuschlagen war. Es handelt sich (über dem harten Basalt des unteren Lavastroms) um eine mächtige Lage Aschen und Schlacken, die teilweise zu Ton verwittert sind. Durch einen später darüber geflossenen Lavastrom wurden sie rot „gebrannt". Dieser Lavastrom bildet heute die stabile Decke. Der Keller ist während Führungen und Veranstaltungen zugänglich.

Ostwand der Amöneburg: Die teils waagrecht, teils schräg verlaufenden Basaltsäulen zeigen, dass hier ein großer Schlot voller Magma war.

30 | 31 Weithin sichtbar überragt der Bergkegel der Amöneburg das relativ ebene Amöneburger Becken.

Am Glauberg findet sich ein blasenreicher Basalt, der von dünnflüssigen Lavaströmen gebildet wurde. Kleinere Lavazungen besitzen oft eine rot-oxidierte Oberfläche (mittleres Bild). In Mitteleuropa sind solche Lavaströme nur hier frei zugänglich zu finden.

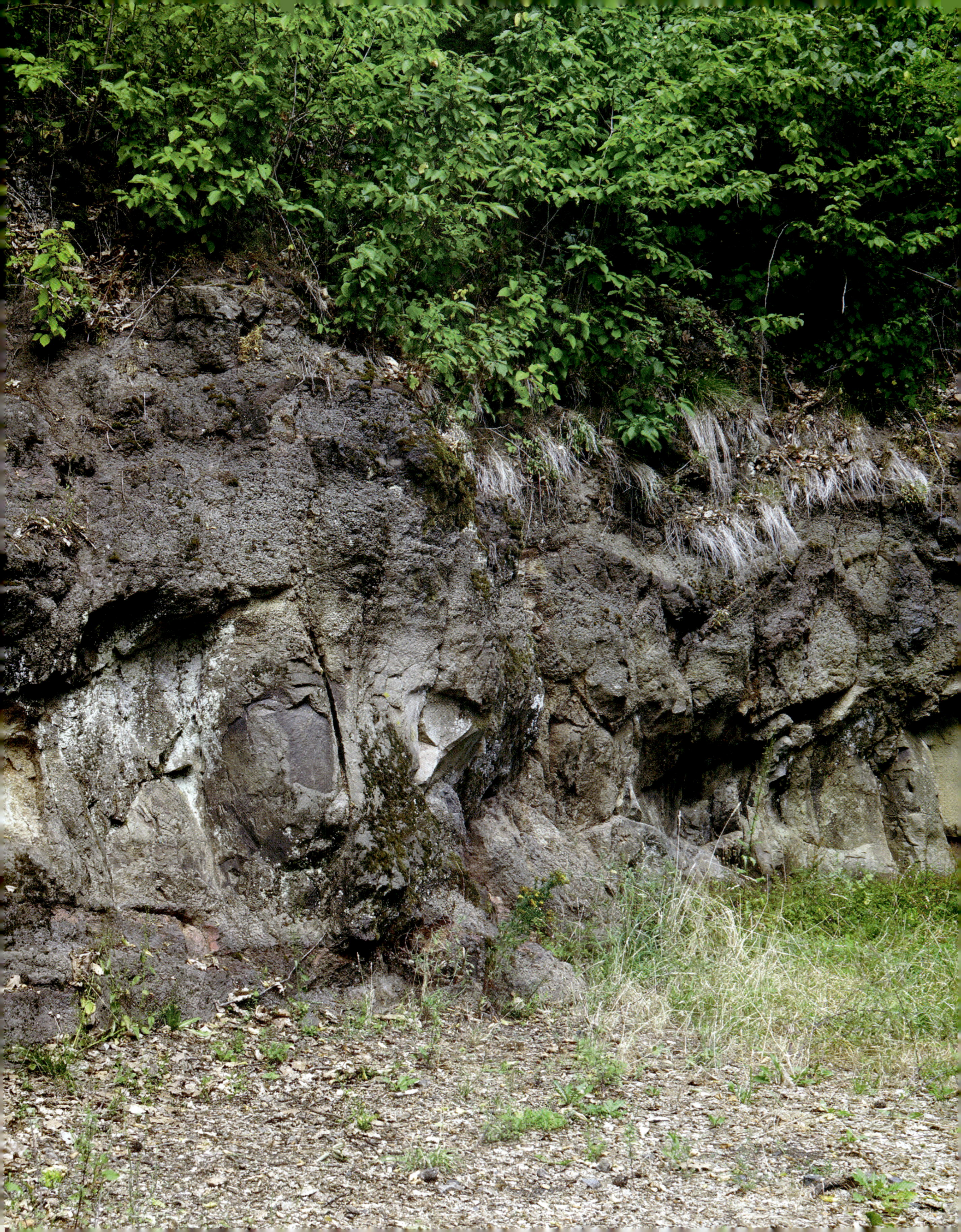

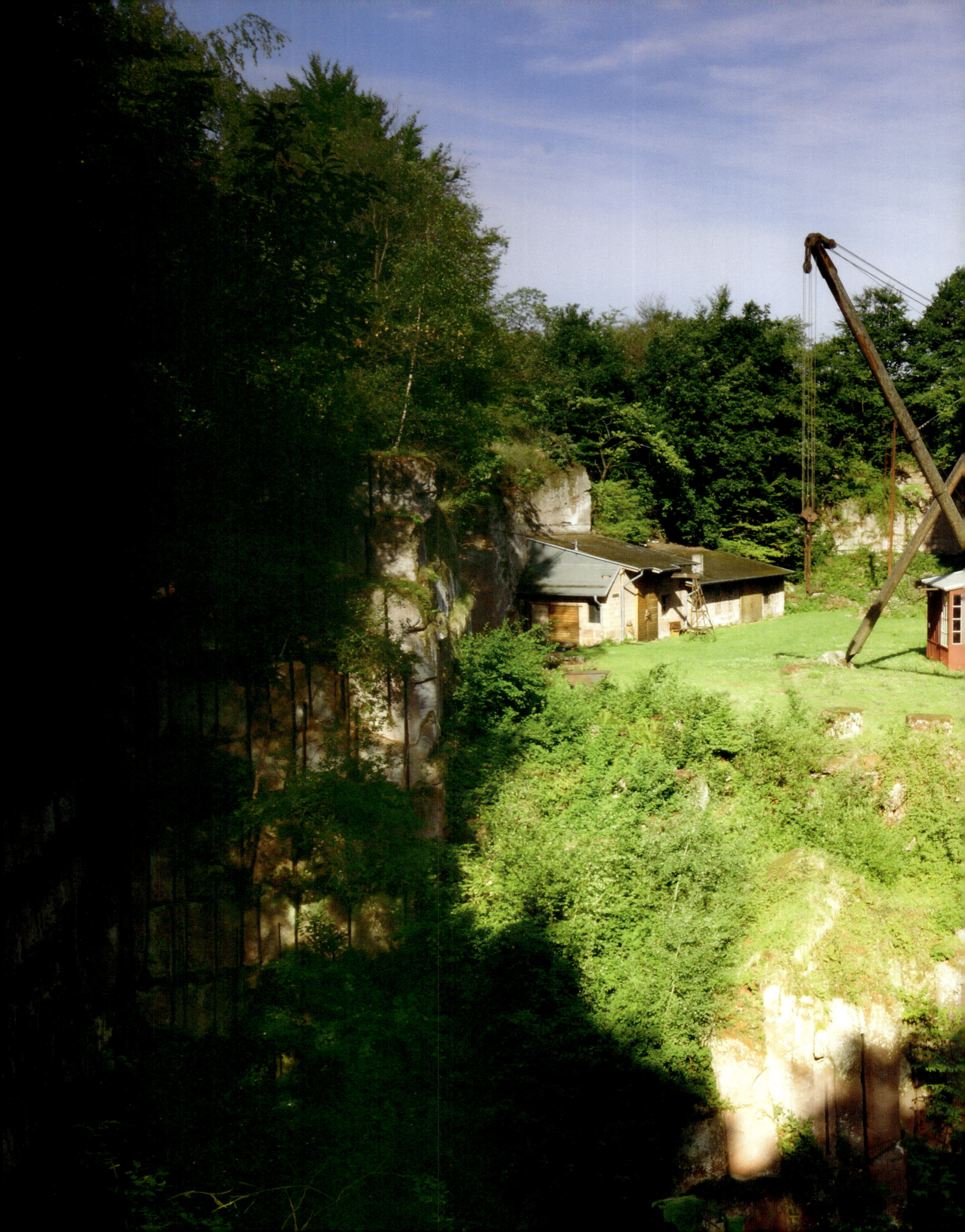

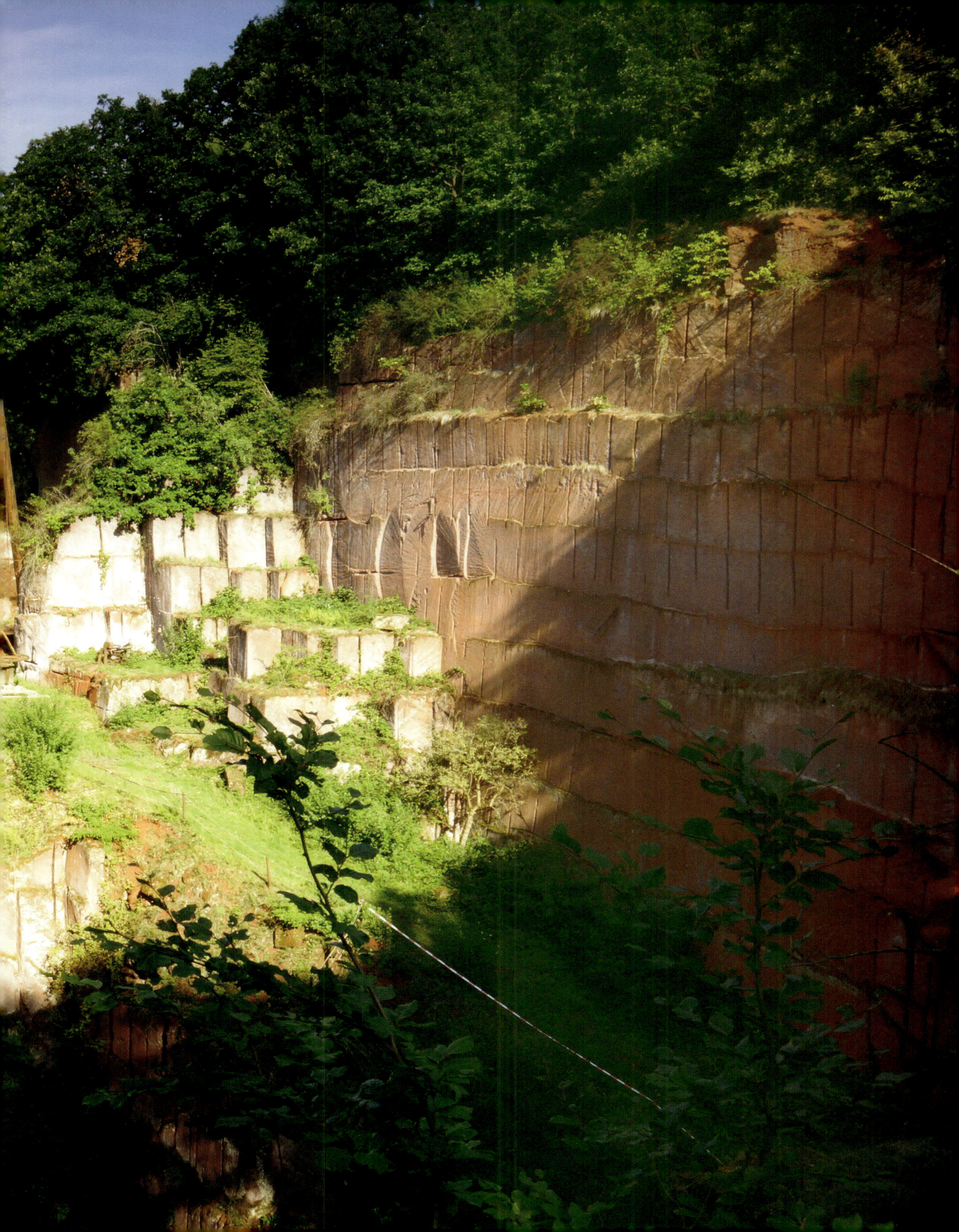

Der ehemalige Steinbruch in Michelnau. Hier wurde das rote, relativ weiche Gestein mit großen Sägen aus den Wänden geschnitten. Heute pflegt ein Verein das Gelände, das über eine Aussichtsplattform jederzeit einsehbar ist.

36 | 37 Einblick in den Steinbruch Michelnau.

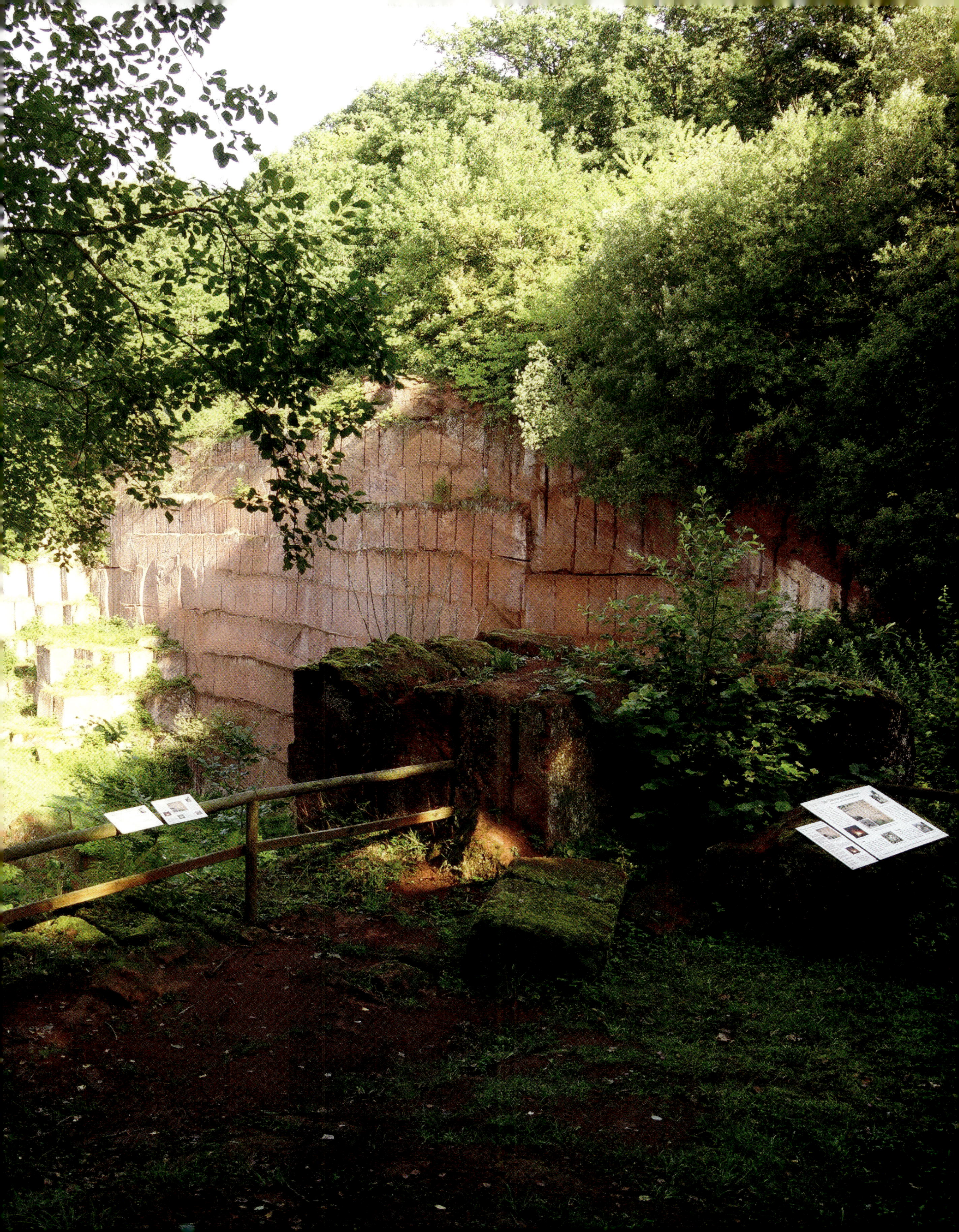

Nahe Eichelsachsen befindet sich die „Geologische Baumhecke", eine Art Freilichtmuseum, das durch ehrenamtliches Engagement entstanden ist. Neben vielen Gesteinsexponaten der Region sind im Innern der Hecke in einem ehemaligen Steinbruch die Säulen eines erstarrten Lavastroms zu sehen.

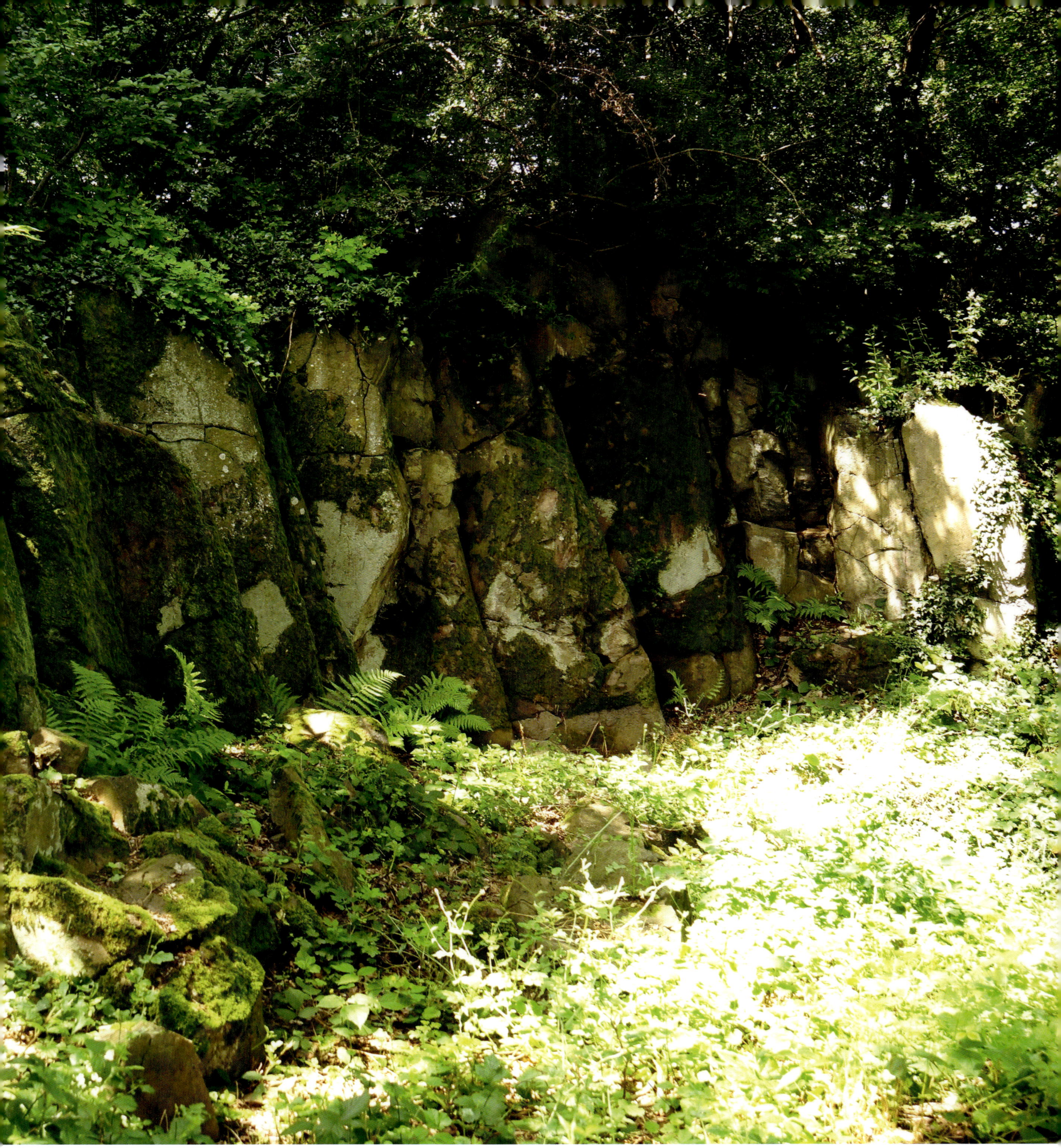

Schon im Mittelalter wurde der Lavakeller in den Untergrund von Herbstein getrieben. Dabei wurde das weichere, rote Gestein (Detailfoto rechts) zwischen dem harten Basalt zweier Lavaströme herausgeschlagen, die jetzt den Boden und die Decke des Kellers bilden.

43

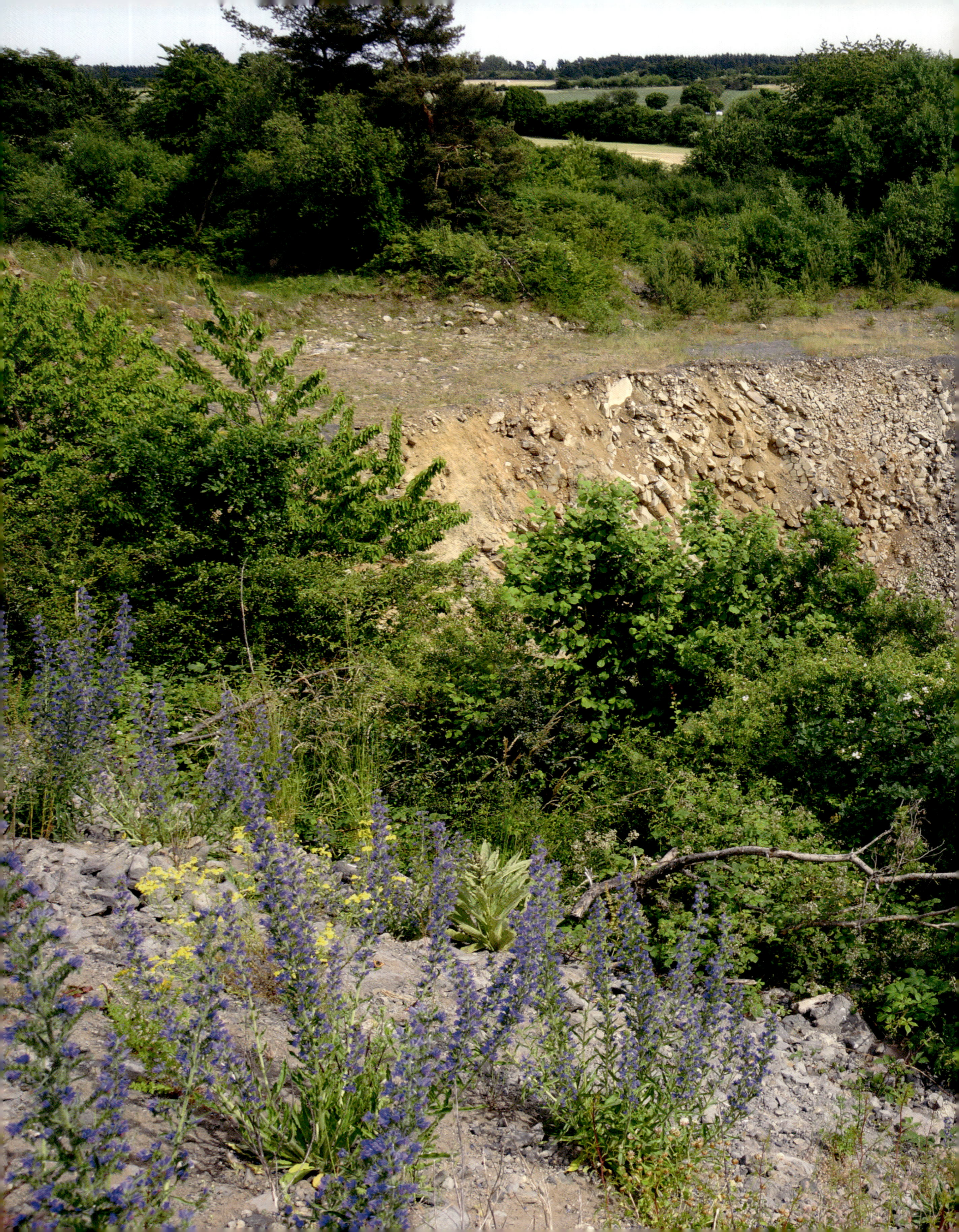

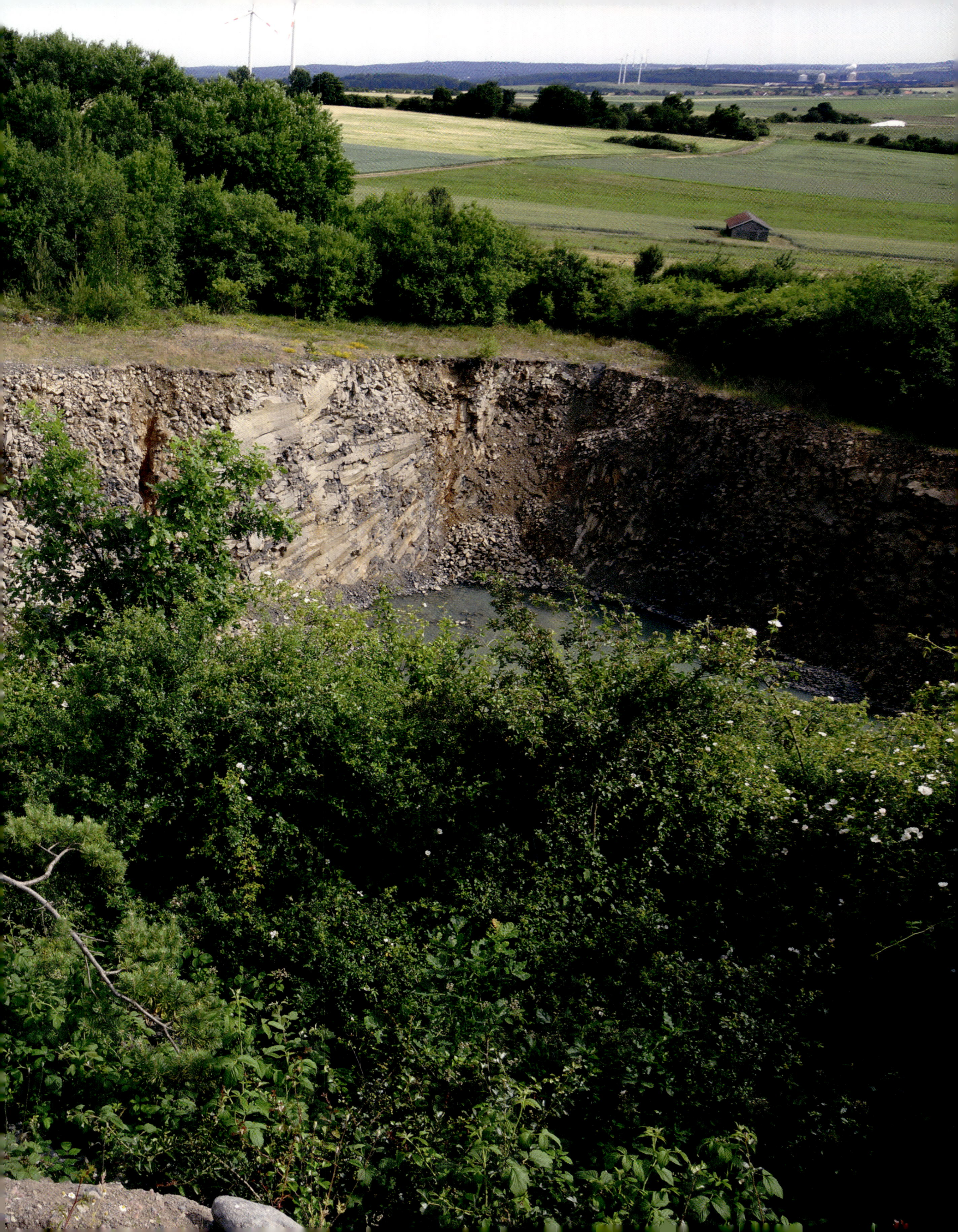

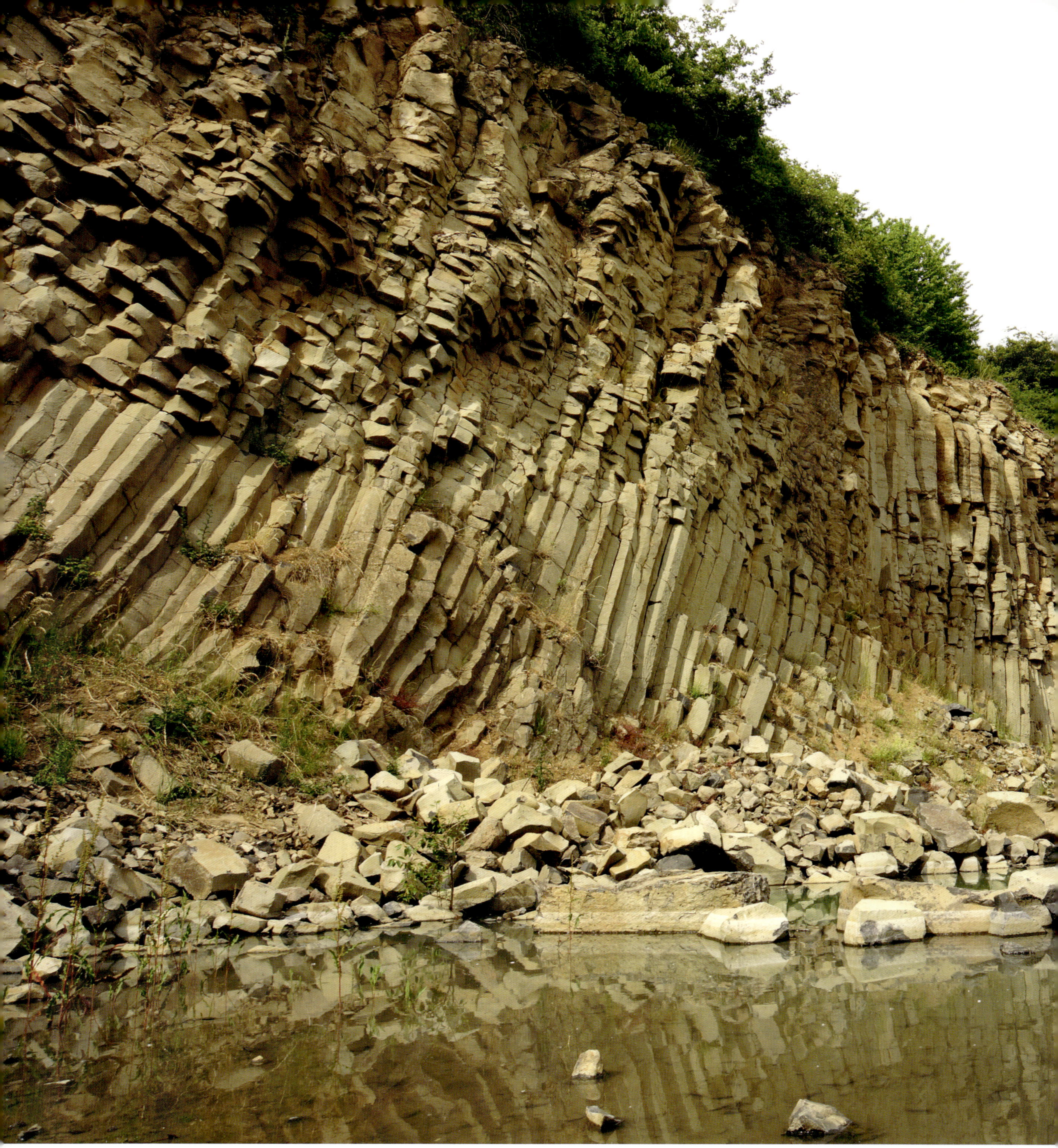

Die beiden stillgelegten Steinbrüche von Brauerschwend mit gut ausgeformten Säulen. Links der mittlere Steinbruch mit regelmäßiger Säulenausbildung, in den kleinen Bildern der östliche Steinbruch.

44 | 45 Blick in den mittleren Steinbruch bei Brauerschwend.

Am südlichen Ortsrand von Büdingen gelegen befindet sich der Wilde Stein, ein Basaltschlot, der durch Abtragung aus einer Hülle aus Buntsandstein herauspräpariert wurde. Heute ist dieses Geotop als Naturdenkmal geschützt.
Die Aussichtsplattform bietet einen guten Ausblick auf die Altstadt von Büdingen.

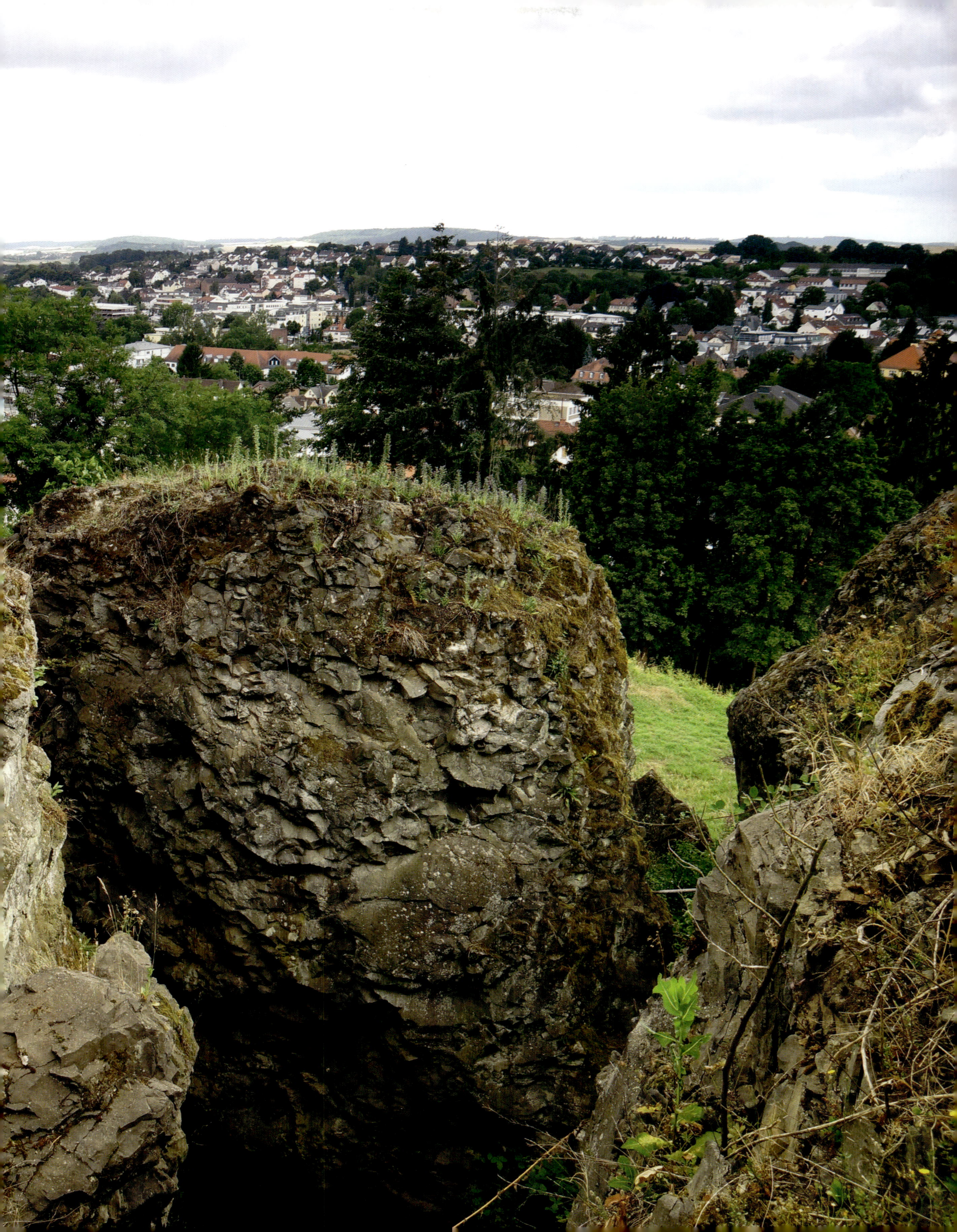

Auf den Felsen kommen viele besondere Flechten vor, sogar eine Art, die hier erstmals für Deutschland nachgewiesen wurde. Sie profitieren von der Beseitigung der Gehölze.

Der „Dicke Stein" bei Lautertal-Engelrod ist wahrscheinlich der Rest eines vulkanischen Förderschlotes. Verwitterung und Abtragung ließen schließlich nur die hier sichtbaren Felsen und Blöcke zurück.

Einst ein Steinbruch, heute als Freizeitgelände mit Grillhütte ausgestattet: der Steinbruch am Hasenköpfel bei Lauterbach-Frischborn. Hier sind sehr schöne Säulen mit einem Durchmesser von 30 bis 50 Zentimetern zu sehen. Die meisten senkrecht mit leicht geschwungenen Formen.

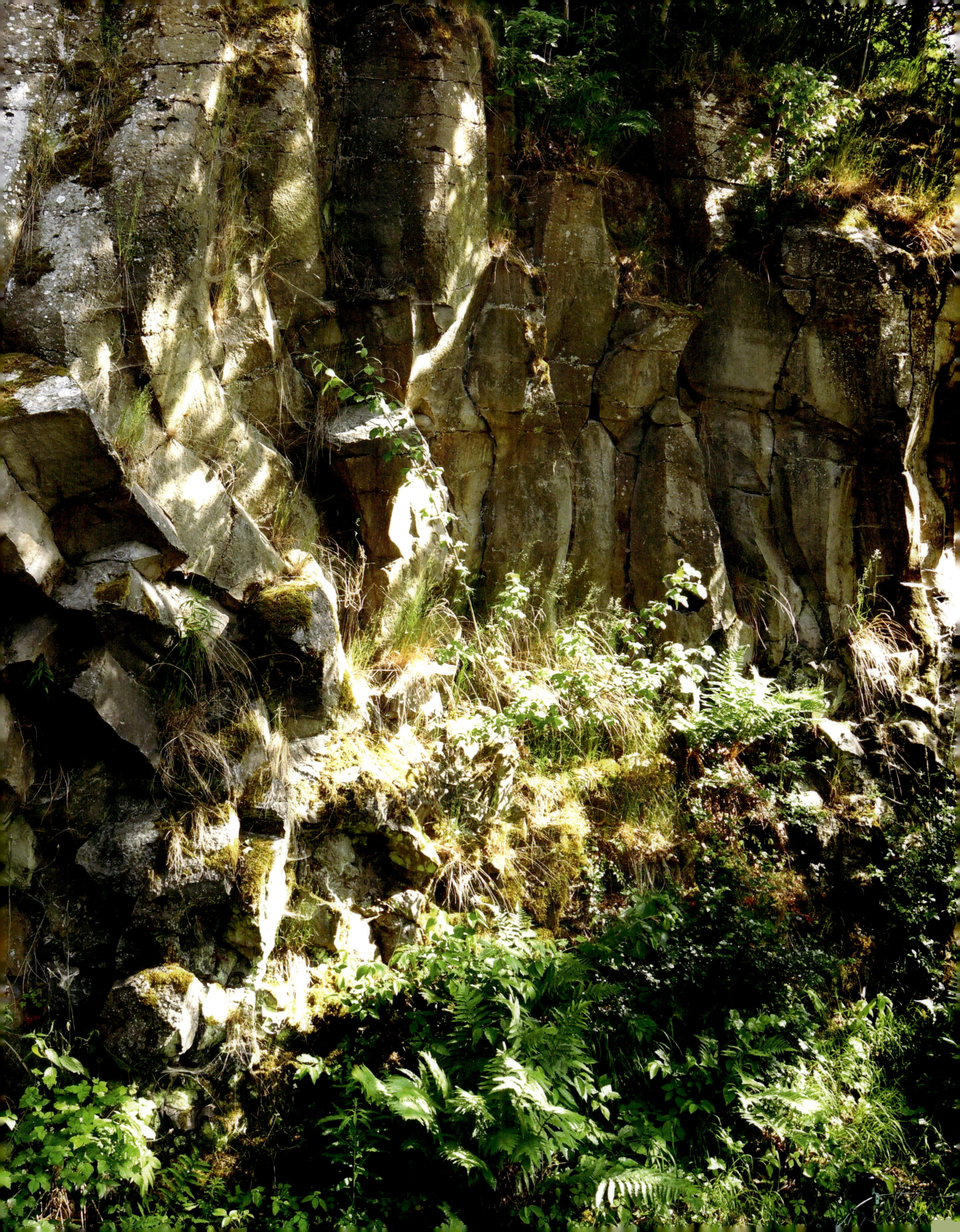

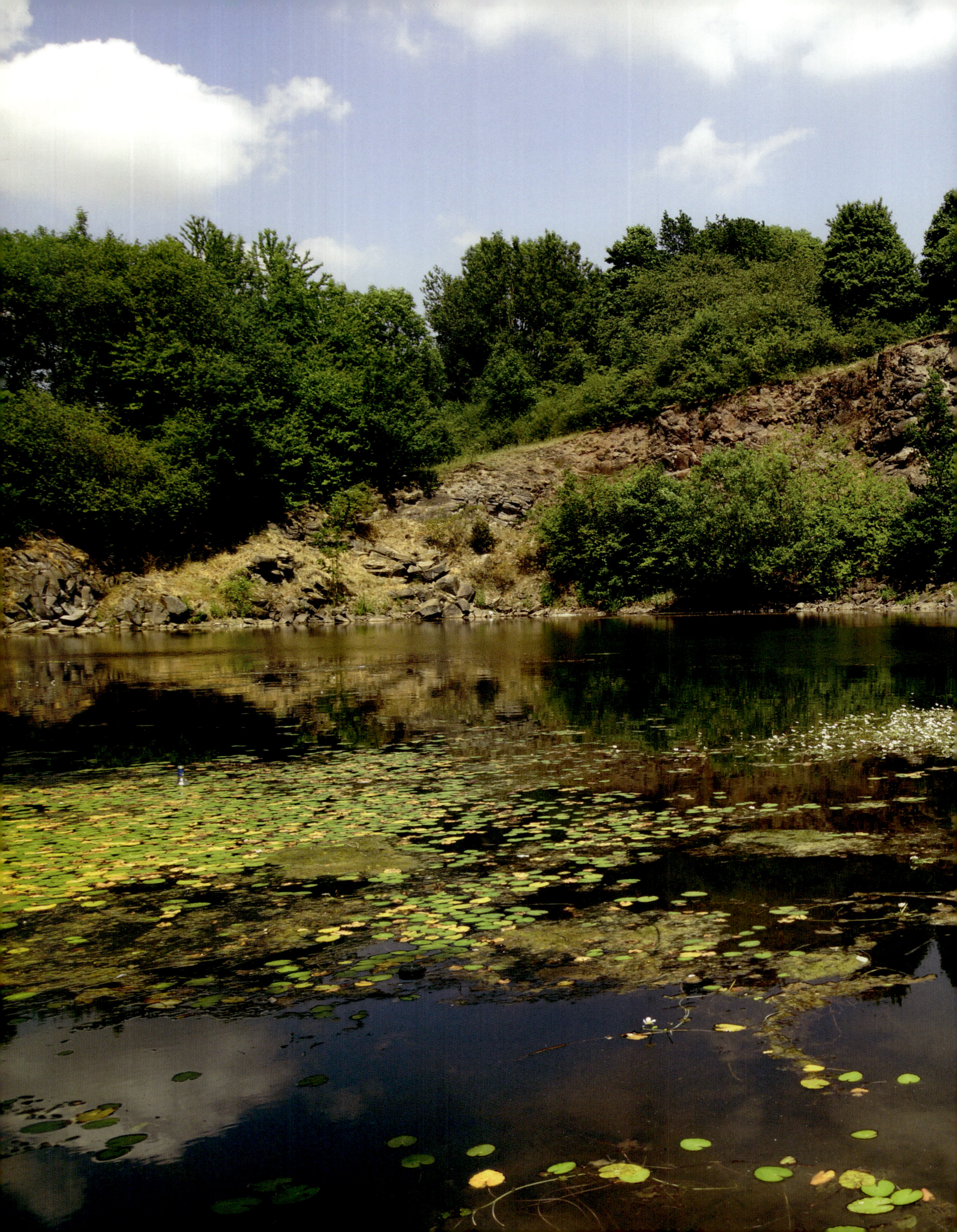

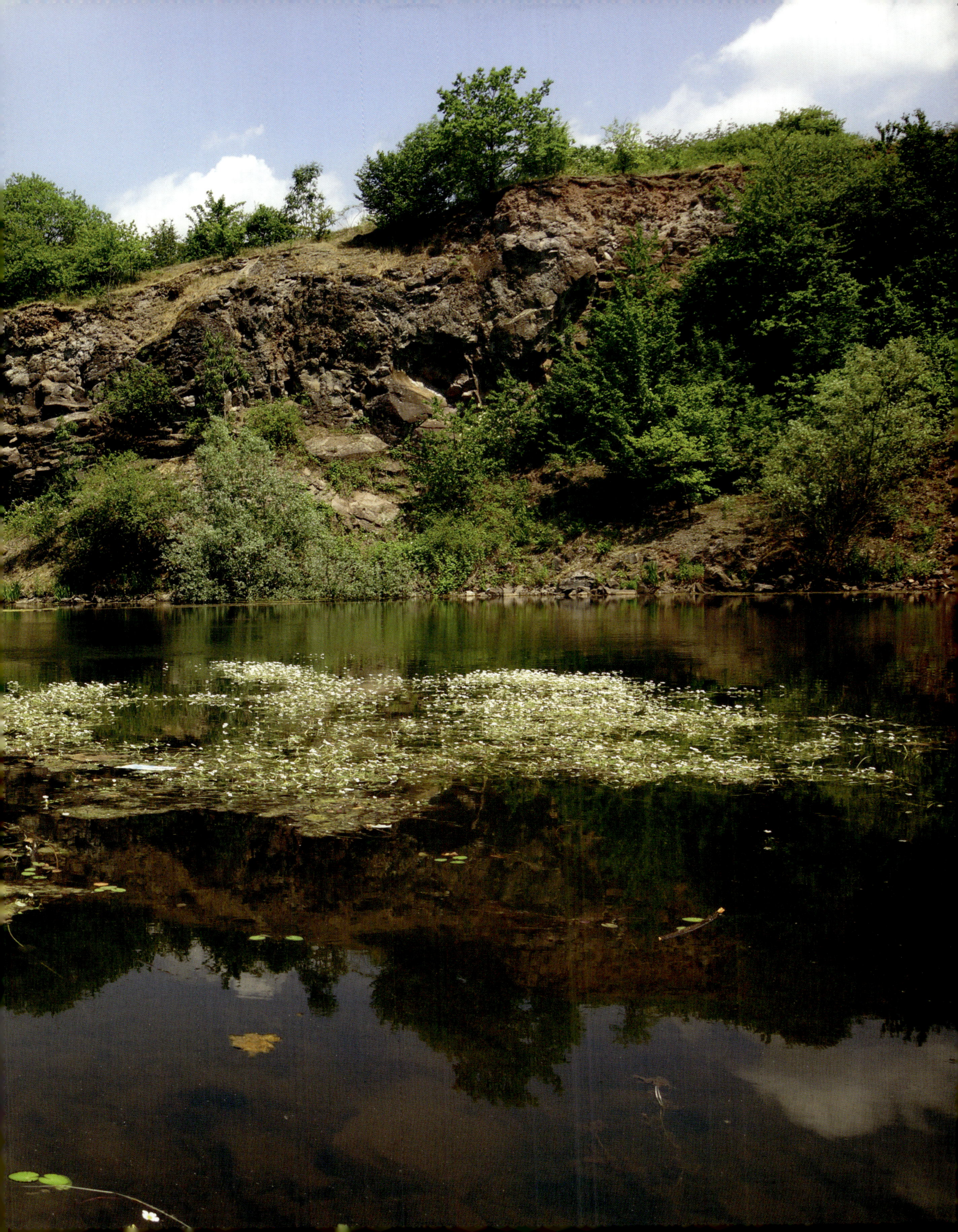

54 | 55 Ein kleines Naturparadies beherbergt der ehemalige Steinbruch „Wildfrauhaus" in Gedern heute. Längst ist die Sohle mit Grundwasser vollgelaufen.

Der Steinbruch hat einen Lavastrom angeschnitten, dessen obere Kruste mit ihrer zerbrochenen Struktur gut zu erkennen ist. Der einst hier abgebaute Basalt ist arm an Kieselsäure und zerfällt daher relativ schnell, wenn er an die Erdoberfläche kommt.

Der 21 Meter hohe Bismarckturm markiert die höchste Erhebung des Vogelsbergs, den Taufstein. Errichtet wurde dieser in den Jahren 1906 bis 1910 vom Vogelsberger Höhenclub.
Der Taufstein selbst ist umgeben von einer Blockhalde und erhielt seinen Namen von der trockengefallenen Quelle, an der Bonifatius im 8. Jahrhundert getauft haben soll.

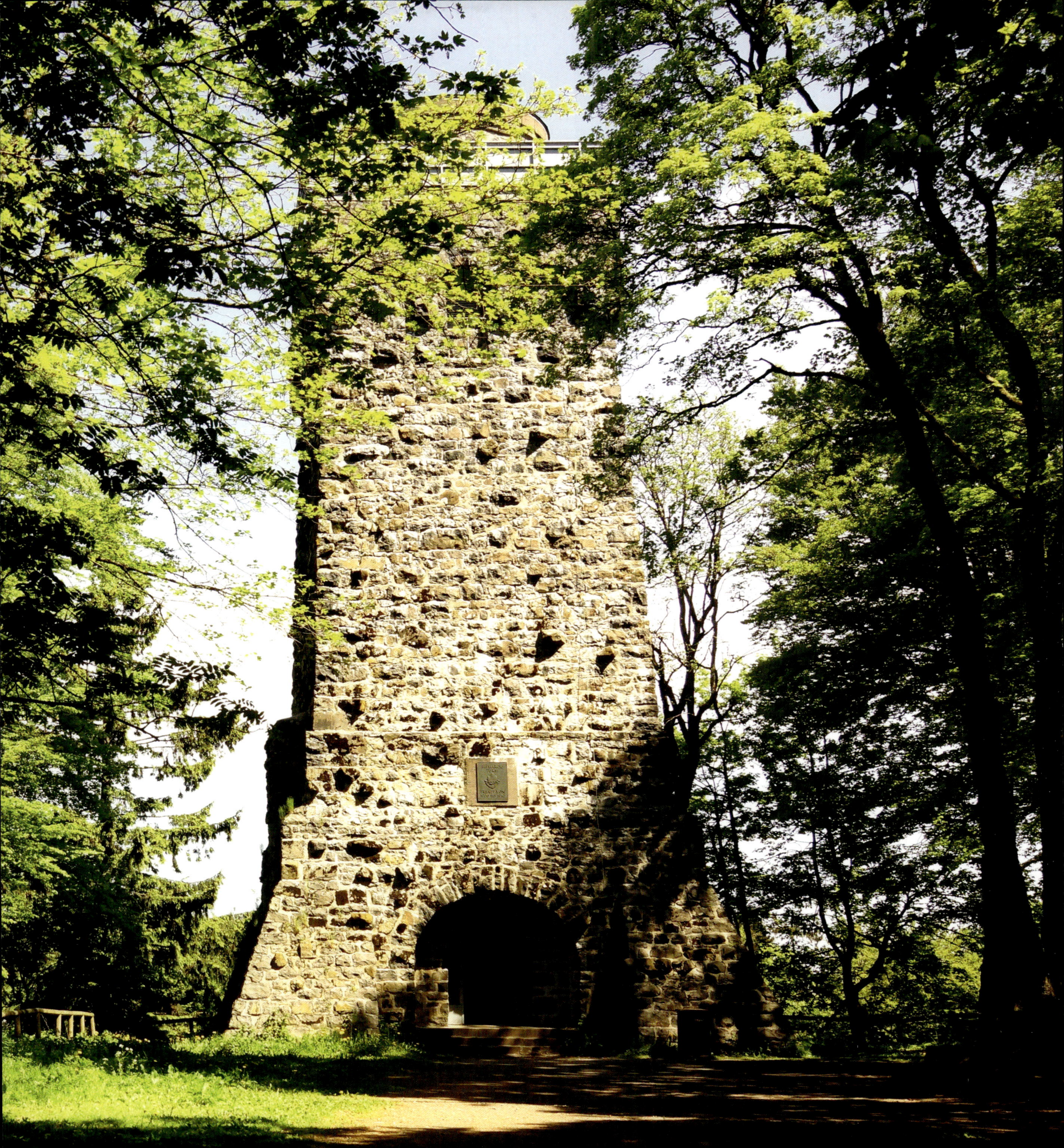

Der Geiselstein ist eine Felsklippe im Oberwald. Seine Steine haben einen hohen Anteil an Magnetit, sodass ein Kompass hier abgelenkt wird und somit nicht zuverlässig nach Norden zeigt.

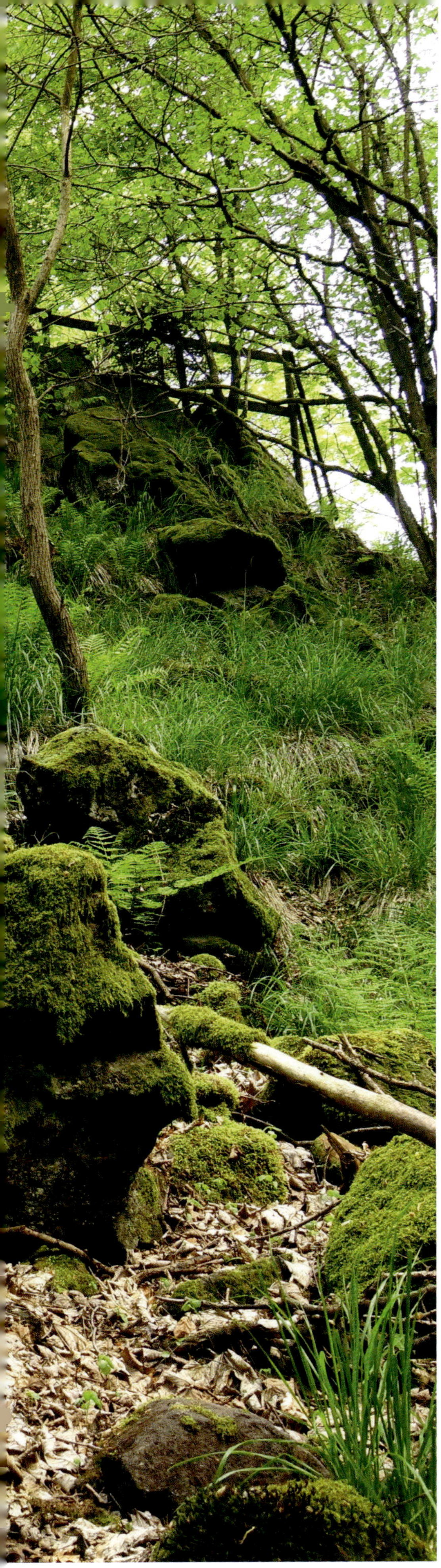

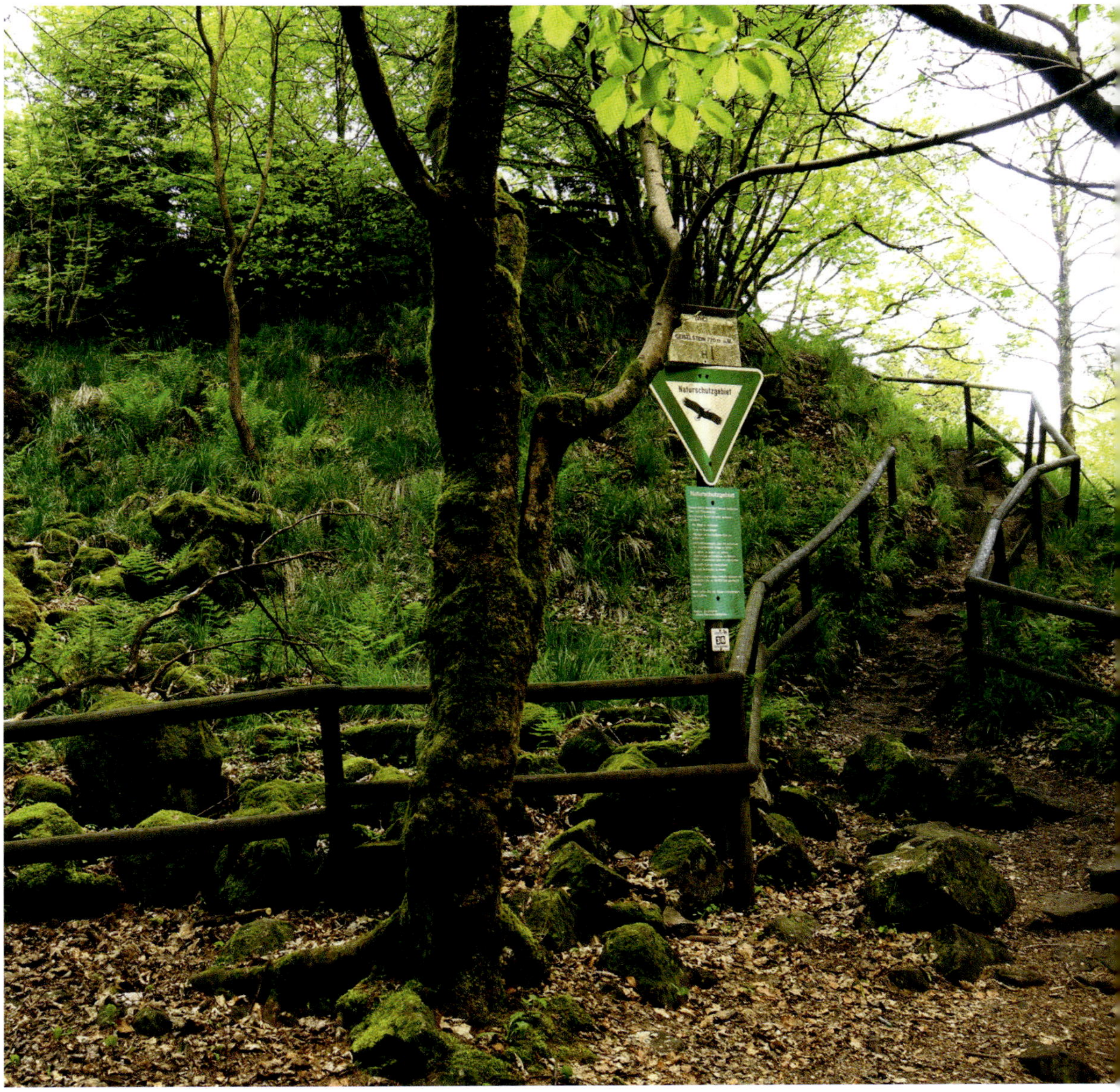

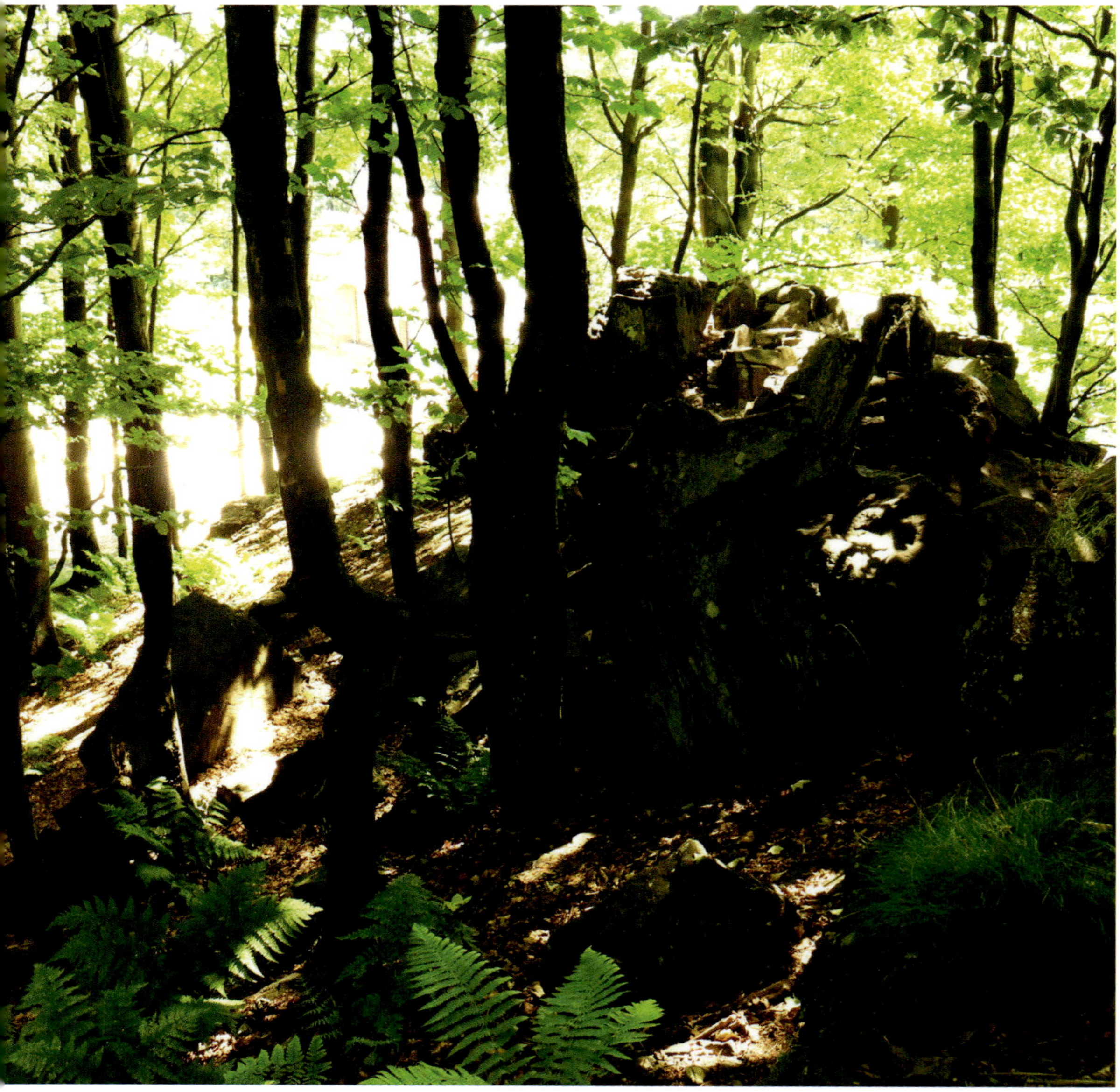

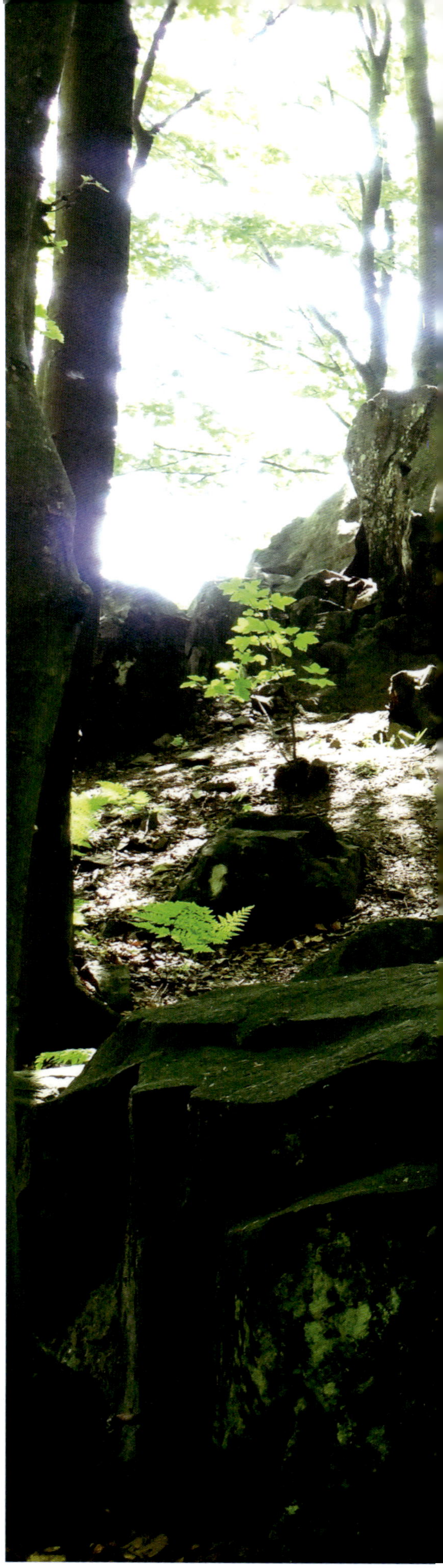

Der Hoherodskopf ist die zweithöchste Erhebung des Vogelsbergs. Seinen Gipfel bilden einige bizzarre Felsen am Fuße des Fernmeldeturms. Der Basalt hier gehörte wahrscheinlich zu einem Schlot und enthält viele Bruchstücke von Erdmantelgestein.

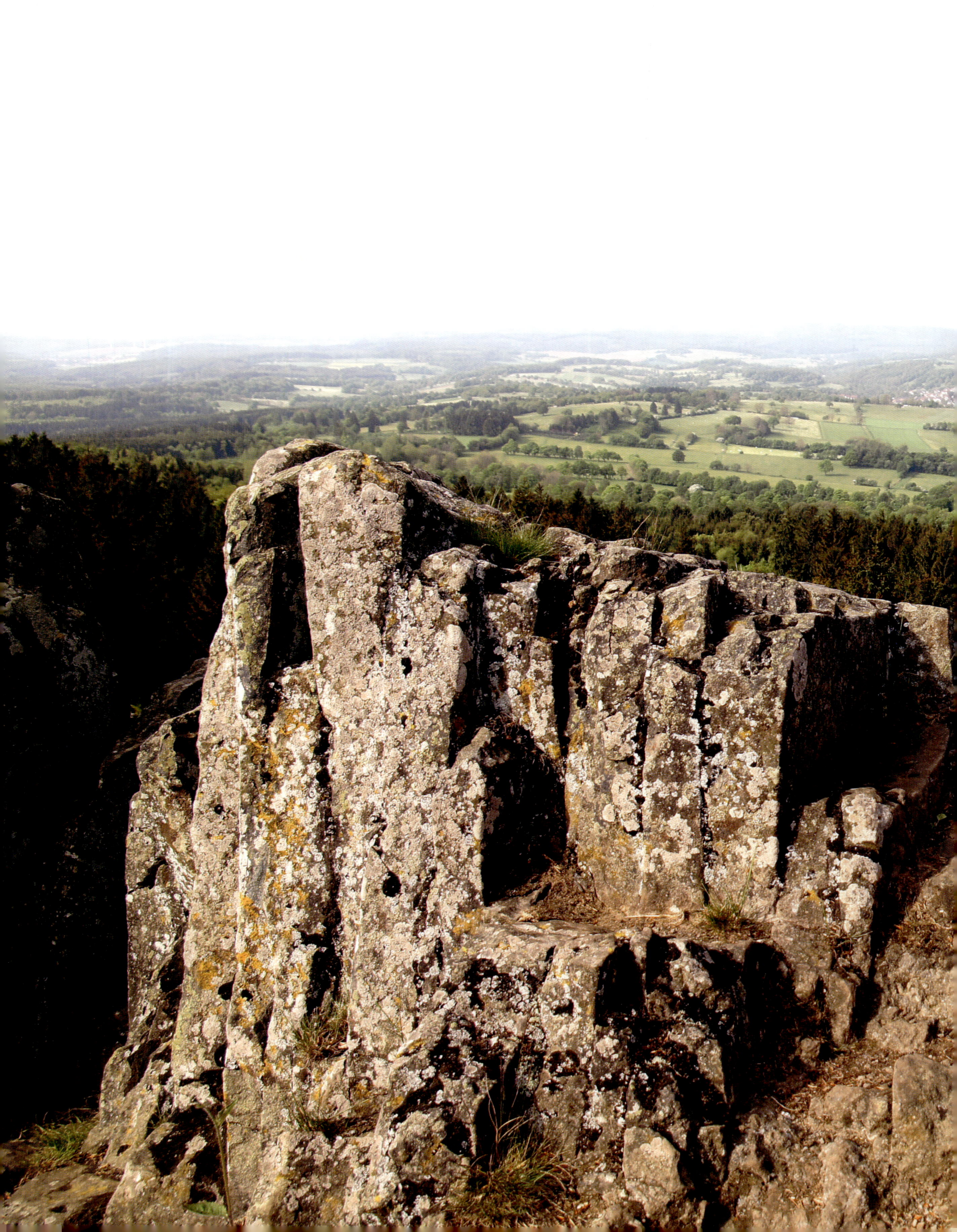

Interessanter Ausblick in die Landschaft und interessante Einblicke in die Erdgeschichte verspricht der Bilstein. Auf der Oberfläche der Gesteine hat sich eine Vielzahl verschiedener Flechtenarten angesiedelt. Am Bilstein sind Platten zu sehen, die sich bei der Abkühlung des in einer großen Spalte aufgestiegenen Magmas gebildet haben.

Mit über einem halben Kilometer Länge sind die Uhuklippen bei Ilbeshausen-Hochwaldhausen eine große Felsformation. An ihrem südlichen Ende bildet sie eine zehn Meter hohe Klippe aus dicken Säulen. Hier bekommt man eine Vorstellung davon, wie mächtig Lavaströme sein konnten.

Naturdenkmal Uhuklippen

R.4

Die Sage von den "Uhuklippen"

Das Müllerehepaar der Teufelsmühle in Ilbeshausen hatte einen kleinen Sohn bekommen. Die Frühlingssonne schien warm, so legten sie den Kleinen in eine Krippe und stellten ihn unter den blühenden Apfelbaum. Die beiden schauten immerzu nach dem Kleinen, daß ja kein Tier oder Fliege dem Kind etwas zu Leibe tun konnte.

Als der Müller wieder einmal aus dem Fenster schaute, sah er einen großen Vogel, der durch den Apfelbaum flog und etwas in Schnabel hatte. Beide liefen so schnell sie konnten hinaus zu der Wiege doch die Wiege war leer. Die Müllerin begann fürchterlich zu Heulen und zu Wehklagen dass man es im ganzen Dorf vernehmen konnte.

Der Müller aber bewaffnete sich mit der Mistgabel, ging dem Schwarzbach hoch in den Oberwald zu den Felsklippen.

Die Klippen hatten damals noch keinen Namen, doch hatte es sich im Dorf herumgesprochen, dass in diesen Klippen große Uhus hausten. Dem Müller aber war wohl in seiner Verzweiflung schon viele fürchterliche Dinge von den Uhus geredet, aber der Mistgabel in der Hand hatte er das und die Sorge um seinen Sohn, bis das alle Angst vergessen.

Er suchte die Klippen ab, bis er plötzlich ein leises Wimmern hörte das ihm sofort bekannt vorkam, dem ging er nach und stand vor einer Höhle die von einem Mannsgroßen Uhu bewacht wurde. Er entwickelte sich zu einem Kampf auf Leben und Tod, mit der Mistgabel konnte der Müller den Uhu besiegen und seinen Sohn unverletzt in der Höhle nehmen.

In rasender Eile hatte es sich herumgesprochen, das ganze Dorf war auf den Beinen und eilte in den Oberwald um dem Müller zu danken und um den entrissen Uhu zu sehen.

Feierlich wurde der Uhu nach Hause getragen, ausgestopft fand er seinen Platz am Eingang zur Mühle.

Von da an nannte man die Felsformationen "Uhuklippen", diesen Namen trägt er heute noch.

67

Zwischen Nieder-Ofleiden und Homberg (Ohm) befindet sich Europas größter, in Betrieb befindlicher Basaltsteinbruch. Auf den weitläufigen Terrassen findet alle drei Jahre die Fachmesse „SteinExpo" statt.

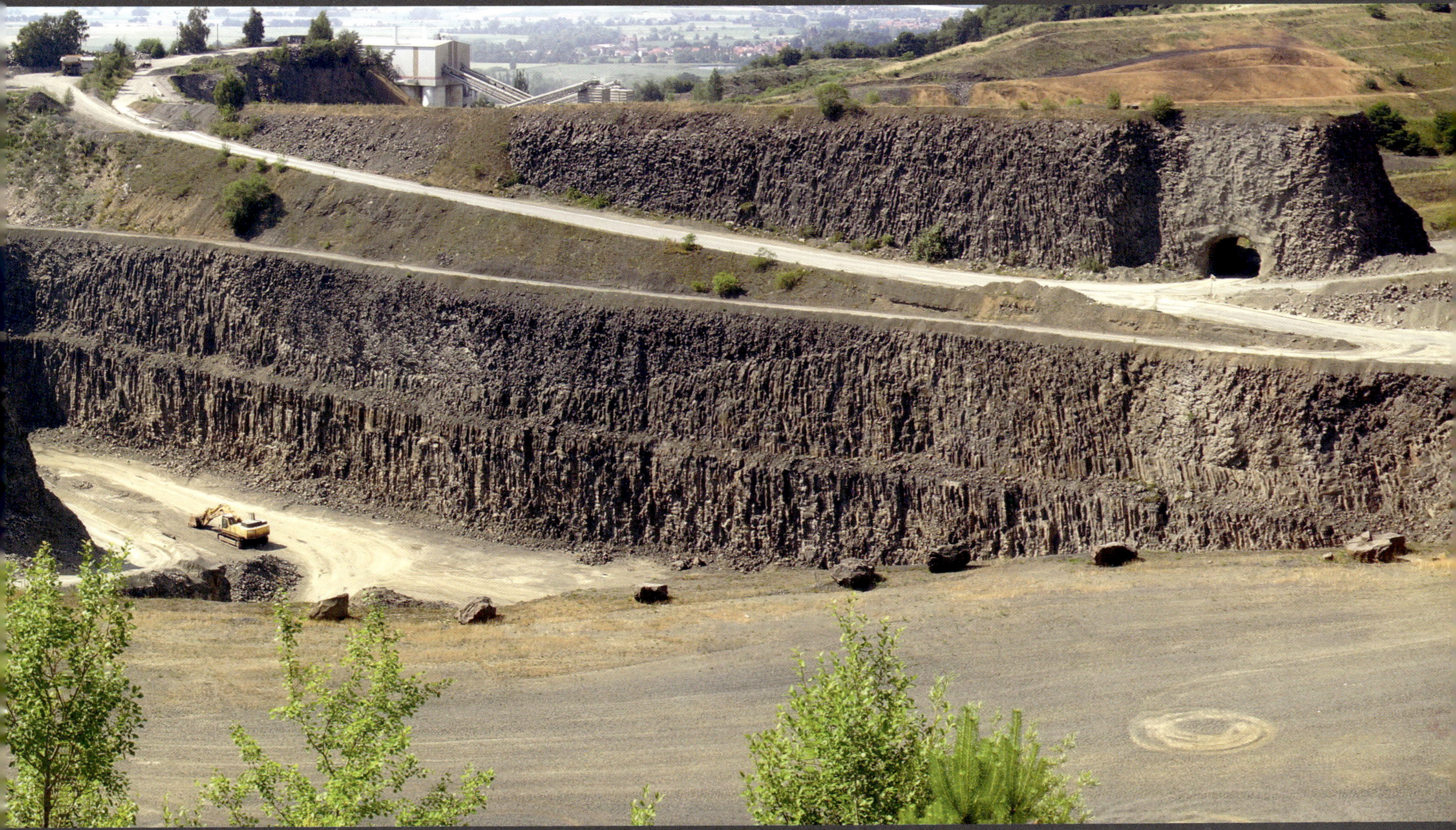

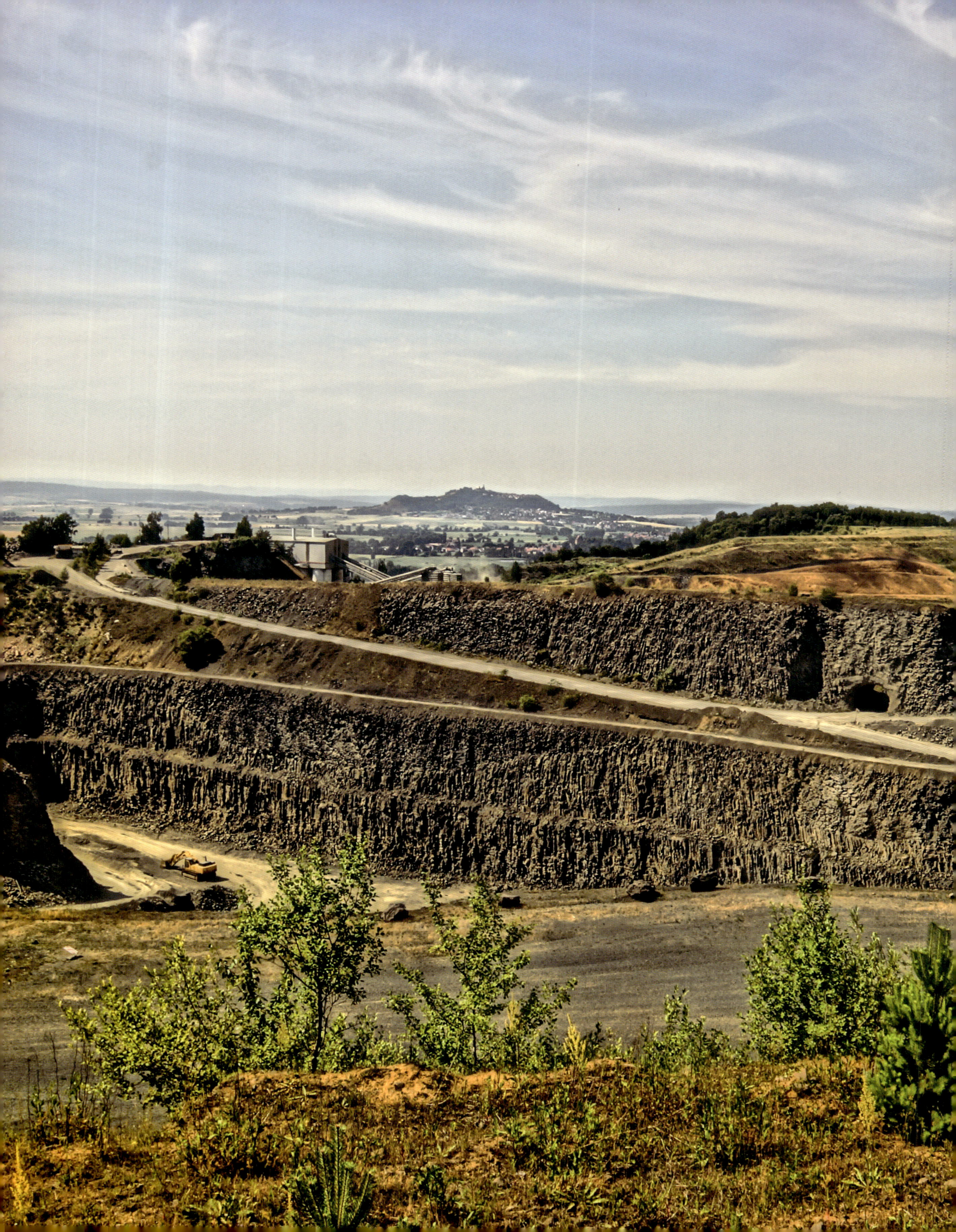

Per Tunnel sind zwei große Abbaugebiete verbunden. Im Hintergrund ist die Amöneburg zu sehen. Im Steinbruch - einem großen, erkalteten Lavasee - werden überwiegend Säulenbasalte gebrochen, die gut sichtbar meist steil stehen.
Einblicke in den aktiven Steinbruch bietet die „Geo-Tour Felsenmeer".

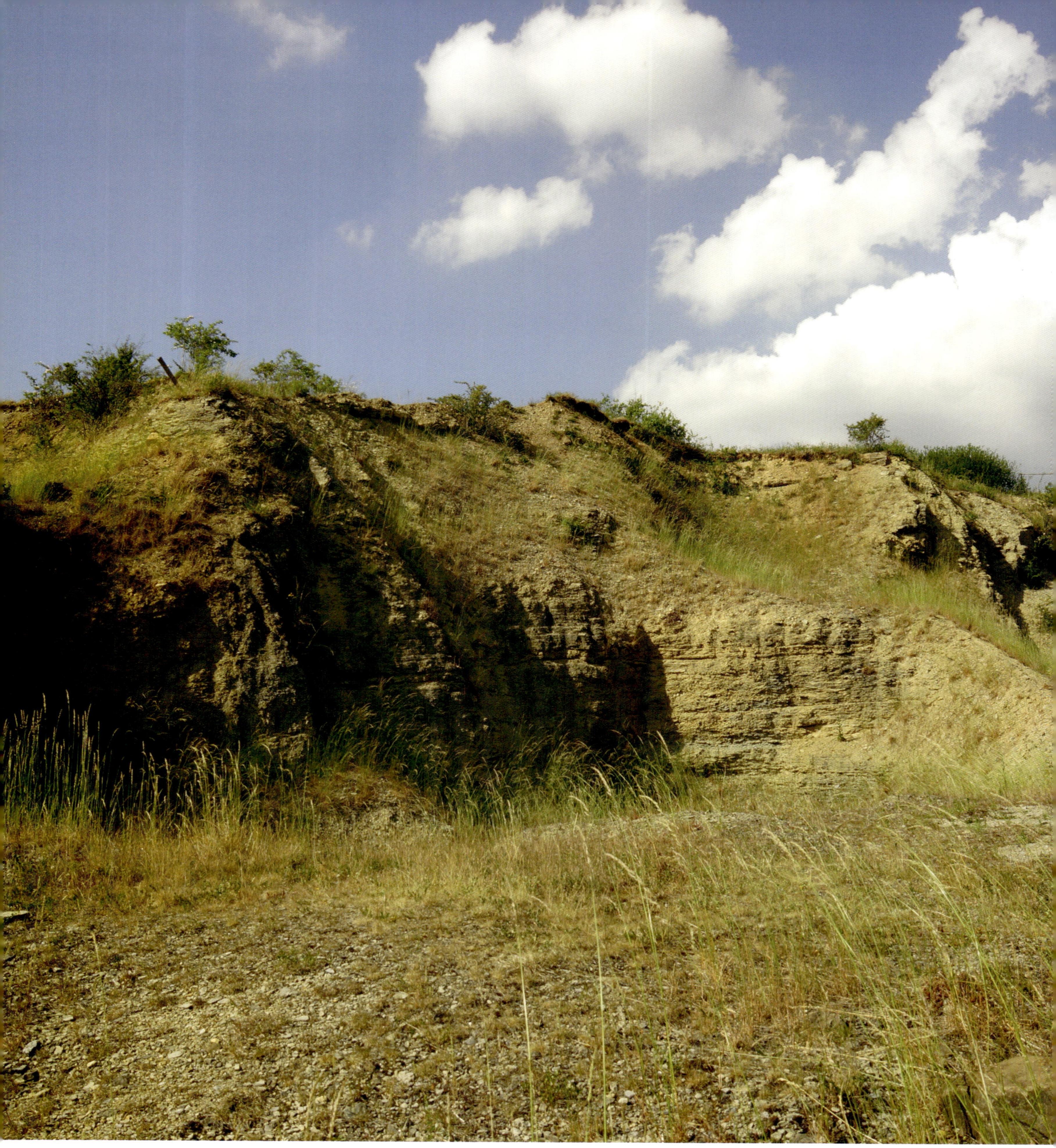

Nordwestlich von Lauterbach-Maar gelegen ist in einem ehemaligen Steinbruch Muschelkalk zu finden. Seiner welligen Oberfläche wegen wird dieser auch Wellenkalk genannt. Auffällig sind die Faltungen im Gestein, Hinweis auf Bewegungen in der Erdkruste. Entstanden ist das Gestein im Lauterbacher Graben, der als etwa zwei Kilometer breite Senke den Vogelsberg begrenzt.

Ein Stein wird edel – eine Hommage an den Vogelsberg

Diesen Basaltring mit Sterlingsilber und Brillanten hat Ingrid Wriedt der Vulkanlandschaft des Vogelsbergs nachempfunden.

Eine Landschaft en miniature, geschaffen aus Basalt.

Basalt – das graue Vulkangestein. Baustoff für Häuser und Grabdenkmäler, Untergrund von Straßen und Bahngleisen, Straßenpflaster. Dabei kann Basalt noch viel mehr, wenn man sich auf einen anderen Blick auf das rustikale Gestein einlässt. Unter den Händen der Alsfelder Goldschmiedin Ingrid Wriedt wird aus den schwarzen Steinen einzigartiger Schmuck. Veredelt mit Gold, Silber oder Edelsteinen, manchmal aber auch nackt und bloß, zeigt sich die Ästhetik des Basalts, gestaltet zu edlem Geschmeide. „Mein Basaltschmuck ist eine Hommage an den Vogelsberg, manchmal eine Landschaft en miniature", erklärt Ingrid Wriedt.

Sie sieht das Alltägliche mit anderen Augen und bringt dem grauen Basalt eine Wertschätzung entgegen, die ihm als bloßer Baustoff häufig versagt bleibt. Sie befühlt und begreift den Stein: seine schroffen Kanten, die weichen, glimmenden oder rauen Oberflächen, Spuren des grünlich glänzenden Kristalls Olivin, das dem Basalt eigen sein kann. Die Goldschmiedin dreht und wendet ihre Beute, die sie selbst in den heimischen Steinbrüchen findet, und entdeckt die Möglichkeiten einer Symbolsprache der kristallinen Ornamente des Steins. Dabei ist es immer der Stein, der vorgibt, was für ein Schmuckstück aus ihm wird. So entstehen Ringe, die lediglich an der Innenbohrung in Silber gefasst sind oder deren Bearbeitung wie eine Symbiose zwischen

Mancher „Edelstein" ist in den Vulkangesteinen des Vogelsberges verborgen, wie dieses vom Magma nach oben beförderte Erdmantelgestein, das viel Olivin enthält.

Metallform und Gestein wirkt, ein fließender Übergang von Harmonie und lebendiger Spannung.

Häufig führt die Künstlerin in den Fassungen ihrer Kettenanhänger oder Broschen aus Basalt die Wölbungen des Gesteins in dem verwendeten Edelmetall fort: sacht schmiegt sich Gold an einen erdverbundenen, kantigen Stein, schweigend zitiert ein Brillant den bescheidenen Glanz des Urgesteins. Basalt ist vielfältig und schöpfungsreich. Als elegante Basaltsäule oder mächtiger Block im Steinbruch. Die Vogelsberger, die dieser Naturgewalt stets irgendwo begegnet sind und immer noch begegnen, werden ihren Stein immer wieder erkennen, bewundern und im Gedächtnis bewahren. Vielfarbig schattiert das Gestein in Grau-, Grün-, Blau- oder Rottönen – ein faszinierendes Zusammenspiel eines oft als schlicht und einfach bezeichneten Materials.

Die Arbeit der Goldschmiedin lässt den Basalt in seiner vermeintlichen Robustheit edel erscheinen, leicht und manchmal auch zerbrechlich. Eine Diva im schwarzen Arbeitsgewand hat sie in dem heimischen Stein erkannt. So wird aus dem Urgestein ein Edelstein.

1 *2* *3*

4　　　　　　　　　　　　5　　　　　　　　　　　　6

Die Vulkangesteine des Vogelsberges sind keineswegs alle einheitlich grau. Oft finden sich unterschiedliche Einschlüsse, Ausformungen oder auch Spuren der Verwitterung (von links):
„Olivinknolle" aus der Tiefe des Erdmantels (1), Gasblasen, gefüllt mit Sekundärmineralien (2 + 3), Hornblende in blasenreicher Lava (4), geschmolzener Sandstein (5) sowie Sonnenbrenner (6)

Wo gibt es hier Vulkane? Unterwegs zu Schloten und Lavaströmen

„Ertappt" – denke ich, ohne es auszusprechen, als mir Kerstin Bär im Interview von ihrer Leidenschaft für die Welt der Steine und des Vulkanismus berichtet. Mindestens vier Dinge seien es, die ihre Faszination für das Thema ausmachten. Und gleich bei der ersten sehe ich meine eigenen Bilder: Ja, „jedes Kind sammelt Steine." Kein Urlaub, bei dem ich nicht tütenweise Steine mitnahm, die bald das Kinderzimmer überfüllten. Heute sind es meine eigenen Kinder, die im Alpenfluss Herzsteine suchen oder Figuren in Basaltbrocken sehen. Jetzt liegt unser Garten voll von diesen Fundstücken. Die Leidenschaft des Steinesammelns scheint in vielen zu schlummern.

Unzählige Rätsel im Gestein des Vogelsbergs verborgen

Kerstin Bär ist Leiterin der Deutschen Vulkanologischen Gesellschaft (DVG), Sektion Vogelsberg. Den Vogelsberg, seinen Vulkanismus und die steingewordenen Zeugen dieser Phase kennt sie recht genau. Hier kann sie nämlich nicht nur zum Steine sammeln ausziehen, sondern auch den weiteren Dingen nachgehen, die ihre Faszination ausmachen: Der Blick in die Erdgeschichte lasse die unbegreiflichen Dimensionen der „Zeit" an sich zumindest erahnen und wie sich die Welt verändert. Außerdem lasse sich die eigene Region mit den Kenntnissen der Geologie viel besser verstehen, Landschaftsformen wie der Horloffgraben oder der Glauberg am Rande des geologischen Vogelsbergs werden erklärbar. Schließlich ist der Vogelsberg für sie eine große geistige Herausforderung. Unzählige Rätsel seien in seinen Gesteinen und geologischen Strukturen verborgen, die noch gelöst werden müssten. So gäben beispielsweise Felsen wie die „Alte Burg" bei Kaulstoß ihr Geheimnis nicht preis, ob sie Lavastrom oder Schlot sind.

Genau darin liegt auch eine der Hauptaufgaben der DVG: Gemeinsam werden Geotope und geologisch interessante Orte aufgesucht und – soweit möglich – interpretiert. Manchmal werden auch Experten des Hessischen Landesamts für Umwelt und Geologie beteiligt oder Universitäten angefragt und so Stück für Stück Interessantes herausgearbeitet. Ziel ist es, die geologischen Besonderheiten des Vogelsbergs zu erhalten, sie sichtbar und erlebbar zu machen. Damit leistet der Verein auch einen Beitrag zur Steigerung der touristischen Attraktivität der Vulkanregion.

Engagement für den Erhalt des vulkanischen Erbes

Bereits 1987 gründeten in der Eifel Vulkanforscher und Freunde der Vulkane die DVG, 2007 folgte als Regionalgruppe die Sektion Vogelsberg. In der erdgeschichtlich viel jüngeren Eifel ist die DVG auch Initiator des Deutschen Vulkanmuseums in Mendig mit dem Lava-Dome, betreut einen riesigen Lava-Keller und eine Museumslay, wo altes Handwerk rund um die Steinbearbeitung gezeigt wird.

In diesem erkalteten Lavasee sind große Bruchstücke von Erdmantelgestein zu finden. Da es leicht verwittert und dann Hohlräume hinterlässt, ist die Wand, die hier gerade von einer Exkursionsgruppe der DVG betrachtet wird, ungewöhnlich löchrig.

Die DVG engagiert sich für den Erhalt des vulkanischen Erbes sowie vorhandener natürlicher und künstlicher Aufschlüsse. Insbesondere Vulkaninteressierten möchte sie ein Forum zur Vertiefung des Wissens durch Exkursionen und Veröffentlichungen bieten.

Auch für den Vogelsberg macht Bär ein zunehmendes Bewusstsein für die vulkanische Entstehung der Landschaft aus. Daher sei in den letzten Jahren die touristische Vermarktung verstärkt darauf ausgerichtet und der „Vulkan Vogelsberg" als Marke etabliert worden. Dem trug die DVG im Vogelsberg bereits 2008 Rechnung mit der Ausbildung von 25 ehrenamtlichen Vulkanführern, die Gästen in der Region den Blick für die erstarrten Lavaströme, Schlote oder die Ergebnisse der Verwitterung öffnen.

Gemeinsam mit lokalen Partnern, Kommunen und Vereinen gibt es jährlich Mitte September ein Programm zum „Tag des Geotops" mit Vorträgen und Exkursionen. Dazu wird ein „Geotop des Jahres" gewählt. Die Wahl fiel bislang unter anderem auf die Ostwand der Amöneburg, den Wilden Stein in Büdingen und auf den Taufstein.

In den Jahren seit der Gründung der Fachsektion Vogelsberg der DVG ist viel passiert: Die Mitglieder haben Geotope erfasst und zum Teil auch Pläne für deren Pflege und Erhaltung erstellt. Bei in

Forschernachwuchs an einer besonders spannenden Stelle: Hier ist eine Tuffschicht mit einem darüber geflossenen Lavastrom zu sehen.

Betrieb befindlichen Steinbrüchen führt kein Weg an den Betreibern vorbei.
Teilweise renne man dort aber offene Türen ein, berichtet Kerstin Bär, einige seien sogar erstaunt über die geologischen Besonderheiten, die in ihren Brüchen zu Tage treten. So auch im Steinbruch in Unter-Widdersheim, an dessen Rand jetzt eine Aussichtsplattform errichtet wird, von der aus spannende Einblicke in die geologische Entstehung des Vogelsbergs möglich werden.

Ein ganz besonderer Stein ist auch in dem stillgelegten Steinbruch in Nidda-Michelnau zu bewundern. Hier treffen sich Relikte der Abbautechnik mit rot leuchtenden Wänden der Auswurfprodukte eines Schlackenkegels. Der Bruch stand schon seit einigen Jahren still, Brombeeren überrankten die Wege und Flächen, als er schließlich zum Kauf angeboten wurde. Die DVG lieferte eine genaue Beschreibung, arbeitete die einzigartige Bedeutung dieses Steinbruchs als Zeugnis des Vulkanismus heraus und legte diese schließlich der Stadt Nidda vor. Das Konzept überzeugte und das Steinbruchgelände wechselte in den Besitz der Stadt. Heute wird der Michelnauer Bruch unter der Trägerschaft eines Vereins gepflegt und für die Öffentlichkeit zugänglich gemacht.

Ziegen helfen beim Natur- und Geotopschutz

Ein besonders gutes Beispiel zur Vereinbarkeit von Geotop- und Naturschutz benennt Kerstin Bär mit dem ehemaligen Steinbruch in Langd. Diesem Gelände hat sich die örtliche Gruppe des Naturschutzbundes (NABU) – selbst Mitglied der DVG – angenommen. Geologisch interessante Phänomene wie eine Lavastromabfolge, durch die ein Vulkan in mehreren Phasen eruptierte, werden offen gehalten.

Gleichzeitig bewahren die Naturschützer den Steinbruch mit Unterstützung einer Ziegenherde vor der Verbuschung. Davon profitieren insbesondere seltene Pflanzen der Magerrasen sowie Zauneidechse, Schlingnatter, Schmetterlinge und Heuschrecken. Außerdem nutzt die größte einheimische Eulenart, der Uhu, diesen Steinbruch als Brutplatz.

Die Sektion Vogelsberg hat Ortsbeauftragte, die Ansprechpartner in einzelnen Kommunen sind, lokale Informationen sammeln und sich gegenseitig bei verschiedenen Themen unterstützen. Werner Erk ist einer von ihnen. Der Vorsitzende des Glauburger Heimat- und Geschichtsvereins erkannte die besondere Bedeutung zweier Geotope in seinem Ort und hatte seine DVG-Vereinskollegen hinzugezogen. Jetzt kümmert er sich intensiv um Pflege und Erhalt des Steinbruchs am Glauberg und der Kieskaute Stockheim.

Vision: Verlängerung der Vulkanstraße

Die Vulkanologische Gesellschaft versteht sich aber auch als eine Art „Lobby" für die Erschließung und den Ausbau der Informationsangebote. Sie macht sich stark für die Einrichtung eines national anerkannten Geoparks im Vogelsberg und unterstützt aktiv die Planung eines Vulkaneums, das bis 2017 in der Stadt Schotten entstehen soll. In diesem Erlebniszentrum sind die Besucher zu einer Zeitreise eingeladen, die auch Veränderungen in der Landschaft vom Ende des Vulkanismus bis heute erlebbar macht.

Abschließend verrät Kerstin Bär noch eine große Vision, die sie und ihre Mitstreiter haben: Eine Verlängerung der Deutschen Vulkanstraße, die es jetzt nur in der Eifel gibt und die die Vulkangebiete von der Eifel über das Siebengebirge und den Westerwald bis hin zum Vogelsberg und der Rhön miteinander vernetzt.

Nicht nur geologisch Interessierte freuen sich über offene, nicht zugewachsene Steinbruchwände, auch der Uhu fühlt sich hier wohl.

Naturpark Hoher Vogelsberg und Geopark Vulkanregion Vogelsberg

Rund 60 Jahre besteht bereits der Naturpark „Hoher Vogelsberg", der als einer der ersten seiner Art in Deutschland gegründet wurde. Sein Ziel ist der Schutz der besonderen Natur und gleichzeitig die sanfte Erschließung des Vogelsbergs für die Erholung. Zusätzliches Schwerpunktthema des Naturparks ist seit einigen Jahren auch die Geologie. Mit dem Geopark Vulkanregion Vogelsberg soll nun das große Potential des Themas ausgeschöpft werden und als besonderes Alleinstellungsmerkmal dienen.

Anerkennung als Nationaler Geopark

Die Region befindet sich bereits auf dem Weg zur Anerkennung als Nationaler Geopark: Schon jetzt laden Geotope und Steinbrüche, Zeugen des Eisenerzabbaus, kleine Infozentren und Geo-Wege zur Erkundung ein. Nächster Meilenstein ist das Vulkaneum – ein vulkanologisches Erlebniszentrum – mit Stationen zum Anfassen und Mitmachen in Schotten. Unterdessen arbeiten die Mitglieder der Deutschen Vulkanologischen Gesellschaft (DVG), Fachsektion Vogelsberg und die Mitgliedskommunen des eigens gegründeten Vereins „Geopark Vulkanregion Vogelsberg" daran, dass sowohl für die einheimische Bevölkerung als auch für Besucher deutlicher sichtbar wird, dass sie sich im Vogelsberg in einer großen Vulkanlandschaft befinden. Das wird mit Informationsangeboten, auf Schautafeln, Wegweisern und Portalen Schritt um Schritt verwirklicht.

Auch das Führungsangebot soll ausgebaut werden. Ein neuer Ausbildungsgang für zertifizierte Natur- und Landschaftsführer wurde deshalb gemeinsam mit dem Naturpark initiiert. Überhaupt geht es um enge Zusammenarbeit der verschiedenen Organisationen in der Region, zu der auch der bereits 1881 gegründete Vogelsberger Höhenclub (VHC) zählt. Gemeinsames Ziel ist nicht nur, Gäste zu informieren, sondern auch die Bevölkerung für ihre Region zu begeistern.

Während sich die DVG als Fach- und Lobbygremium in Sachen Geologie sieht, ist der Geopark unter anderem für den Aufbau der geologiebezogenen Infrastruktur zuständig. Außerdem soll er sich um die Ausweisung von Geotopen, die Schaffung von Geo-Wegen, die Erstellung von Werbemitteln und beispielsweise um Messeauftritte kümmern. Am Tag des Geotops oder bei Infoständen arbeiten DVG und Geopark eng zusammen und inzwischen gibt es dabei auch fachliche Unterstützung durch einen hauptamtlichen Geopark-Geologen.

So richtig ins Rollen kam die Idee eines Geoparks im Vogelsberg mit einem 2009 vom Vogelsbergkreis, dem Wetteraukreis und der Stadt Schotten in Auftrag gegebenen Entwicklungskonzept „Vulkan Vogelsberg". Hierin sind detailliert die Ziele und die besonderen Sehenswürdigkeiten sowie Vorschläge für den Aufbau der Organisation dargestellt. Das Konzept traf auf breite politische Akzeptanz und schließlich übernahm der Vogelsbergkreis die Initiative zu dessen Umsetzung.

Eingang zur Alten Schmiede im Gederner Schloss. Hier befindet sich eine der Geopark-Infostellen.

2012 wurde der Geopark-Verein gegründet, bis jetzt sind zwölf Kommunen und der Vogelsbergkreis sowie weitere Einrichtungen und Organisationen Mitglied geworden. Da der geologische Vogelsberg aber fünf Landkreise und gut 50 Städte und Gemeinden umfasst, wird deutlich, welch hohes geotouristisches Potenzial er hat, um damit die regionale Wirtschaftsentwicklung positiv beeinflussen zu können. Die gesamte Landschafts- und Gesteinsvielfalt vom Hohen Vogelsberg bis hin zum Rand des Vulkangebiets wäre darin enthalten.

Genau das sieht nämlich auch die Richtlinie „Nationale Geoparks in Deutschland" vor, die den „Geotourismus" als nachhaltige wirtschaftliche Entwicklung der jeweiligen Region beschreibt. Vorrangig soll der Geopark mit seiner geologischen Vergangenheit durch touristische Erschließung, themenbezogene Informationen, Führungen und Vorträge sowie Förderung der Wissenschaft unterschiedliche Zielgruppen ansprechen. Dazu zählt auch, wie sich die Entwicklung der Naturlandschaft, des Menschen, seiner Umwelt sowie die Wirtschafts- und Kulturgeschichte in der Region vollzogen hat. Ein hochgestecktes Ziel, doch der Vogelsberg ist mit den bislang eingerichteten Geopark-Infostellen und den Geo-Wegen schon gut aufgestellt, um den Richtlinien gerecht zu werden.

Geopark-Infostellen

Die Entstehungsgeschichte der Vulkanregion. Rohstoffe wie Basalt und Buntsandstein. Verwitterungsprozesse und die Entstehung von Brauneisenerz-Lagerstätten. Das sind nur einige der Themen, die in den Infostellen des Geoparks dargestellt sind.

Da ist beispielsweise die Alte Schmiede in Gedern; idyllisch in einem Nebengebäude im Hof des barocken Schlosses untergebracht, lädt hier eine Erlebnisausstellung zu den Themen Wirtschaftsgeschichte, Rohstoffe und historische Verkehrswege ein. Historische Karten im Eingangsbereich machen die großräumige Vernetzung der Region über alte Fern- und Handelsstraßen deutlich. Auf diesen Straßen waren Kriegsheere, Boten, Pilger und natürlich zu jeder Zeit auch Händler unterwegs, die die Produkte des Vogelsberges bis nach Frankfurt auf den Markt trugen. Eisenerz und Verhüttungsbetriebe sind ebenso wie die verschiede-

Station „Trachyt" an dem sieben Kilometer langen Geopfad vom Hoherodskopf nach Ilbeshausen-Hochwaldhausen.

nen Rohstoffe, etwa seltene Farberden, Kalk oder Kaolin zu sehen. Im Außenbereich stehen Rekonstruktionen von Hammerwerk, Rennofen und Köhlermeiler.
Neben zahlreichen Präparaten heimischer Tier- und Pflanzenarten kann das Naturschutz-Informationszentrum auf dem Hoherodskopf auch mit einer umfangreichen Gesteinssammlung aufwarten. Eine gute Übersicht verschafft das Modell der Vogelsberglandschaft, in dem die heutige Ausformung des Vulkangebiets mit seinen radial verlaufenden Bächen und Flüssen gut zu sehen ist. Der Vogelsberg ist für seinen Wasserreichtum bekannt und ist deswegen schon lange ein bedeutendes Wassergewinnungsgebiet für das Umland – dies ist ein weiteres Ausstellungsthema. Vor dem Infozentrum befinden sich einige großformatige Gesteins-Exponate, die insbesondere den Formenreichtum repräsentieren. Das Infozentrum ist gleichzeitig auch touristische Anlaufstelle, hier gibt es alle wichtigen Informationen zu Unterkünften, Gastronomie und Freizeitaktivitäten in der Region. Wer mag, kann von hier aus geologisch orientierte Wanderungen unternehmen, was auf dem „Geopfad Hoherodskopf" oder auf der ExtraTour „Höhenrundweg" möglich ist.

Eine weitere Infostelle befindet sich in „Hessens höchstgelegener Stadt" – immerhin: Der Schlossberg bringt es auf 614 Höhenmeter. Das Museum im Vorwerk in Ulrichstein ist in der ehemaligen Zehntscheune, die aus dem heimischen Basalt errichtet und vorbildlich saniert wurde, untergebracht. Dort befindet sich seit einigen Jahren eine Ausstellung zum regionalen Handwerk und zur Jagd.

Im Erdgeschoss gibt es eine kleine geologische Abteilung, in der auch ein Landschaftsmodell zu sehen ist. Besonders interessant ist die Erläuterung zu der Tiefenbohrung bei Ulrichstein, die Einblick in den vulkanischen Aufbau bis zu einer Tiefe von 656 Metern erlaubt. Interessant sind Abstecher zum nahegelegenen Geotop „Schlossberg" mit einem Spaziergang durch den Vogelsberggarten.

Einen anderen Teil der Wirtschaftsgeschichte im Vogelsberg präsentiert das Museum im Brauhaus von Homberg (Ohm), nämlich das alte Handwerk des Steinhauers, die Pflastersteinherstellung aus Basalt. Wie an vielen Stellen im Vogelsberg, wurden auch hier Rohstoffe in Steinbrüchen abgebaut, vor allem Basalt für die Splitt- und Schottergewinnung bis in unsere Zeit.

Geo-Wege

Geologische Besonderheiten, Naturschönheiten und Kulturschätze auf einer Wanderung versprechen die Geo-Wege im Geopark Vulkanregion Vogelsberg. Diese Wege sind gut ausgeschildert und liefern auf Schautafeln interessante Informationen zu den lokalen Besonderheiten.

Der Eisenpfad verbindet auf einer Strecke von 23 Kilometern das Schlossareal von Gedern mit dem Kunstgussmuseum in Hirzenhain. Per Busverbindung kann die Strecke auch abgekürzt oder in zwei Etappen gelaufen werden. Zehn Schautafeln machen die Geschichte des Eisenerzabbaus, der Verhüttung und Weiterverarbeitung anschaulich.

Vorbei geht es am Gederner Steinbruch, in dem zum Teil Lavaströme deutlich sichtbar werden. Nordöstlich von Wenings, nahe der Wüstung Wernings, ist die Erde auffallend rot, hier wurden Farberden abgebaut, die zur Färbung von Ziegelsteinen oder beim Eisenguss Verwendung fanden. Beeindruckend auch die „Pingenfelder" – eine Art Miniaturform des Untertagebaus – bei Merkenfritz. Dort fallen heute noch im Wald flache Wälle und trichterförmige Vertiefungen auf. Wie in einen Tiefbrunnen ließen sich im Mittelalter die Bergleute in die gegrabenen Gänge hinab, um Brauneisensteine zu Tage zu fördern.

Zeugen des industriellen Eisenerzabbaus sind entlang der beiden Erzwege („Süd" und „Mitte") zwischen Mücke und Grünberg zu sehen. In 25 Gruben wurden dort zwischen 1889 und 1968 über 3,7 Millionen Tonnen Erz gewonnen. Ein Eingriff, der Spuren in Form von Wällen, wassergefüllten Restlöchern und Schlammteichen hinterlassen hat. Ein Erzweg „Nord" Richtung Homberg (Ohm) ist gerade in Planung.

Auf einem Rundkurs, der den größten europäischen Basaltsteinbruch bei Homberg (Ohm) integriert, führt die GeoTour Felsenmeer entlang einer Kieselgur- und einer Sandgrube und bietet auf einem Aussichtsplateau einen Blick in den Steinbruch und darüber hinaus bis zur Amöneburg.

Direkt am Naturschutz-Informationszentrum auf dem Hoherodskopf startet ein sieben Kilometer langer Geopfad bis nach Ilbeshausen-Hochwaldhausen. Er wurde vom Naturpark Hoher Vogelsberg eingerichtet und zeigt entlang des Weges jeweils unterschiedliche Gesteine im Großformat, Schautafeln erläutern die erdgeschichtlichen Zusammenhänge und die Entstehung von Buntsandstein, Trachyt, Basalt und anderen.

Verbunden mit der Geologischen Baumhecke bei Eichelsachsen führt ein Rundweg unter dem Thema „Spur der Natur" durch das Eicheltal über sanfte Höhenrücken und mit weiten Blicken in die hügelige Vogelsberglandschaft.

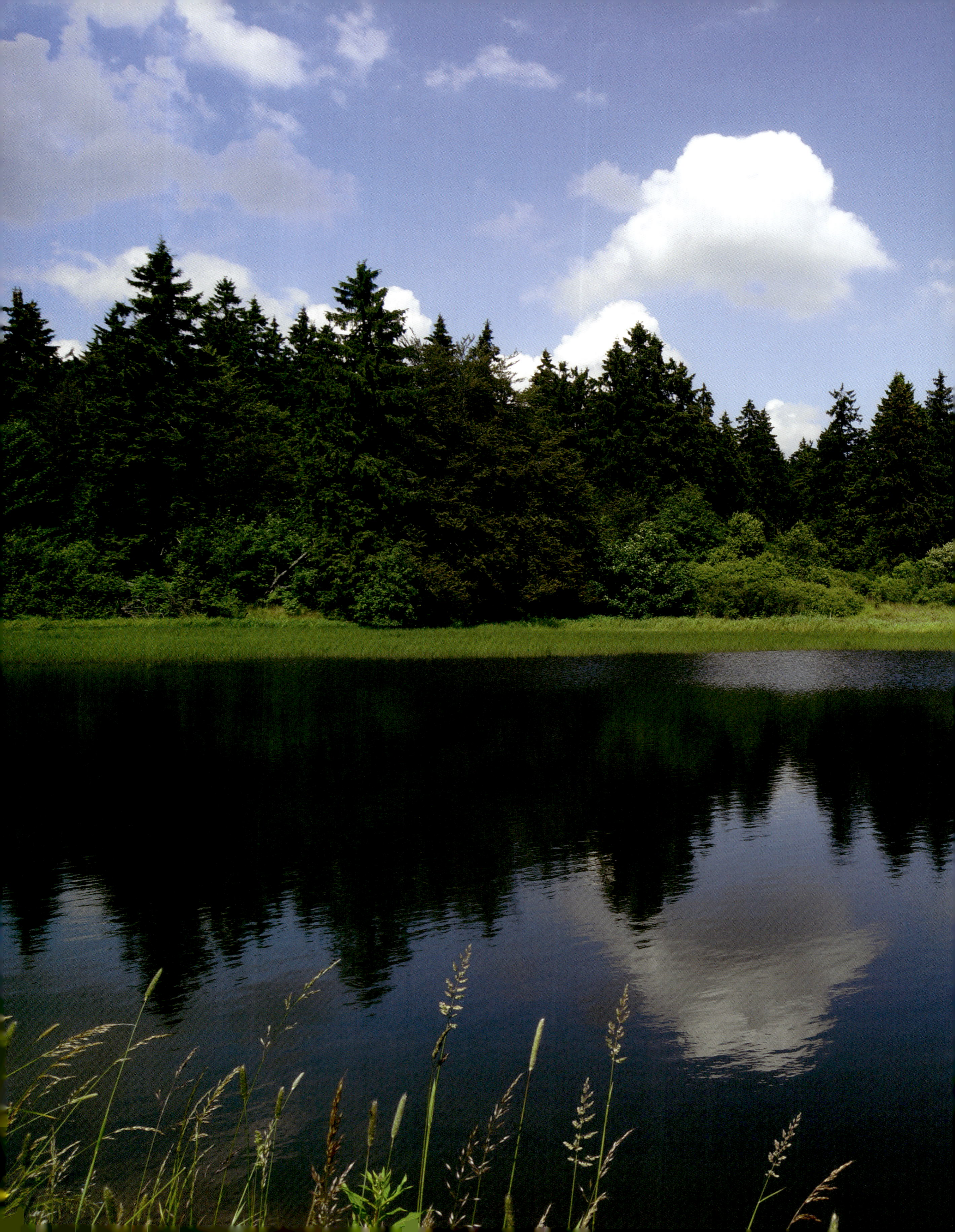

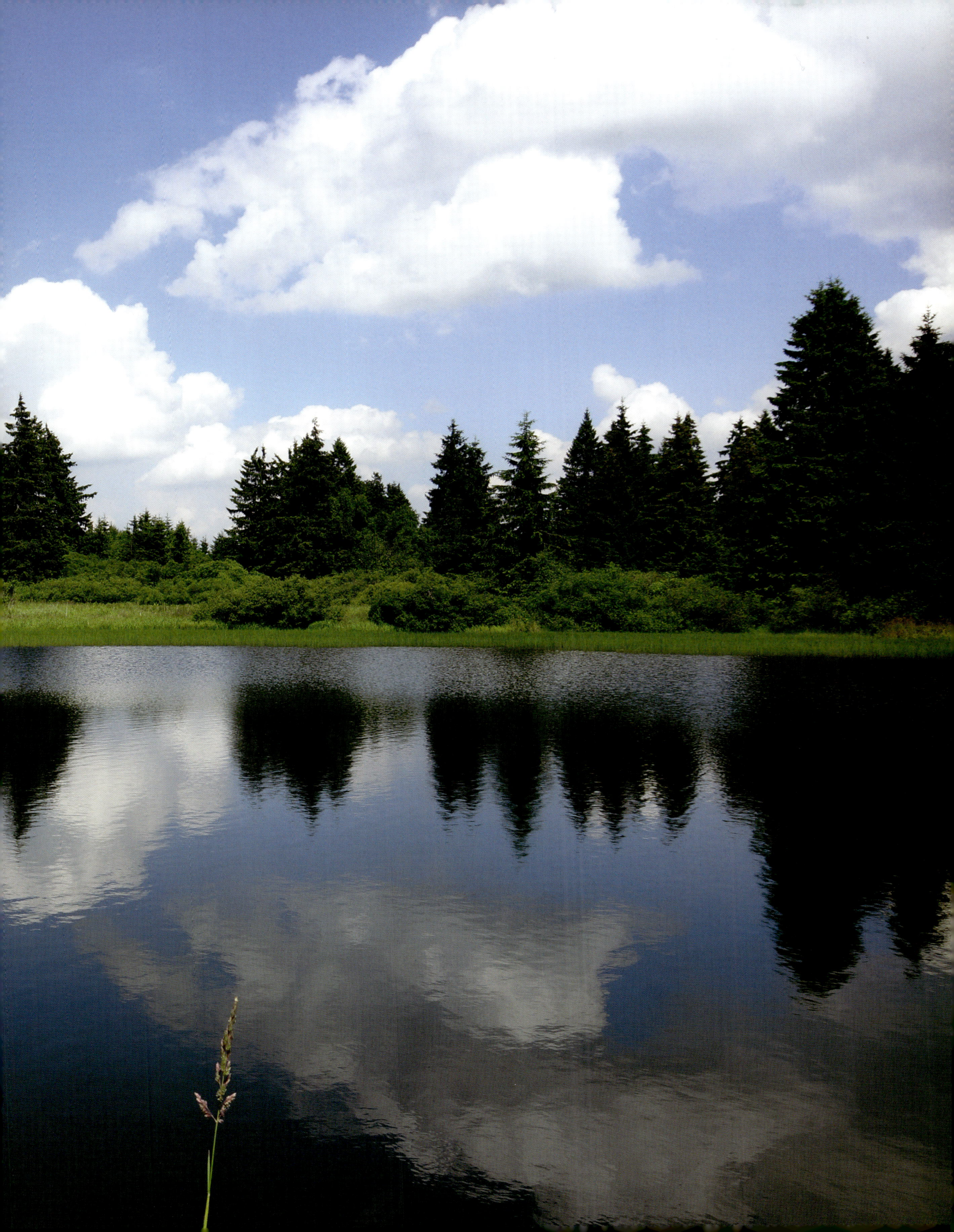

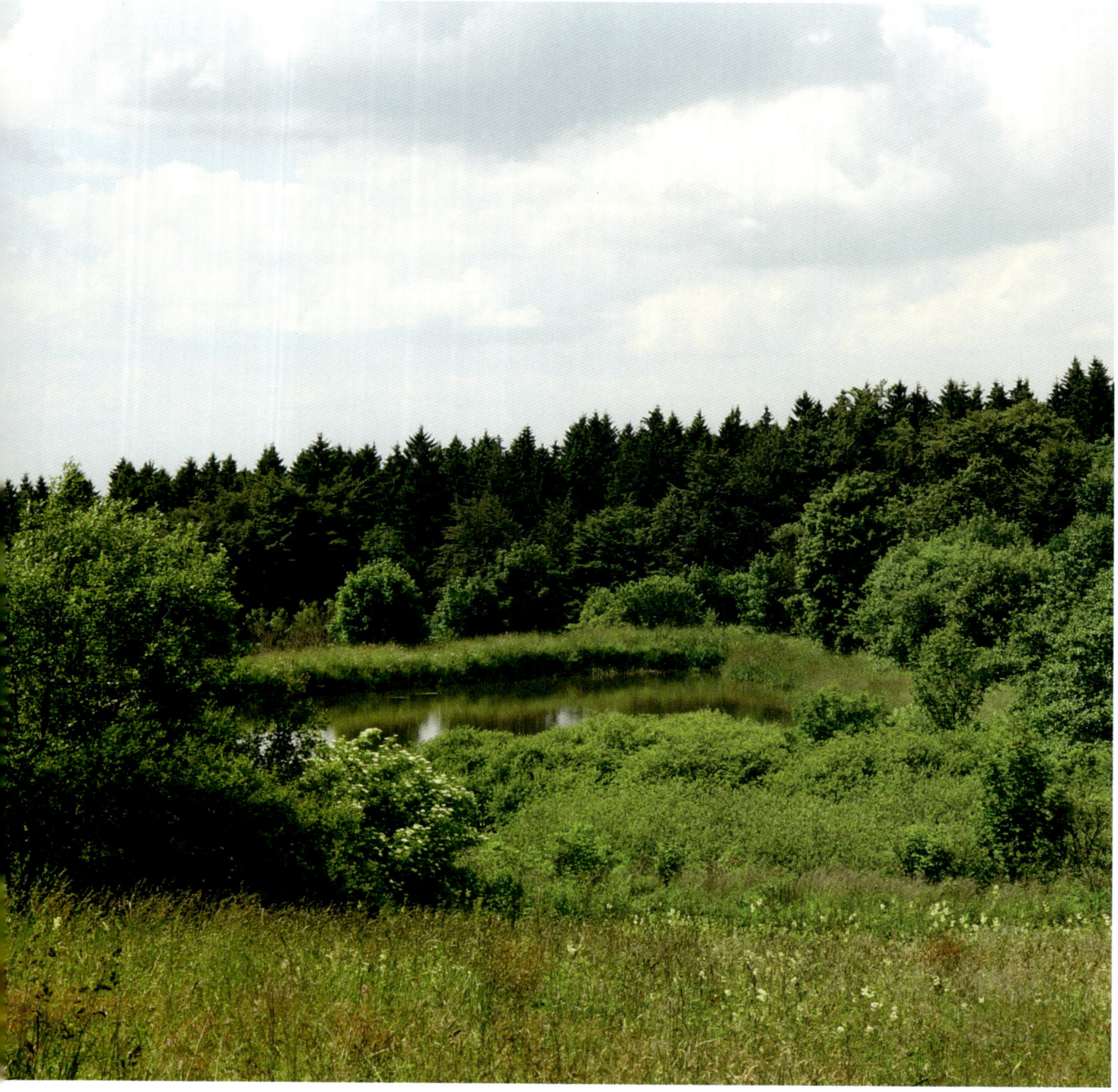

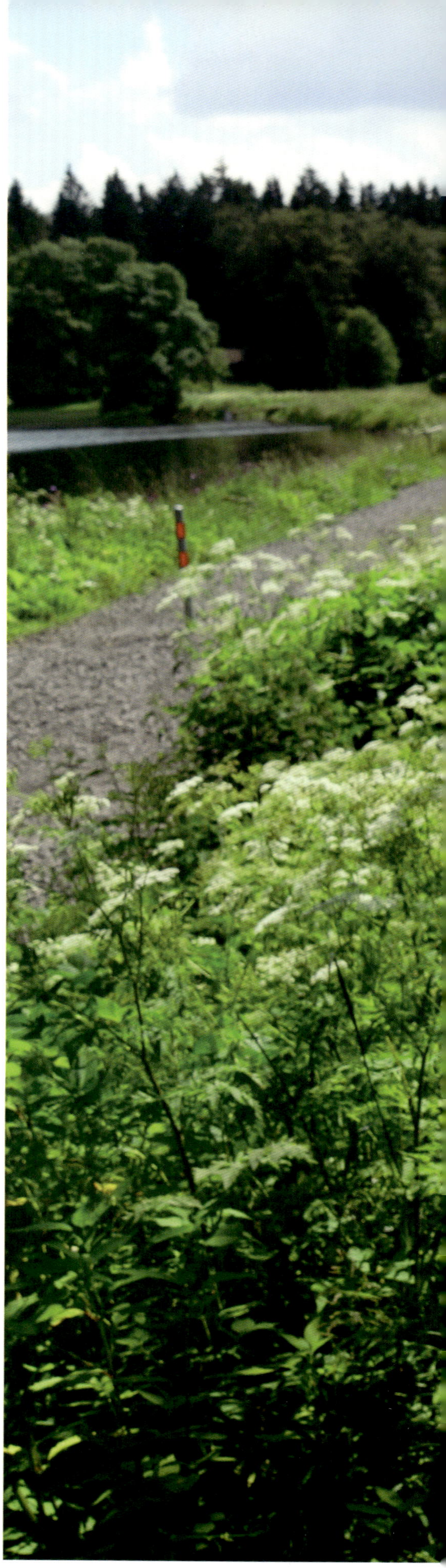

Forellenteiche

Die Teiche wurden im Mittelalter zum Flößen von Holz angelegt.

So wurden die Forellenteiche von 1616 bis 1647 zum Stau des Nidda-Oberlaufes eingesetzt, um bei Hochwasser durch zusätzliche Flutwellen Holz vom Vogelsberg zu Tal schwemmen zu können. Später dienten sie der Fischzucht.

Heute sind die Forellenteiche aufgrund ihrer besonderen Tier- und Pflanzenwelt als Naturschutzgebiet ausgewiesen.

Im Oberwald gelegen und als Naturschutzgebiet ausgewiesen: die Forellenteiche

86 | 87 Der obere der drei Forellenteiche

Lebensraum mit einer außergewöhnlichen Artenvielfalt

Biodiversität bezeichnet die Vielfalt an Tier- und Pflanzenarten in bestimmten Lebensräumen. Aufgrund des dramatischen Artensterbens in den letzten Jahrzehnten haben die Vereinten Nationen die Jahre 2011 bis 2020 zur UN-Dekade für die biologische Vielfalt erklärt. Damit sollen die Anstrengungen zu deren Erhalt besonders forciert werden.

Die Vielfalt an Quellen, Flüssen, Hecken, Wäldern und artenreichen Blumenwiesen sowie die schon zum Teil mehr als ein Jahrhundert währenden Schutzbemühungen – insbesondere im Oberwald – machen den Vogelsberg zu einem ganz besonderen Lebensraum seltener und gefährdeter Tier- und Pflanzenarten. Stellvertretend für viele werden hier drei besonders spektakuläre Arten vorgestellt:

Rotmilan

Sein Flugbild ist unverwechselbar: der tief gegabelte, rostrote Schwanz, die langen, schmalen Flügel und die Größe. Der Rotmilan ist größer als ein Mäusebussard und bringt es auf eine Spannweite von bis zu 170 Zentimetern. Kleine Säugetiere wie Mäuse und Maulwürfe zählen ebenso zu seiner Hauptnahrung wie Vögel. Regelmäßig frisst er auch Aas, dabei sitzt er nicht selten auf Straßen, um überfahrene Tiere aufzunehmen.

Der Rotmilan ist fast ausschließlich in Europa zu finden, hat seinen Verbreitungsschwerpunkt in Deutschland. In Hessen ist der Vogelsberg mit Abstand der Landkreis mit dem größten Vorkommen dieses beeindruckenden Greifvogels. Daraus ergibt sich eine besondere Verantwortung für diese Vogelart, die der NABU mit seinem Rotmilan-Projekt im Vogelsberg annimmt: Flächenkauf, die Anlage von Blühsteifen und sogenannten „Milanfenstern" sowie der Ausbau eines Netzwerk von Horstbetreuern stehen auf der Agenda. Wichtige Projektpartner sind Hessen-Forst, der Vogelsbergkreis, das Naturschutzgroßprojekt und die OVAG.

Schwarzstorch

Während das Klappern des Weißstorchs wieder zunehmend in den Niederungen der Flussauen zu vernehmen ist und diese Art kaum Scheu hat, bis auf wenige Meter an den Menschen heranzukommen, ist der Schwarzstorch ausgesprochen ängstlich. Zurückgezogen in großen geschlossenen Wäldern des Vogelsbergs zeigt sich diese zweite heimische Storchart höchstens mal auf dem Zug in die Überwinterungsgebiete.

Mit einem Meter Länge ungefähr so groß wie sein weißer Bruder, ist er mit knapp drei Kilogramm Gewicht etwas schlanker.

Der Rotmilan ist gut am gegabelten Schwanz und der roten Färbung zu erkennen. Im Vogelsberg hat er seinen hessischen Verbreitungsschwerpunkt.

Im Schnitt werden vier Eier in den in schwindelerregender Höhe errichteten Horst abgelegt, der nicht selten länger als 150 Zentimeter ist. Diese Nester werden mitten im Wald meist auf mächtigen alten Eichen errichtet. Nur das geschulte Auge ist überhaupt in der Lage, einen Horst im Wald auszumachen.

Luchs

Ein echter Heimlichtuer ist die größte europäische Wildkatzenart, der Luchs. Ungefähr so groß wie ein Schäferhund ist er an seinem Stummelschwanz und den Pinselohren leicht zu identifizieren. Nur muss man erst einmal das Glück haben, ihn überhaupt zu Gesicht zu bekommen.

Mitte der Achtziger Jahre gelang der erste Nachweis des Luchses in Hessen seit 1833. Gut 150 Jahre lang galt die Katze als ausgestorben. 2011 dann eine erste Beobachtung im Vogelsberg. Trotz zahlreich aufgehängter Wildtierkameras zeigte sich das scheue Tier in den Jahren danach nicht mehr. Erst wieder im August 2015: Von einem Hochsitz im Staatswald des Forstamtes Burghaun gelangen einem Förster gleich eine Videoaufnahme und eine Serie von Fotos, auf denen der Luchs eindeutig zu identifizieren ist. Vermutlich handelte es sich um einen Jungluchs auf der Suche nach einem eigenen Revier. Nicht auszuschließen, dass das der Beginn einer Neueroberung des Vogelsberges durch diese Art ist.

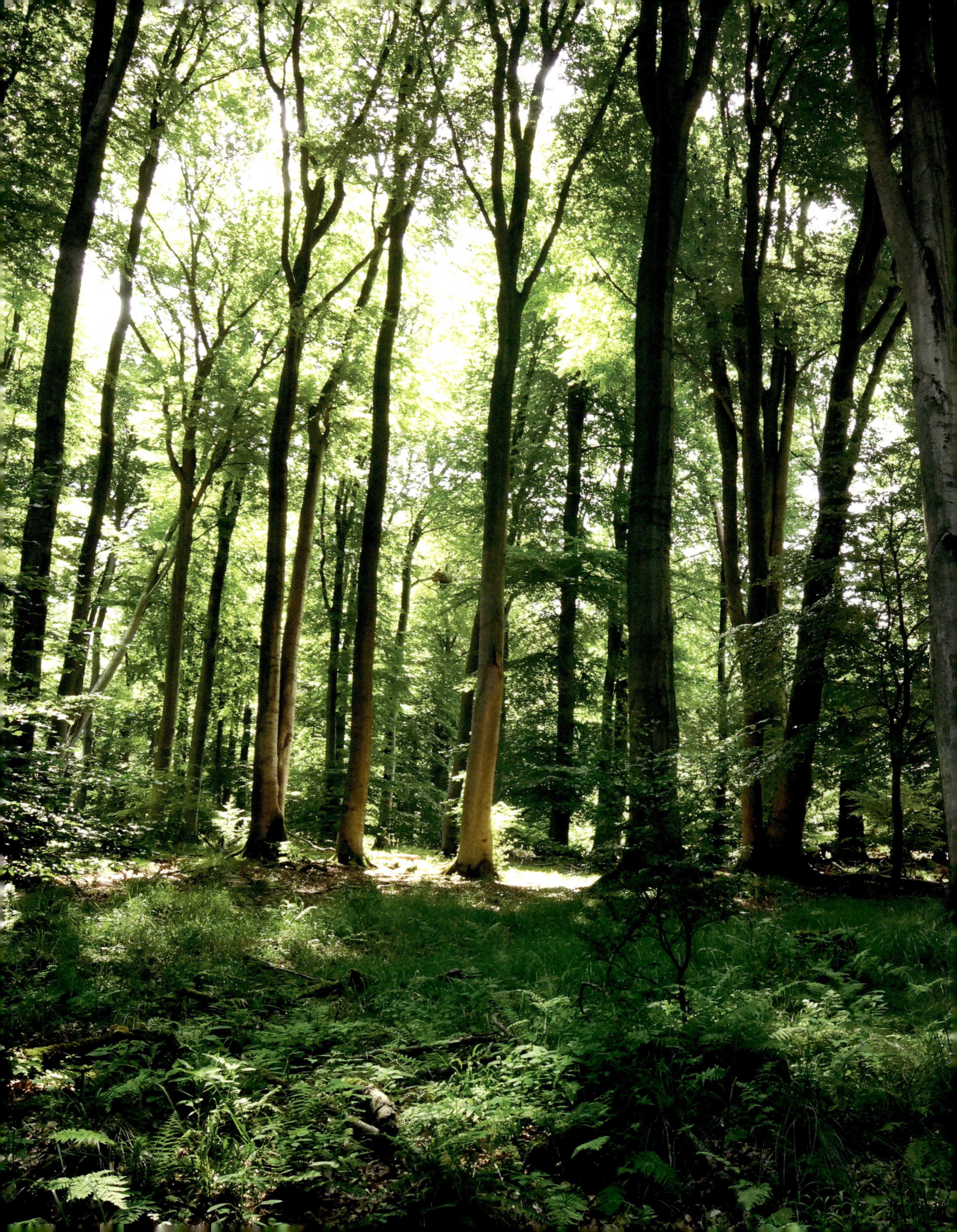

Viele seltene Tierarten leben sehr versteckt in den Wäldern. Kaum bemerkt, hat der Luchs (oben) erste Streifzüge durch den Vogelsberg unternommen. Auch der Schwarzstorch (mitte: Alttiere; unten: Jungvögel) nutzt den Wald als Horstplatz. Nur das geübte Auge kann die gut 1,50 Meter breiten Nester in den Kronen der Bäume ausmachen. Ein solches Nest versteckt sich auch auf dem großen Bild links.

Quellen – sensible Übergänge zwischen Grundwasser und Erdoberfläche

Die Vogelsberger Quellen - sind sie dazu da, in einem Trog gefasst, als schmucker Blickpunkt am Weg zu stehen? Das wird ihrer Bedeutung als Lebensraum überhaupt nicht gerecht. Über 300 solcher kleinen Wasseraustritte an der Geländeoberfläche konnten seit 2001 die Ehrenamtlichen des Landesverbandes für Höhlen- und Karstforschung Hessen e.V. im Vogelsberg untersuchen – noch längst nicht alle, in Karten tauchen sie kaum auf. Manche versickern rasch wieder, größere bilden Binsen- oder Simsenwiesen, Kleinseggensümpfe, winzige Tümpel. Die Temperatur von Quellen liegt zwischen 6 bis 8 Grad Celsius, ihr Wasser ist nährstoffarm. Die exakte Lage im Gelände, festgehalten in Koordinaten, die Wasser- und Lufttemperatur, den pH-Wert, die elektrische Leitfähigkeit, das Bodensubstrat, Flora und Fauna in Quelle und unmittelbarer Umgebung, aber auch Gefährdung, nötige Schutzmaßnahmen – das alles ermitteln die Quellenforscher des Vereins. Sie halten es in einem biospeläologischen Kataster fest.

Warum speziellen Schutz für – zum Teil – recht unscheinbare Biotope? Quellen bewässern den Pflanzenwuchs, sind Tränke von Tieren, kleinstes Element der Trinkwasserversorgung, Speicher starker Niederschläge, Laichhabitate von Amphibien. Als Ökotone, störungsempfindliche Übergänge zwischen Grundwasser und Erdoberfläche, sind sie Nische für seltene Arten. So kommt auch in Vogelsberg-Quellen die ein bis zwei Millimeter große Rhönquellschnecke vor – weltweit nur an diesen beiden Mittelgebirgsstandorten zu finden, abhängig von klarem, kalten, kalkarmen Wasser. Der anderthalb Zentimeter lange Alpenstrudelwurm, ein Eiszeitrelikt, hat Kleinstkrebse und Ringelwürmer als Hauptnahrung, ist seinerseits Beute von Steinfliegenlarven. Köcherfliegenlarven, Ruderfuß- und Höhlenkrebse, Süßwassermilben, an zwei Vogelsberger Quellstandorten Höhlenwasserasseln und die Larven der Gestreiften Quelljungfer, einer der größten Libellen, leben im Quellwasser. All diese Kleintiere tragen zu einer hohen Wasserqualität bei. So ernähren sich die Rhönquellschnecke und andere Kleintiere von Bakterienrasen und Zerfallsprodukten von Laub und Wasserpflanzen. Amphibien, Pilzmückenarten leben in den umgebenden Quellwäldern und ziehen sich bei Hitze oder Frost in die Quellbereiche zurück. Seltene Moose und Flechten finden sich in der unmittelbaren Umgebung.

Viele Quellen, Feuchtwiesen, Quellwälder sind durch Entwässerung und intensive land- oder forstwirtschaftliche Nutzung verschwunden. Beweidung ihrer Umgebung samt Trittverdichtung und Nährstoffeintrag durch intensive Düngung gefährden die Wasserqualität und die spezielle Quellenfauna, ebenso ausgedehnte Fichtenmonokulturen mit saurer Bodenreaktion. Grundwasserflohkrebse etwa nutzen nachts das Nahrungsangebot in den Quellen, suchen tags im Grundwasserkörper Schutz. Verrohrungen und Brunnenfassungen hindern sie daran, die Art verschwindet. So setzt sich der

Viele Quellen – wie der Landgrafenborn – sind als Brunnen gefasst und verrohrt. Ein Nachteil für die hier lebende Tierwelt.

Hessische Landesverband für Höhlen- und Karstforschung für den Rückbau von Quellfassungen ein und konnte bei vielen der untersuchten Vogelsbergquellen feststellen: „Das vorgefundene Artenspektrum spricht für ein weitgehend intaktes Ökosystem im Grundwasserkörper." Mit Sorge sieht man aber trocken gefallene Quellen, die Veränderung in den umgebenden Wiesen- und Waldregionen.

Viele Vogelsberger Lokalsagen handeln von Quellen. Die Ungeborenen werden daraus hervorgeholt, das Wasser ist heilkräftig wie am Fettborn der Meicheser Totenkirche. Spiegeln solche Geschichten das Wissen um die lebensnotwendige Bedeutung des Wassers? Auch reale Vogelsberger Quellen haben ihre Geheimnisse, so der „Gute Born" bei Nieder-Seemen. Ein Hirt ergrub ihn 1742 nach einer Traumvision. Das Wasser war heilkräftig, besonders bei Augenkrankheiten, Leidende kamen von weither – dann versiegte die Quelle. Dies wiederholte sich 1794. In den Folgeepochen sollen sich die Seementaler immer wieder aus kleinsten Gerinnseln dieses Bereiches Heilwasser geholt haben. 2013 führten Ortsbürger um Erhard Müth eine Grabung durch. Ein je nach Niederschlägen extrem wechselnder Grundwasserstand wurde nachgewiesen.

Charakteristisches Landschaftsmerkmal sind die naturbelassenen Oberläufe der Vogelsberg-Bäche. Der Wasserlauf brandet auf, wenn er gegen Steine prallt, lagert Sand- und Kiesflächen ab. Diese Sauerstoffanreicherung trägt ebenso wie die Filterwirkung des Blattwerks der Ufergehölze zur hohen Wasserqualität bei. In den Bächen gibt es selten gewordene Fischarten wie die Bachforelle, das stark gefährdete Bachneunauge. Symbiose besteht zwischen der Bachforelle und der extrem seltenen und gefährdeten Flussperlmuschel. Die Larven der Muschel müssen in ihrem Entwicklungszyklus zehn Monate parasitisch in den Kiemen der Bachforelle leben, bei anderen Fischarten ist dies nicht möglich. Sie lassen sich dann als etwa 0,5 Millimeter große Muscheln in das Bachbett fallen, wo sie sich eingraben. Heute ist die Flussperlmuschel im Vogelsberg verschollen.

*Naturbelassener Oberlauf der Nidda bei Rudingshain (rechts). Die Zweigestreifte Quelljungfer (oben) lebt in Quellbereichen und an sauberen Fließgewässern.
Die Niddaquelle tritt unverbaut aus, jedoch sind viele andere Quellen im Vogelsberg gefasst oder verrohrt, so auch die Ohmquelle in Ulrichstein.*

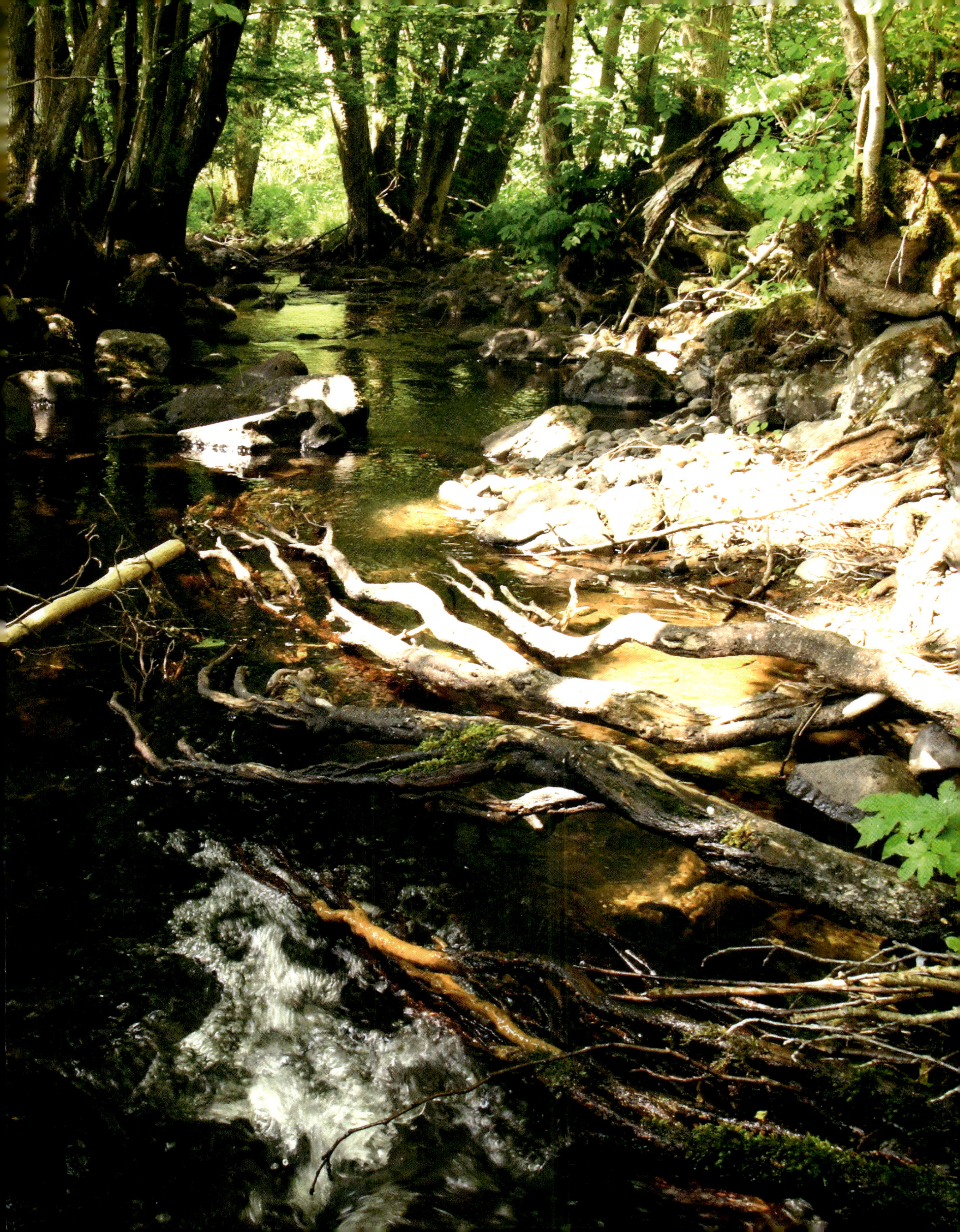

Niddatalsperre – technisches Bauwerk und Lebensraum in einem

Rund 60 Hektar überflutete Fläche mit einem Inhalt von 6,8 Millionen Kubikmetern Wasser – die 1970 fertiggestellte Niddatalsperre, in der Region meist „Stausee" genannt, ist ein markanter Landschaftsbestandteil. Für Bau und Betrieb ist der Wasserverband Nidda zuständig. In der Nähe des Dammes liegt die Schaltzentrale des Talsperrenmeisters, zugleich Leitwarte für weitere Talsperren und Rückhaltebecken des Wasserverbandes und für die Nidda mit den zuführenden Gewässern, insgesamt etwa 300 Flusskilometer. Früher lagen hier Wiesen, Äcker und ein felsiger Gürtel, durchbrochen von der Eisenbahnlinie Schotten-Nidda-Friedberg. Heute ist das Stauseegebiet ein touristischer Magnet. In allererster Linie dient die Niddatalsperre dem Hochwasserschutz. Senioren der Region erinnern sich mit Schrecken etwa an das Dezemberhochwasser von 1967, als Schottens Innenstadt ebenso wie Rainrod und Eichelsdorf überflutet waren. Die Bauern wussten sich nicht anders zu helfen und stellten notgedrungen die hochtragenden Kühe in die bereits weihnachtlich geputzten Wohnungen! Inzwischen hat sich der Stausee als Hochwasserschutz ebenso bewährt wie zur Regulierung eines gleichbleibenden Wasserstandes im Flussbett. In niederschlagsarmen Sommern, wenn der Fluss im Oberlauf zwischen Rainrod und Nidda trocken zu fallen droht, wird eine Mindestwasserabgabe von 100 Litern pro Sekunde abgelassen und erhält den „Lebensraum Fließgewässer", wenn auch reduziert. Das Wasser fließt generell nicht ungenutzt ab, sondern treibt zwei Turbinen an, die im Krafthaus rund 400.000 Kilowattstunden Strom pro Jahr erzeugen.

Talsperrenmeister Armin Hudetz: „Dieses technische Bauwerk ist zum Lebensraum vieler Tier- und Pflanzenarten geworden."
Auf allen Ebenen des Wasserverbandes Nidda besteht Konsens, den Naturschutz in das Management der Talsperre zu integrieren. Beispiel Lebenszyklen im See: mit dem Eintrag organischer Stoffe (Blätter, Blütenstaub etc.) steigt der Anteil an pflanzlichem und tierischem Plankton, das sich von deren Zerfallsstoffen ernährt. Davon profitieren neben Schnecken, Würmern und anderen Wirbellosen die planktonfressenden Friedfischarten von den Weißfischen bis zu den Karpfen, ihr Anteil im See steigt. Das verbessert wiederum die Ernährungsgrundlage der Raubfische, der Hechte, Forellen, Welse und mehr. Ist deren Anzahl steigend, sinkt der Anteil an Friedfischen und damit an Fraßfeinden der Kleinlebewesen, deren Bestände steigen wieder. Durch gezielte Besatzmaßnahmen greift man von Seiten des Wasserverbandes regulierend ein. So entsteht ein dauerndes Wechselspiel, das zur Wasserqualität beiträgt und übermäßige Algenbildung verhindert. Wenn nicht gerade starke Regenfälle Schlamm eingespült und den Grund aufgewühlt haben, hat die Niddatalsperre an vielen Stellen eine Sichttiefe von bis zu zwei Metern. Die Uferwiesen werden zwar gemäht, aber nicht gedüngt, Blütenpflanzen sind Farbtupfer im Grün.

Am seichten Rand stehen Schilfkolben, Röhricht, Wasser-Schwertlilie und Wasserknöterich. Vom begehbaren Erdwall am gegenüberliegenden Ufer hat man Einblick auf ein Naturschutzgebiet von 20 Hektar Fläche, Sing- und Wasservögel sollen hier ungestört brüten können. Immer wieder ist sachkundiger Artenschutz gefragt. Im extrem niederschlagsarmen Winter 2013/14 lag der Wasserstand im zeitigen Frühjahr weit unter dem Gehölzsaum, wo die Fische laichen. Sie brauchen ein breites Angebot an Kleinstrukturen, Stauden, Gestrüpp, um den Laich daran abzulegen. Jetzt fanden sie nur breite trockene Lehmstreifen. Der Wasserverband lieferte Laichbürsten, meterlange grüne Quirle aus Synthetikmaterial, die vor dem Naturschutzgebiet im Wasser verankert und mit Bojen markiert wurden. Erfreut entdeckte Hudetz bald Laichperlen in den grünen Borsten.

20 Fischarten, Teichmuscheln und Krebse leben mitten im See. Zu beobachten gibt es Graureiher, Haubentaucher, Entenarten, Teichhühner, Kormorane, Wasseramseln, Eisvögel, als durchziehende Gäste auch Gänsearten und Watvögel. Rot- und Schwarzmilane, Baum- und Turmfalken gehen in der Umgebung auf Jagd. In den Ufergehölzen nisten Goldammern und Braunkehlchen, im Schilf Teichrohrsänger. Auf dem ufernahen Wasserspiegel sieht man Wasserläufer, darüber schwirren Mosaik- und Azurjungfern, die Heidelibelle. Im besonnten Wiesenbereich in Ufernähe halten sich oft Zauneidechsen, Ringelnattern und Blindschleichen auf. An lauen Sommerabenden quaken Hunderte von Wasserfröschen. An einem kleineren Teich ist eines der größten hessischen Schutzgebiete des selten gewordenen Laubfrosches. Der Ringwall der Alteburg, der Steinkreis „Heidenaltar", das Läunsbachtal sind reizvolle Wanderziele in Stauseenähe.

Laichbürsten sind bei niedrigem Wasserstand für die Fische ein Ersatz für Äste. Talsperrenmeister Armin Hudetz und ein Helfer kontrollieren die Laichbürsten. Glänzend wie Perlen: Laich der Fische (rechts)

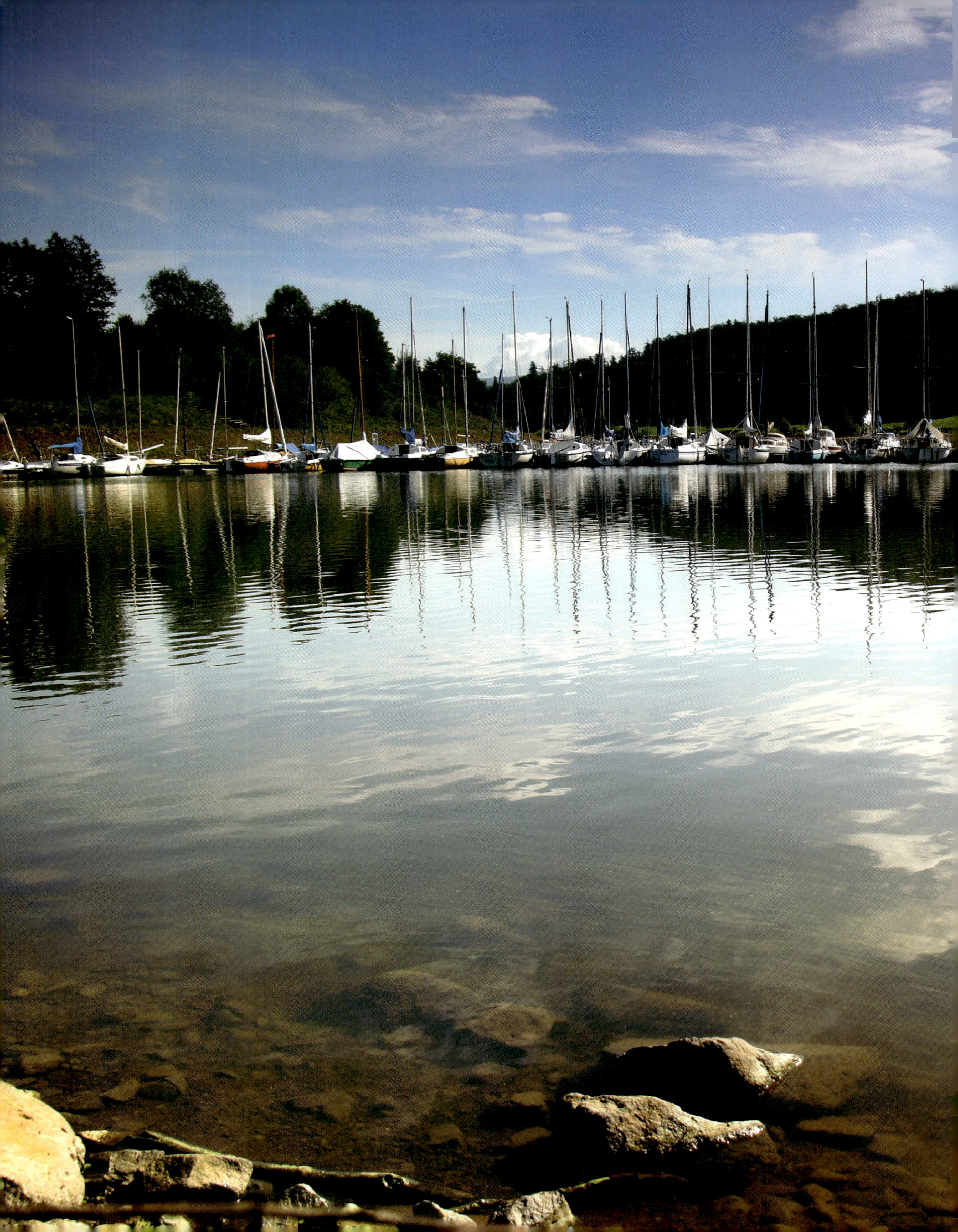

Die Niddatalsperre bei Schotten, einst für den Hochwasserschutz errichtet, ist heute ein beliebtes Freizeitgebiet. Aber auch viele Tierarten können hier beobachtet werden: Der Graureiher (oben) nutzt den Stausee als Nahrungsquelle. Entlang der Hecken am Ufer sonnen sich Zauneidechsen (mittleres Bild).

Die Wälder im Vogelsberg

„Buchonia – Buchenland" wird der südliche Vogelsberg mit der ersten Kirche Schottens in einer Urkunde von 778 genannt. Buchenbestände als zeitloses Naturidyll im Auf und Ab der Epochen? Keineswegs. Naturzyklen und Nutzungsgeschichte wechselten. Eberhard Roeder, ehemaliger Leiter des Forstamtes Schotten, hat Vogelsberger Waldgeschichte erforscht und dokumentiert. Pollenfunde aus dem Hochmoor im Oberwald zeigen nach der letzten Eiszeit vor rund 12.000 Jahren das Verschwinden der Kältesteppe, Birken und Kiefern siedelten sich an. In der Jungsteinzeit folgten Hasel und Eberesche, an Bachläufen, in Quellbereichen Erlen und Ulmen, in den wärmeren Tälern Eichen. Fichten, Ahorn, später Rotbuchen, ab 1.000 v. Chr. Charakterbäume des Oberwaldes, eroberten Standorte. Linde, Elsbeere kamen dazu.

In der Eisenzeit ab 700 v. Chr. drangen Nutzer immer mehr in den nur von wenigen Wegen durchquerten Oberwald ein. Gerodet wurde für Siedlungsflächen, Äcker, Wiesen. Holzkohle war unentbehrlich bei der Verhüttung von Eisenerz und in den Waldschmieden, große Kahlschläge entstanden. Mehr als die Hälfte der kleinen Vogelsberger Siedlungen verwandelten sich ab dem 14. Jahrhundert in Wüstungen. Die Bevölkerung zog es in die größeren Orte. Extreme Beweidung, Holzbedarf, Siedlungsdruck führten zu verlichteten Beständen, zu verdichteten, verarmten Böden. Vorausschauende Waldbesitzer begannen die Zugriffe zu reglementieren (Riedeselsche Waldordnung 1565). Doch traditionelle bäuerliche Waldnutzung wurde nicht eingeschränkt, Weidetiere fraßen den Aufwuchs ab, der Wald konnte sich nicht verjüngen. So

belastend die Jagdleidenschaft der Standesherren samt immenser Wildschäden für die Bauern waren: die jagdliebenden Landgrafen des 18. Jahrhunderts, Ernst Ludwig und Ludwig VIII., ließen große Flächen des Oberwaldes für Beweiden und Betreten sperren und erhielten so die ursprünglichen Buchen-Ahornbestände.
„Waldreicher Vogelsberg" im 17. und 18. Jahrhundert? 1770 wird der Oberwald in einem Forstgutachten als lockerer Bestand von schwachem Stangenholz mit nur wenigen großen, starken Bäumen beschrieben, in dem „kaum ein Klafter Holz zu machen sei." Im 19. Jahrhundert begann der Revierförster Karl Aßmus im Revier Grebenhain, später in Sichenhausen, arme Böden mit Fichten aufzuforsten. In den Tälern und an den Hängen gelang das bis zur mittleren Höhe. Im eigentlichen Oberwald mit rauem Klima schlugen Aufforstungsversuche fehl, dort war ein „Land der kahlen Höhen". Forstliche Pionierleistung war gefragt: von 1874 bis 1877 zogen Arbeitstrupps, oft aus Sträflingen bestehend, rund 34.000 Quadratmeter Gräben, einen halben Meter tief und breit, mit je fünf Metern Abstand von Südosten nach Nordwesten. Im geschützten Raum sorgten die Jungfichten nach einigen Jahren für Windschatten, weitere Sämlinge wurden in die Zwischenräume gepflanzt. Noch stehen zwischen Ulrichstein und dem Hoherodskopf Fichtenmonokulturen von damals, allerdings sturmanfällig, durch sauren Regen geschädigt. Der Wunsch nach einer einheitlichen, mit wenig Aufwand zu bewirtschaftenden Waldfläche stand Pate beim Generalkulturplan von 1904. Man dachte an die Räumung von Ortschaften wie Herchenhain und Hartmannshain. Erregter Bauernprotest brachte das Projekt zu Fall: „Wer seine Hand nach deinen Äckern streckt, dem hau sie ab!"

Inzwischen sind die Waldbestände etwa durch Aufforstung von Grenzertragsböden erheblich gewachsen, machen 37 Prozent der Fläche des Vogelsbergkreises aus. Der Aufbau einer Mischwaldgesellschaft mit Buchen, Ahorn und Eberesche wird angestrebt. Das Konzept der nachhaltigen, naturgemäßen Waldwirtschaft ist seit 1989 für den Landesbetrieb Hessen-Forst verbindlich. Der „Wald von heute" soll viel leisten: Anpassung an Boden, Klima und Klimawandel, Widerstandsfähigkeit gegen schädliche Umwelteinflüsse, Lebensraum für viele Pflanzen- und Tierarten, Erholungsort. Aufforstung mit Buchen, Eschen, Bergahorn, Ebereschen zeigt auch in höheren Lagen gute Ergebnisse. Dem Klimawandel entspricht man in tieferen Lagen durch Pflanzung wärmeliebenderer Arten wie Eichen, Wildobst, Elsbeere. Zwischen den Laubbäumen sollen auch Fichtenbestände bleiben.
Um die Dominanzart Rotbuche haben sich im Vogelsberg verschiedene Waldgesellschaften entwickelt, so etwa Perlgras-, Waldziest-, Zahnwurz-, Waldmeister-, Waldgersten- und Hainsimsen-Buchenwald, dazwischen eine artenreiche Blütenpflanzenpalette.
Prinzip Naturverjüngung in Zeiten teurer Arbeitskraft: Samentragende Bäume säen sich selbst aus, Jungpflanzen wachsen im Wind- und Sonnenschutz der Altbäume, exakt an Boden und Kleinklima der Fläche angepasst – ein arbeitssparendes Verfahren, gelegentlich durch Bodenlockerung mit oberflächlichem Fräsen unterstützt, vor Wildverbiss geschützt. Das Ziel „Generationenwald" vom Sämling bis zum Baumriesen erinnert an Vogelsberger Forste vor 1000 Jahren. Sind solche stabilen standortgerechten Wälder ein forstliches „Zurück in die Zukunft"?

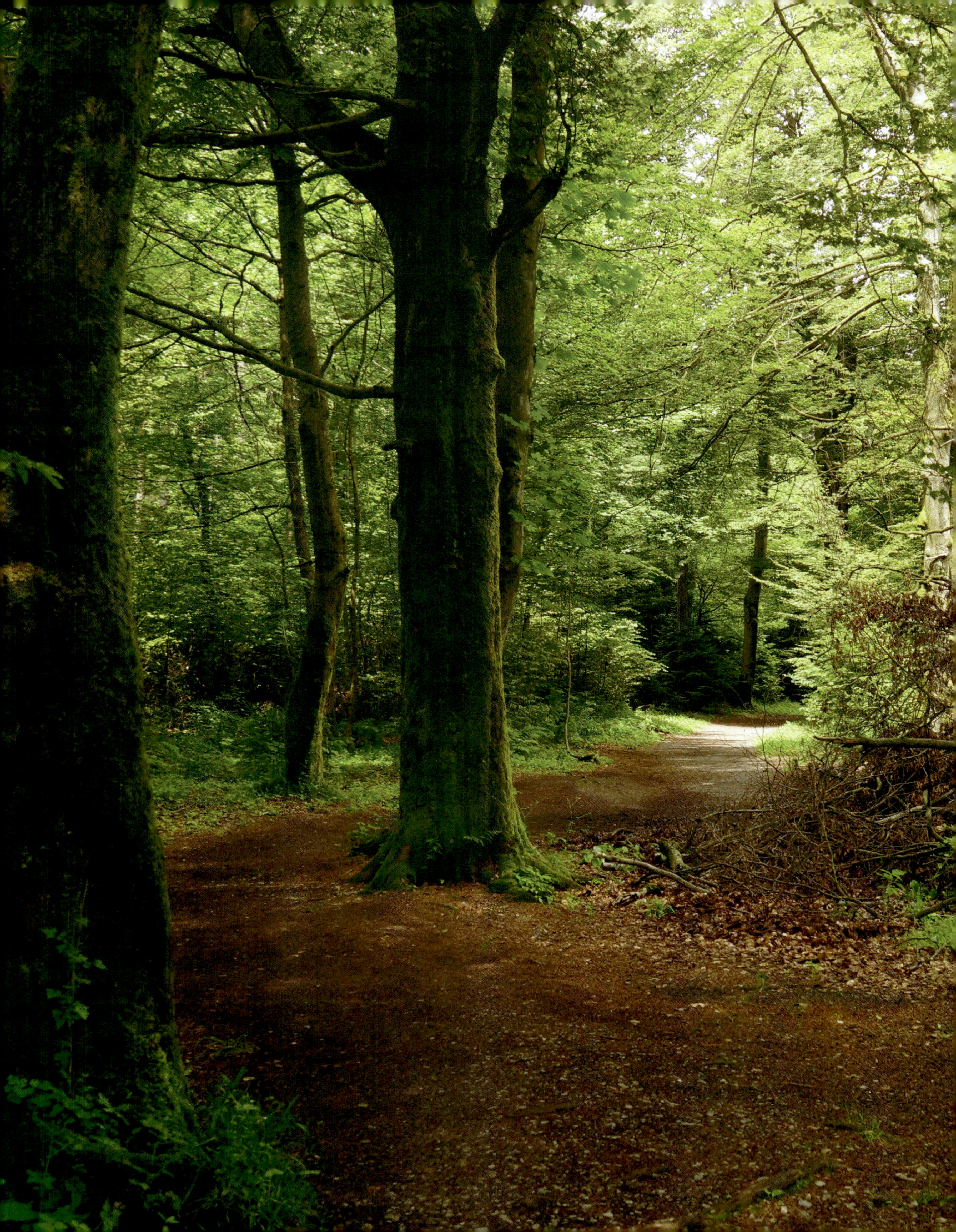

Im Oberwald, rund um die Breungeshainer Heide und den Hoherodskopf wirken die Waldbestände zum Teil urwaldartig. Totholz bleibt liegen, bietet Pilzen und Käfern einen Lebensraum.

In den Wäldern und an den Waldrändern des Vogelsbergs heimisch: Eichelhäher (rechts), Buntspecht (oben), Gimpel (unten)

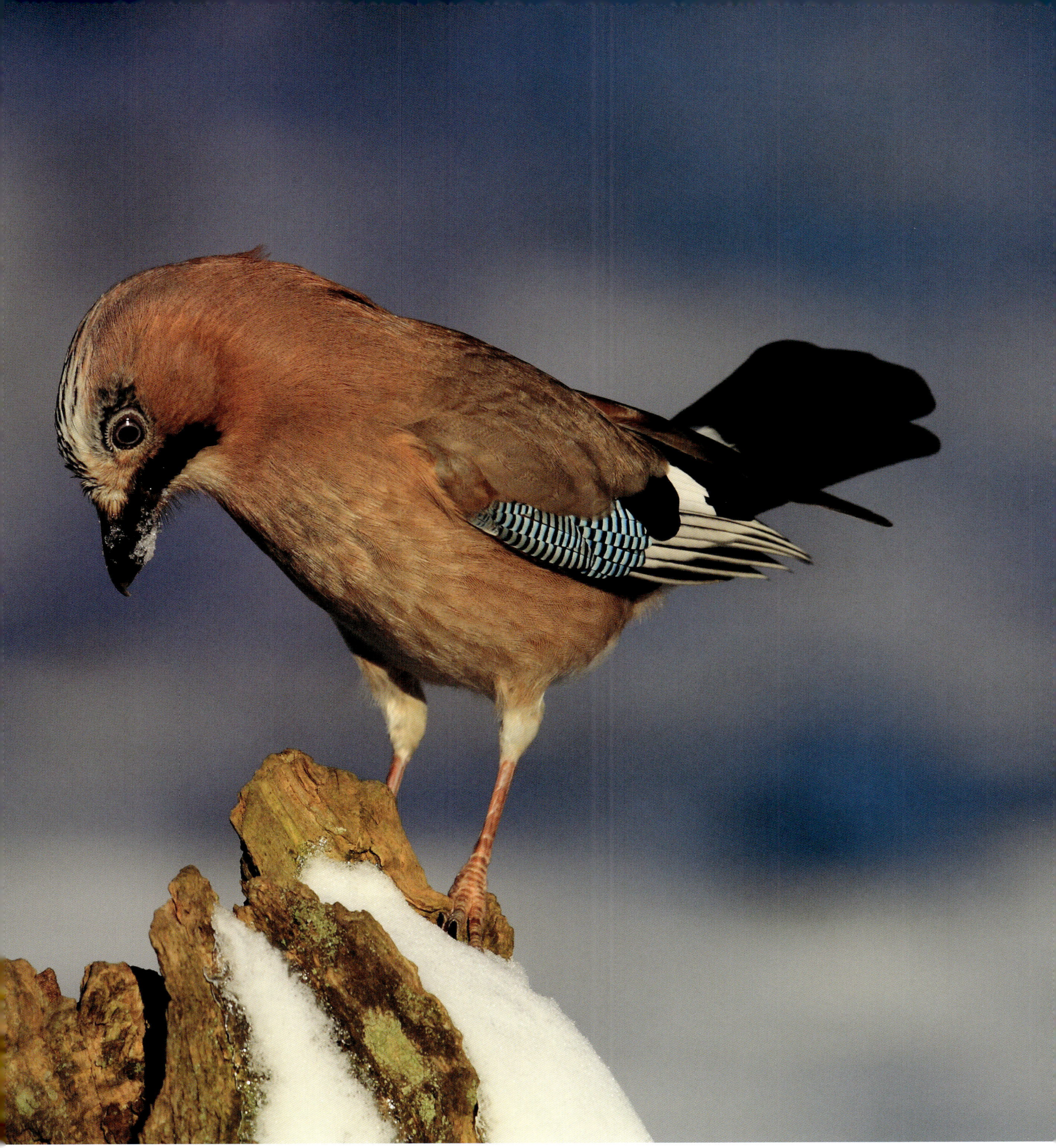

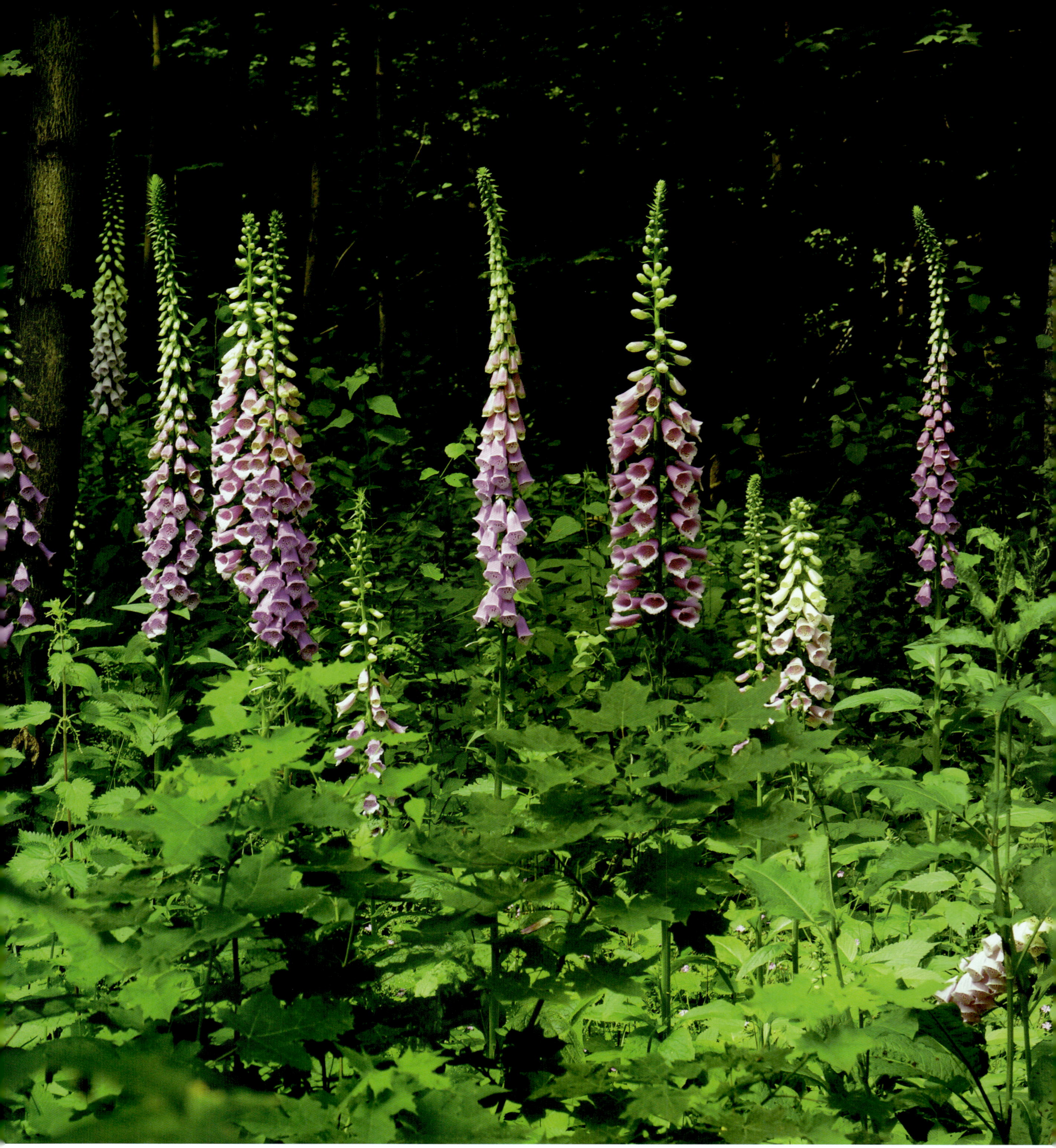

Häufig entlang der Wege im Oberwald zu finden ist der Rote Fingerhut - meist purpurn, mitunter aber auch in anderen Farbvarianten über rosa bis weiß.

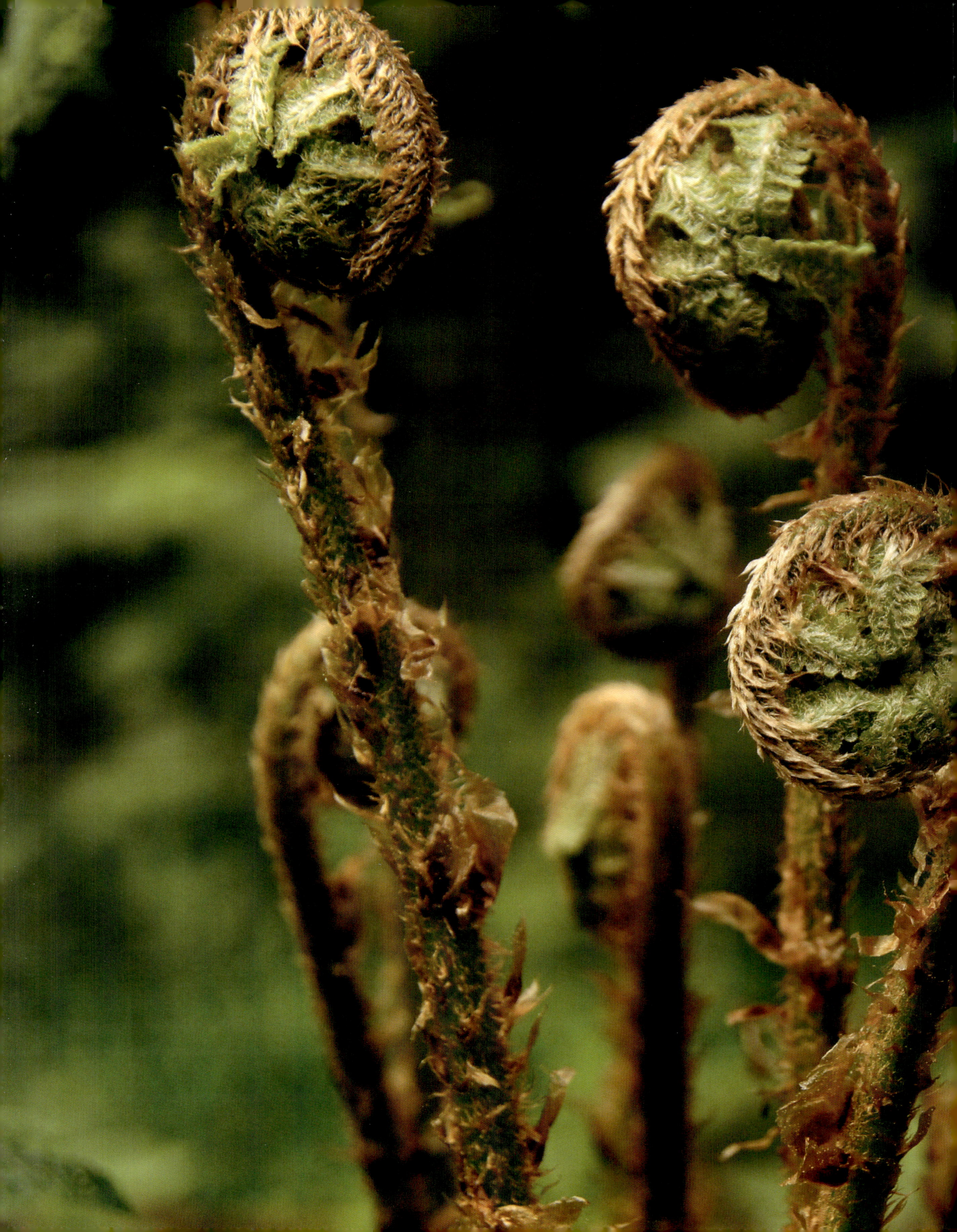

Zahlreiche Farnarten sind im Vogelsberg zu finden, darunter der Gewöhnliche Tüpfelfarn (oben). Aber auch viele Blütenpflanzen wie die Vierblättrige Einbeere oder die Zweiblättrige Schattenblume (unten) bevölkern den Waldboden.

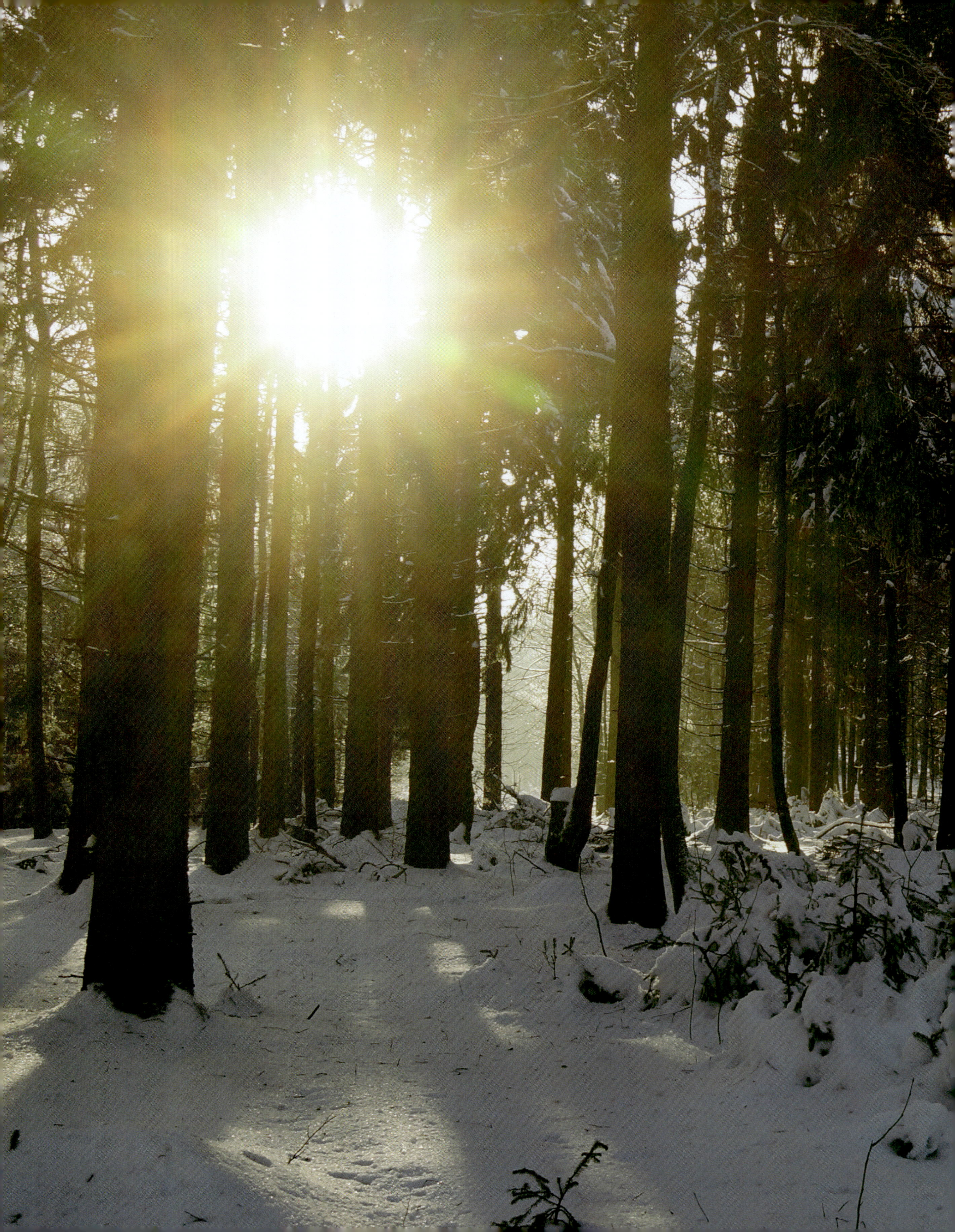

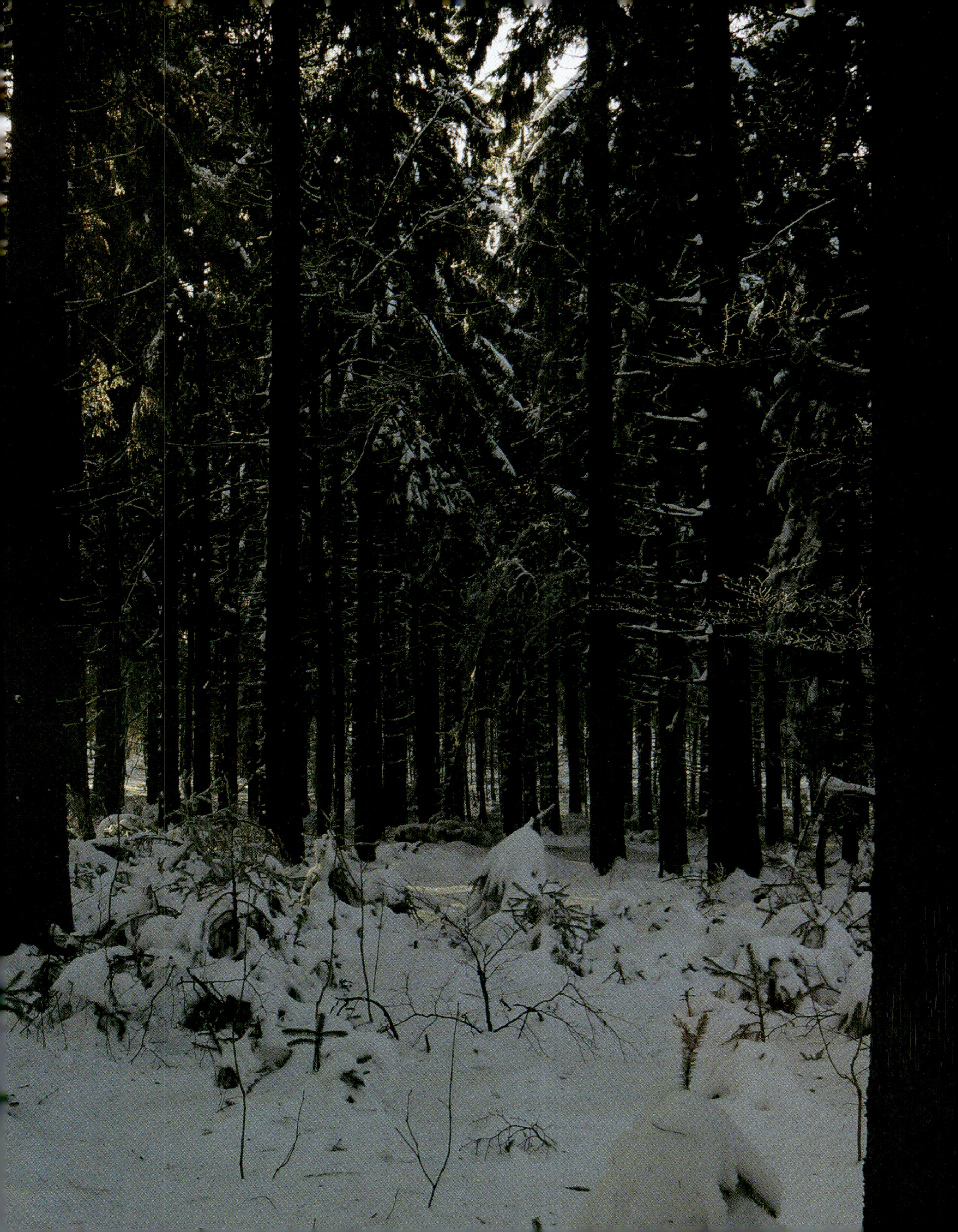

Der wahrscheinlich größte Baum des Vogelsbergs ist im alten Pflanzgarten der Forstschule Schotten zu finden: ein aus Kalifornien stammender Mammutbaum, der im Jahr 1895 hier ausgesät wurde. In dieser relativ kurzen Zeit hat er eine Höhe von 35 Metern und den stolzen Durchmesser von zweieinhalb Metern erreicht. Den Größenvergleich liefert Alfred Leiß.

112 | 113 Fichtenwaldbestand am Hoherodskopf

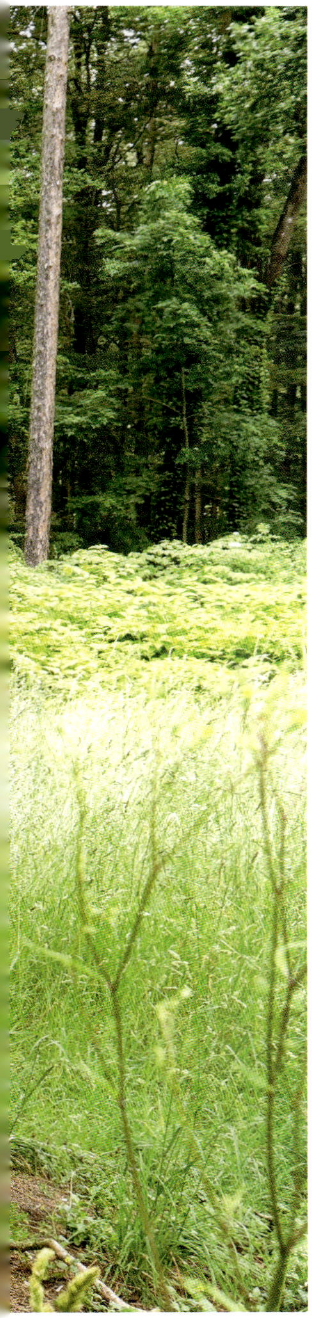

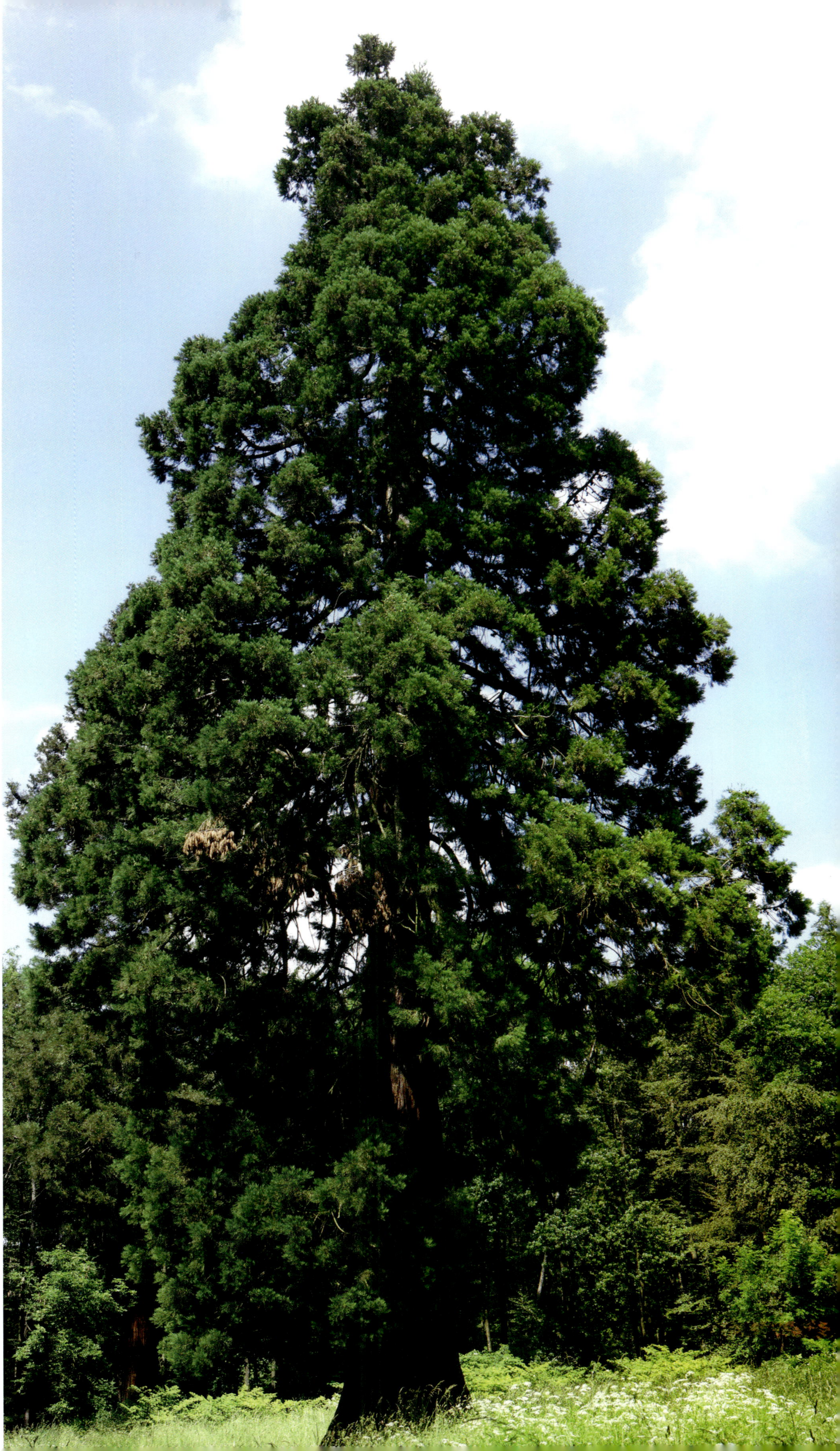

Naturwaldreservat Niddahänge östlich Rundingshain

Wer der Nidda vom Quellgebiet ab in südwestlicher Richtung folgt, bemerkt nach etwa anderthalb Kilometern, dass der Wald sich ändert. Im Aufwuchs der Krautschicht, der jungen Bäumchen, liegen große umgestürzte Stämme, die Wurzelteller ragen hoch. Andere hat der Sturm gebrochen, zackig ragt der Stumpf nach oben, Zunderschwämme wachsen daran. Wind- und Schneebruch haben Lücken in das geschlossene Kronendach gerissen, Totholz liegt kreuz und quer auf dem Boden. Generationen- statt Galeriewald: Nichts erinnert an gleichmäßig gepflanzte Forste mit einheitlicher Kronenhöhe. Dieses Naturwaldreservat „Niddahänge östlich Rudingshain", 515 bis etwa 700 Meter hoch gelegen, ist eines von 31 völlig aus der forstlichen Bewirtschaftung herausgenommenen hessischen Waldgebieten. 42 Hektar sind seit 1988 Totalreservat, östlich davon liegen 32 Hektar einer bewirtschafteten Vergleichsfläche. Landesweit wurden Waldgesellschaften gewählt, die sich nach Höhenlage, Standort, Flora und Fauna unterscheiden. Ziel ist es, die dort ablaufenden waldstrukturellen, botanischen und zoologischen Veränderungen zu untersuchen, um die Bedingungen für die biologische Vielfalt der heimischen Wälder besser zu verstehen und Erkenntnisse für eine naturnahe, nachhaltige Forstwirtschaft wie auch für Naturschutzstandards in Wirtschaftswäldern zu gewinnen.

Blockreicher Basaltschutt, zum Teil mit Löß und Bims (vom Laacher See), darüber Lockerbraunerden bilden den Untergrund. Ein Jahresniederschlag von 1200 Millimetern, eine Vegetationszeit von nur etwa 140 Tagen pro Jahr, eine Jahresdurchschnittstemperatur von sechs bis sieben Grad – bei solchen rauen Standortbedingungen gedeiht die Rotbuche, der hiesige Charakterbaum. Je nach Untergrund haben sich spezialisierte Waldgesellschaften wie der Waldmeister-, der Waldgersten- und der Hainsimsenbuchenwald aufgebaut. Bergahorn, Esche, Eberesche, vereinzelt auch Douglasien stehen dazwischen, am Bachlauf, in Quellgebieten die Schwarzerle. Botanisch interessierte Wanderer finden hier im Lauf der Jahreszeiten zahlreiche Blütenpflanzen: im Frühjahr Märzenbecher, Buschwindröschen, Lerchensporn, an feuchten lichten Standorten die Pestwurz. Dann folgen der Waldmeister, die Quirlblättrige Weißwurz, der Aronstab, die Zwiebel-Zahnwurz, die Große Sternmiere, das Große Springkraut, Hahnenfußarten, der Eisenhut, das Kleine Wintergrün, an Waldrändern sogar die schön gezeichnete Türkenbundlilie. Neun Rote Liste-Pflanzenarten wurden bei einer vegetationskundlichen Untersuchung im Naturwaldreservat nachgewiesen. Flechten und Moose sind Spezialisten, suchen sich hier am Waldboden, auf Totholz, Baumrinden und Basaltfelsen den ihnen gemäßen Lebensraum. Bei botanischen Untersuchungen wurden im Totalreservat weniger Blütenpflanzenarten gefunden als in der Vergleichsfläche. Dort haben sich Pflanzen angesiedelt, die Bodenverdichtung durch Bearbeitung tolerieren, außerdem auch Offenlandarten.

1990 nahm das Forschungsinstitut Senckenberg hier eine zoologische Artenerfassung vor. Statt der vermuteten 1800 Arten fanden sie gar 2328. Wirbellose Tiere von den Einzellern bis zu den Schmetterlingen machten den Hauptteil aus. Die unterschiedlichen Kleinbiotope vom Totholz bis zur Krautschicht erwiesen sich als Lebensraum hoch spezialisierter Tiergemeinschaften, manche sonst nur in montanen Bereichen zu finden. Waldliebende Schmetterlingsarten wie der Kaisermantel, der Große Schillerfalter, der Nierenfleck wurden nachgewiesen, Widderchen und der Gelbwürfelige Dickkopffalter eher auf Lichtungen und an Wegrändern. Unscheinbar sind die hier heimischen Vögel: Kleiber, Zaunkönig, Mönchsgrasmücke, Waldlaubsänger, auch Buchfink und Rotkehlchen. Die Wasseramsel mit ihrem weißen Kehlfleck taucht gewandt im strömenden Bach unter und fischt. Der Rotmilan jagt hier, der seltene Schwarzstorch taucht gelegentlich auf, nistet aber nördlicher im Oberwald. Sechs Fledermausarten konnten mit Detektoren oder kurzzeitigen Netzfängen nachgewiesen werden: der Große und der Kleine Abendsegler, das Große Mausohr, die Fransen- und die Wasserfledermaus sowie die Zwergfledermaus, hergelockt von den Baumhöhlen als Sommerschlafplatz. Eine stolze Statistik kann das Naturwaldreservat vorzeigen: 186 Spinnenarten, davon 14 neu für Hessen, 127 Ameisen-, Wildbienen- und Wespenarten, auch Hornissen. Von den 938 hier bestimmten Käferarten waren 20 neu in Hessen nachgewiesen worden. Insgesamt 105 gefährdete Rote Liste-Arten wurden in diesem Gebiet nachgewiesen! Der Weg durch das Naturwaldreservat hat dem Wanderer viel zu bieten, ob er waldbiologisch interessiert ist oder „nur" Erholung sucht: das kühl-feuchte erfrischende Waldklima, das reizvolle Landschaftsmosaik aus Hochwald, Lichtungen, Bachlauf, die Pflanzen und Tiere. Ein Grund, auf den Wegen zu bleiben, keine Tiere zu stören – kurz, diesen wertvollen Lebensraum achtsam zu behandeln.

Neben vielen weiteren Insekten- und Pflanzenarten im Naturwaldreservat zu finden: Schillerfalter (oben), Grünwidderchen, Pestwurz (unten), Kleines Wintergrün (rechts)

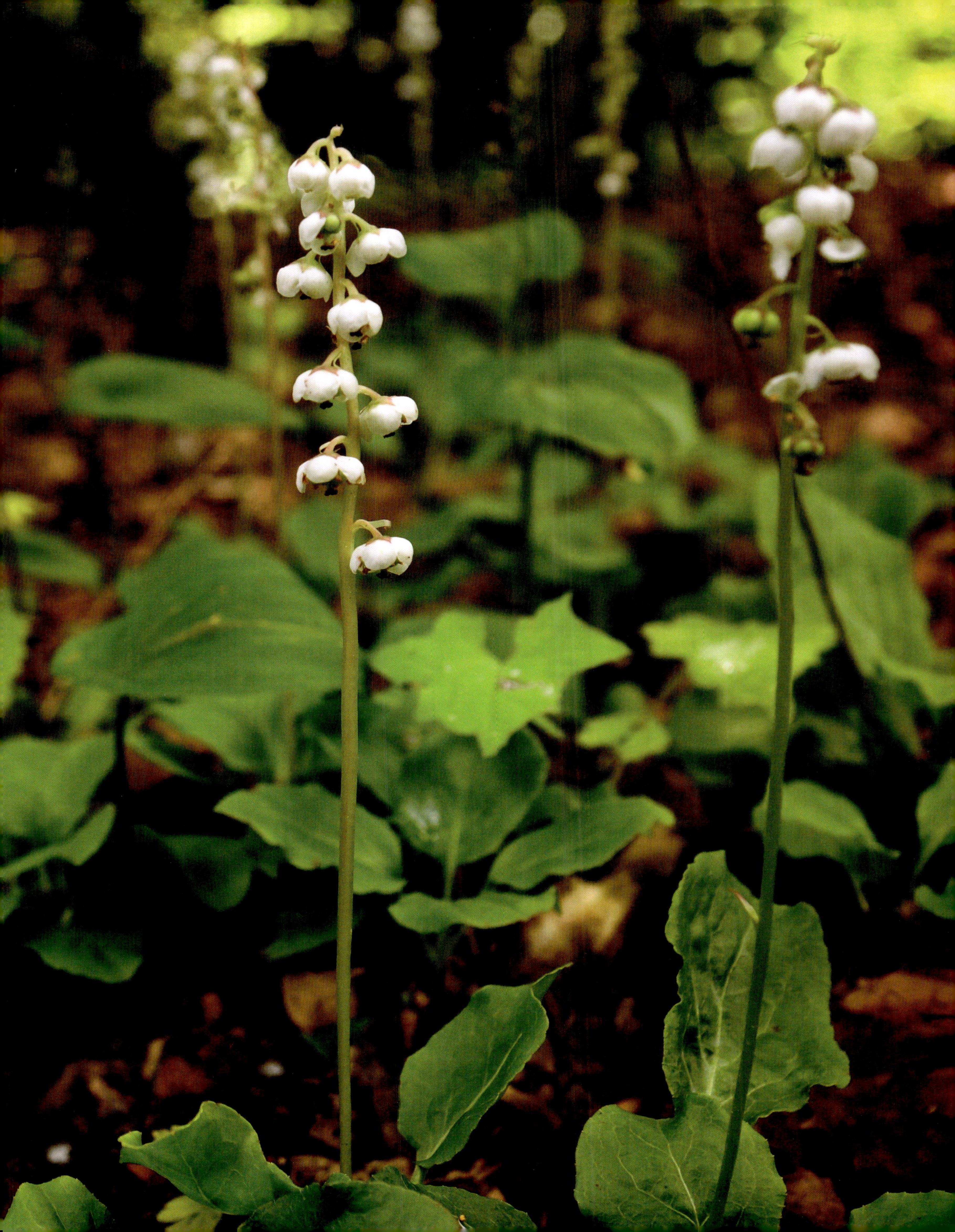

Hecken, Feldgehölze, Hutebäume und Lesesteinwälle

Vogelsberg – Land der Hecken: Beispiele einer solchen, durch Streifen von Kleingehölzen gegliederten Landschaft finden sich etwa im oberen Niddertal zwischen Burkhards und Herchenhain und im Streit- und Gilgbachtal bei Ulrichstein. Im Frühjahr blühen weiße und violette Lerchensporne am Heckenrand. Später sind Schlehen, Weißdorn und Wildkirschenbäume in weiße Blütenwolken gehüllt. Rosig blühen die knorrigen alten Apfelbäume, die man gelegentlich dazwischen findet, reinweiß die Zwetschenbäume. Heckenrosen öffnen ihre Blütenkelche im Frühsommer. Dann sind die Heckenränder von einer hochwachsenden Staudenflur begleitet, von Weidenröschen, Giersch, Kälberkropf, Disteln und mehr. Später Brombeeren, Holunder, Hagebutten, blaue Schlehen, die roten Beeren des Weißdorns, die Früchte der Pfaffenhütchen – vom Sommer bis in den Spätherbst finden die Vögel Nahrung. Für die Bauern früherer Zeiten hatten die Hecken und Feldholzinseln mehrfachen Nutzen. Sie gaben Windschutz, hielten die Humusschicht, lieferten das Reisig zum Anheizen der gemauerten Backöfen und ein wenig Brennholz. Entlang der Hecken war zugleich das „Endlager" für die zahllosen Steine, die ganze Generationen von Vogelsbergern aus den hängigen Wiesen und Äckern auflasen.

So entstanden die Lesesteinwälle, auf denen Büsche und Einzelbäume aufwachsen konnten. Solche Wälle sind schlecht zu begehen, holprig, mit dornigen Sträuchern bewachsen. Das macht sie zum idealen Schutz- und Lebensraum vieler Tiere. Dass hier viele Insekten leben, sieht man schon an den ein wenig makabren Speisekammern von Raubwürger und Neuntöter: Ihre größeren Beutetiere – Raupen, Bienen, Libellen, Mäuse, sogar kleine Jungvögel – werden teils zum Zerkleinern, teils als Vorrat auf Stacheln und Dornen gespießt. Zaun- und Waldeidechsen und Ringelnattern sonnen sich gern auf den erwärmten Steinen. Igel finden in der Dämmerung hier und in den angrenzenden Wiesen reiche Beute, können in den Spalten zwischen den Steinen gut überwintern. Singvögel aller Art haben Nistgelegenheit und Schutz vor Feinden, insbesondere vor Greifvögeln. Diese wiederum nutzen die über die Hecken ragenden Kronen der Einzelbäume als Ansitzwarte. Besonders der Rotmilan braucht eine solch reich gegliederte Landschaft mit Lesesteinwällen, Hecken, Gewässern. Aber auch Turmfalken, Habichte, Mäusebussarde haben hier ein bevorzugtes Jagdrevier. Fledermäuse brauchen solche Leitstrukturen als Orientierungspunkte, gehen hier auf nächtliche Insektenjagd.

Auch die „wilden" Hecken brauchen Pflege. Sie sollen sich nicht zu sehr in die Wiesen, die Ackerflächen hinein ausbreiten, müssen im Abstand einiger Jahre radikal bis auf Bodennähe geschnitten werden, allerdings immer abschnittweise, um den dort lebenden Arten dazwischen Rückzugsräume zu erhalten. Ohne Rückschnitt siedeln sich nach und nach höhere Gehölze wie Hasel, Feld- und Bergahorn,

Weitblick über die Heckenlandschaft des Hohen Vogelsbergs. Wie die Finger des Waldes bilden sie ein Netzwerk zwischen den Lebensräumen.

Kirsche und Hainbuche an, Baumhecken entstehen, gehen in ein Vorwaldstadium über. In den Zeiten der Flurbereinigung eher als störend beseitigt („Kein Quadratmeter Boden ohne Ertrag!"), hat man inzwischen den Wert der „unnützen" Hecken eingesehen und das nicht nur als nostalgisches Merkmal des „Vogelsbergs in Urgroßmutters Zeiten." In den landwirtschaftlichen Förderrichtlinien gelten sie als Landschaftsmerkmale, die auf entsprechenden Flächen mitgefördert werden können. Ebenso dürfen sie selbstverständlich sachgerecht gepflegt, aber nicht willkürlich in Gänze entfernt werden.

Hutebäume auf Vogelsberger Weiden dienten dem Vieh als Schattenspender und Windschutz, den Viehhirten als Unterstand bei Regen. Meist sind es Rotbuchen, seltener Eichen oder Linden, noch heute Landschaftsmerkmale. Spechte haben dort ihre Höhlen, in der Dämmerung sind Fledermäuse wie das Braune Langohr auf Insektenjagd, das seine Sommerwohnung in den Bäumen hat. Wind und Wetter haben die Hutebäume gezeichnet, Äste abgerissen, Frostrisse in die Rinde gemacht. „Geisterbäume", könnte man denken, wenn man an nebligen Tagen die Silhouetten im Umriss sieht. Unheimliches wird ihnen in manchen Vogelsberger Sagen zugeschrieben. So habe beim Oberseener Hof in der Nähe des Seenbach-Tales zwischen Freienseen und Altenhain eine Linde gestanden, unter deren Ästen kein Hälmchen Gras gewachsen sei – die Hexen hätten dort ihren Tanzplatz gehabt. Eine Reihe solch markanter Einzelbäume sieht man in den Hangwiesen oberhalb Rudingshains stehen, mächtige Eichen im Park unterhalb des Schlosses Eisenbach bei Lauterbach. Der hessische Abschnitt der Deutschen Alleenstraße führt von Fulda über Schlitz, Lauterbach, Schotten in die Wetterau bis nach Friedberg. Auch abseits dieser Route sind im Vogelsberg schöne Baumreihen zu finden. So an der Abzweigung von der B 275 Richtung Hoherodskopf, wo eine Birkenreihe die Straße begleitet. Unter der Lindenallee in Richtung Lanzenhain geht man im Frühsommer im Honigduft der Blüten, dem Summen der Bienen.

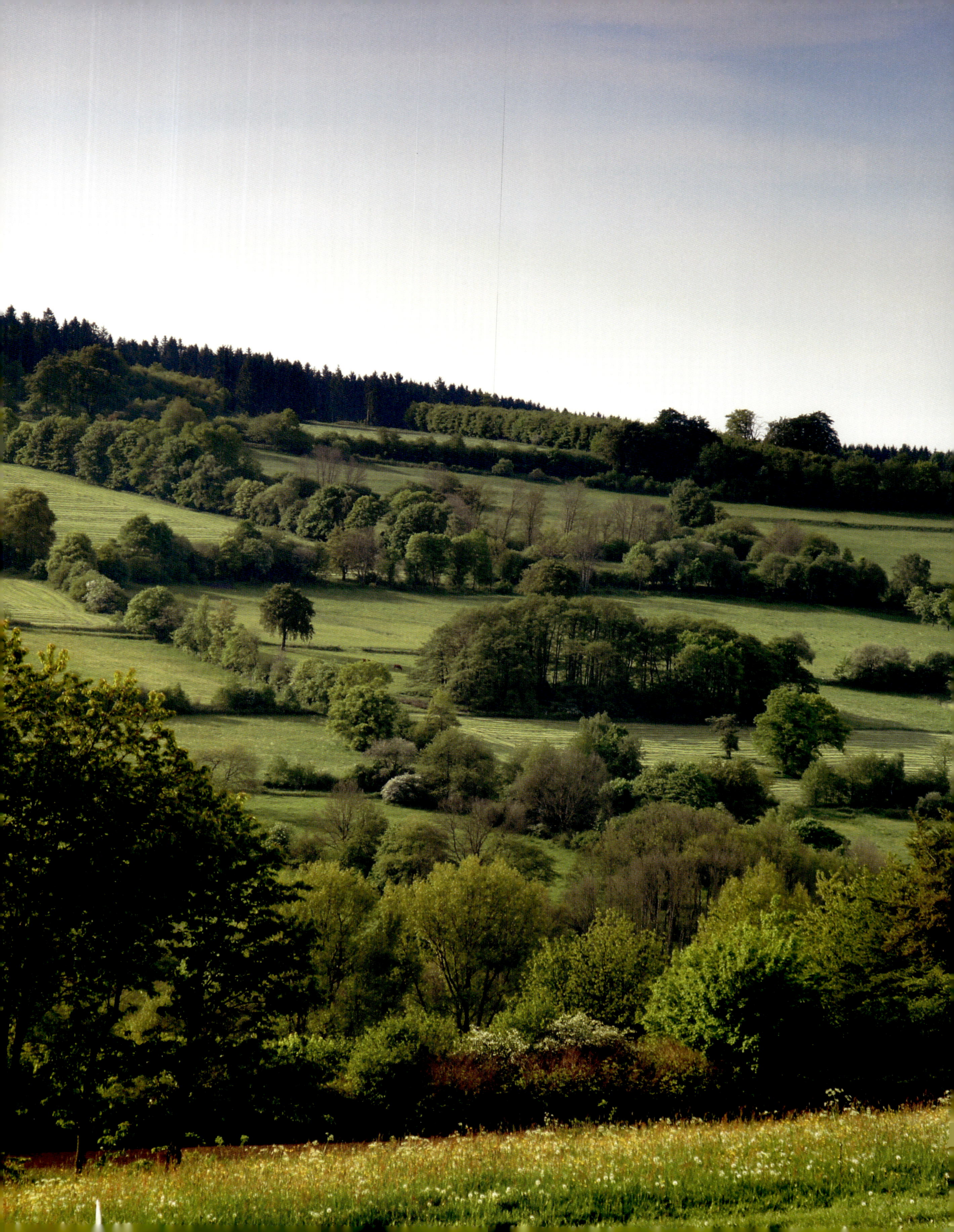

Artenreiche Heckenlandschaft: Die höheren Bäume nutzt der Turmfalke (oben) als Ansitzwarte. Der Neuntöter spießt seine Beute auf die langen Dornen der Schlehen. Für einen sommerlichen Blühaspekt sorgen die Heckenrosen (unten).

Die Türkenbundlilie ist an vielen Stellen im Vogelsberg zu finden. Sie wächst schattig, entlang von Hecken oder Waldrändern. Im unteren Bild hat ein Liebhaber dieser Pflanze, die Larve des Lilienhähnchens, Spuren hinterlassen.
Die Türkenbundlilie ist auch im Wappen des Vogelsbergkreises abgebildet.

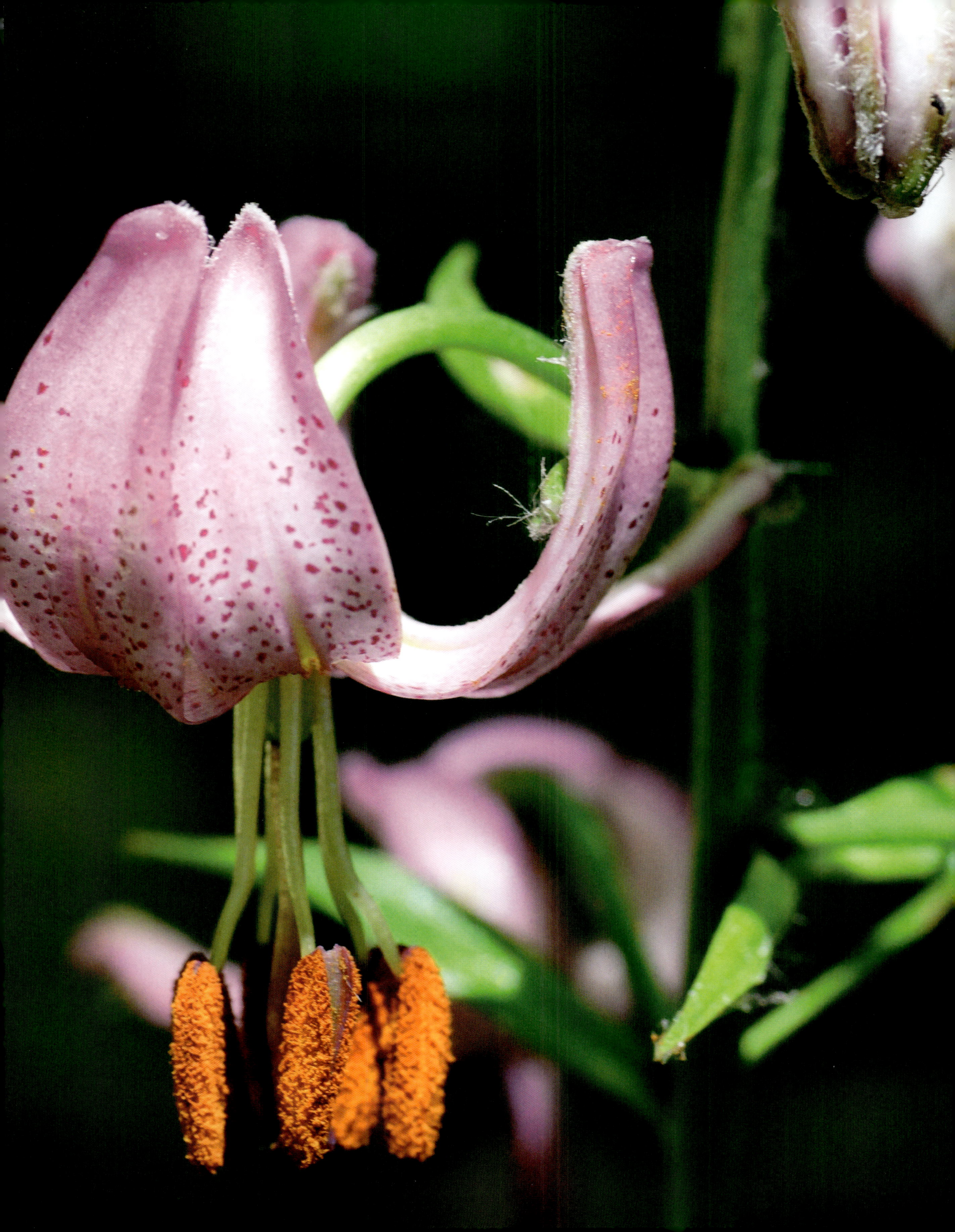

Ein Relikt aus einer anderen Zeit ist die große Huteweide nahe Lauterbach-Frischborn. Ein alter Baumbestand, vorwiegend Eichen, mit dem für die Beweidung mit Kühen oder Schafen typischen Wuchs. Am Fuß der meisten Bäume wurden Steine abgelegt, über viele Jahre auf der Fläche zusammengetragen.

128 | 129 Als Naturdenkmal ausgewiesen: Die über 250 Jahre alte Linde bei Götzen

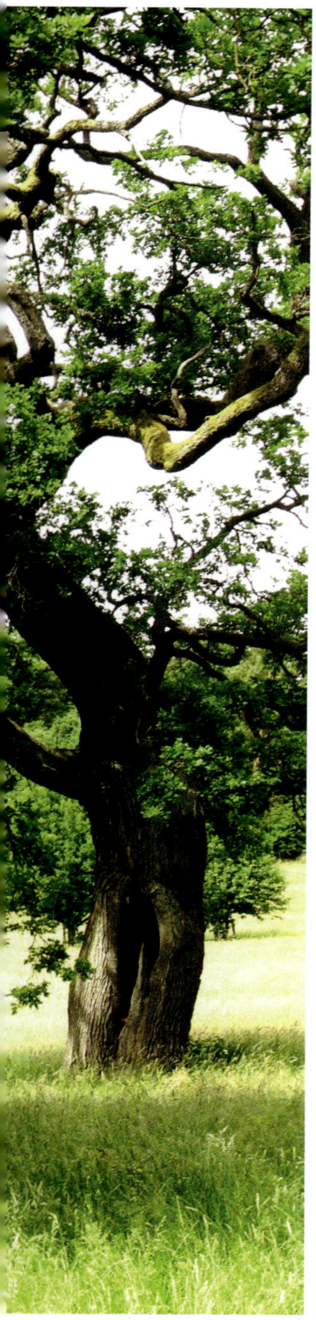

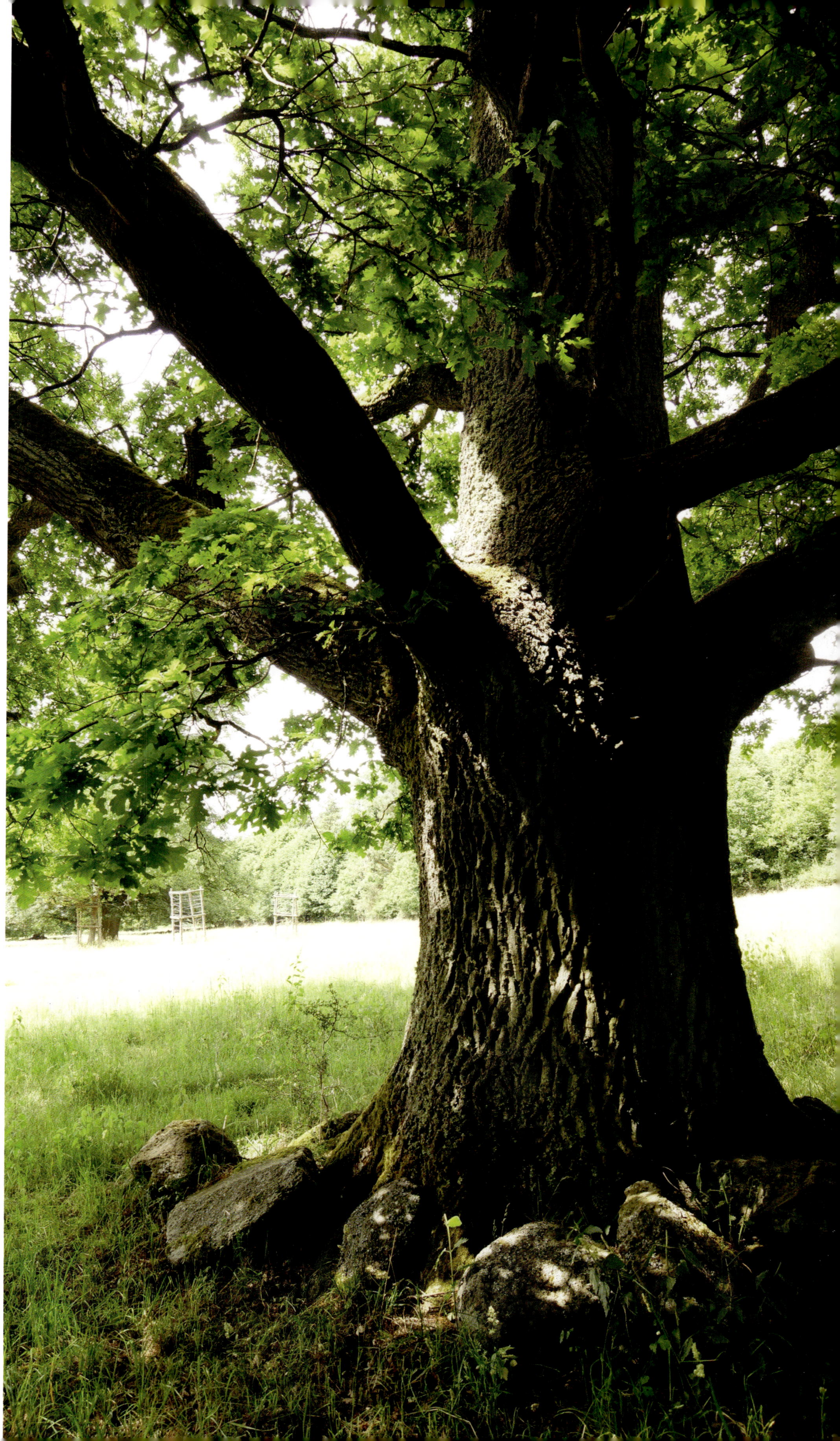

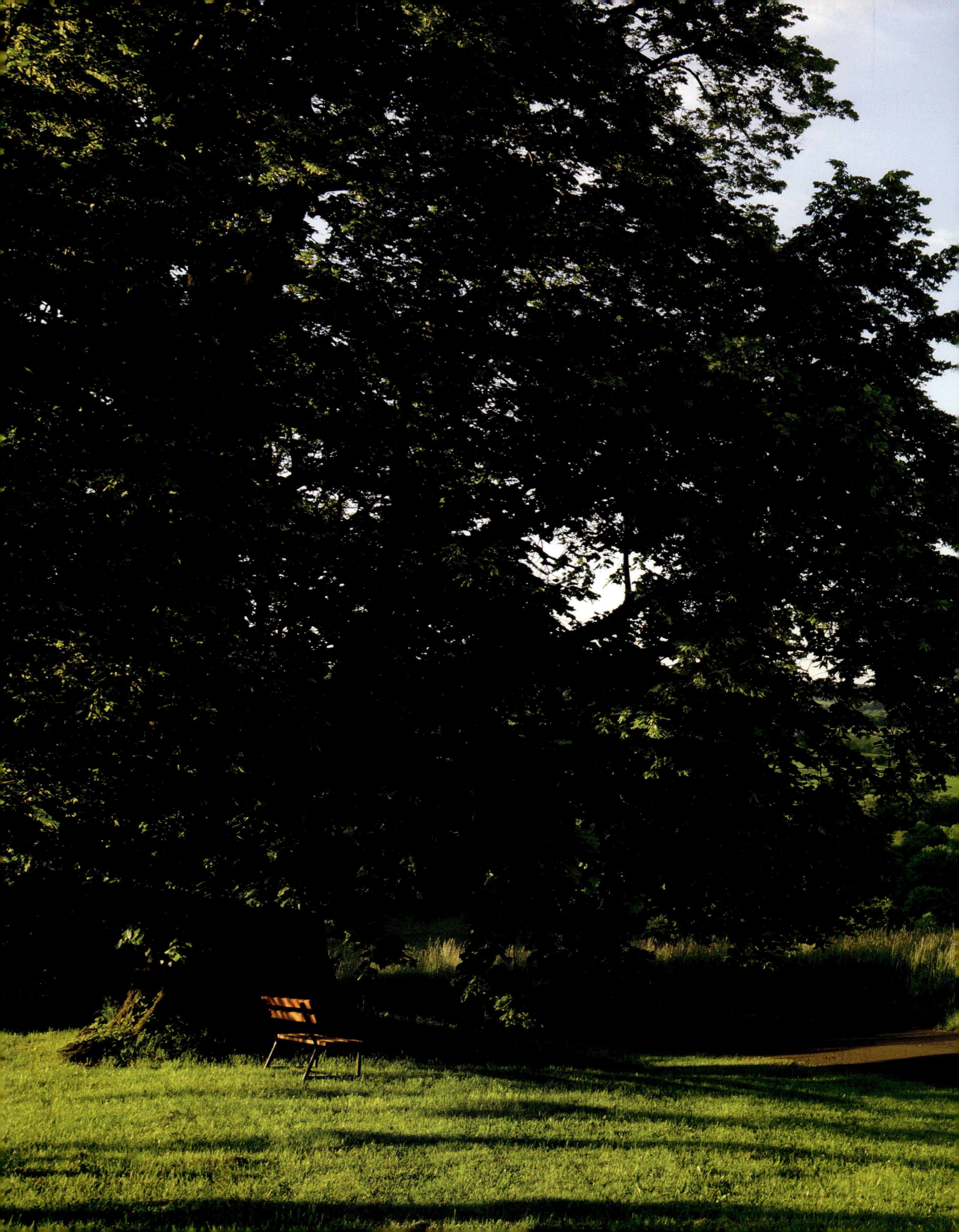

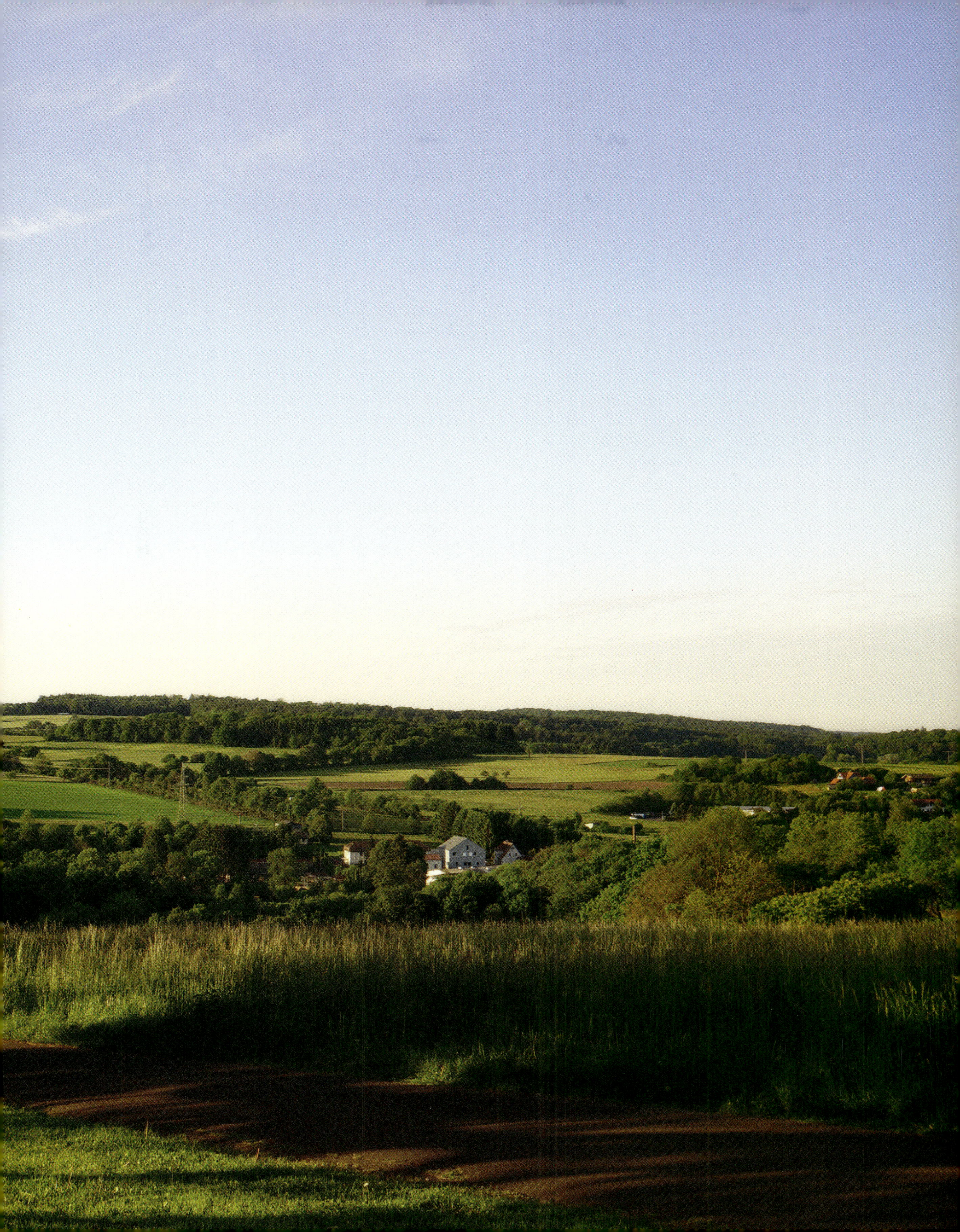

Die Vogelsberger Wiesen sind bunt und vielfältig

Statt eintöniger „Grasplantagen" bilden in den Höhenlagen des Vogelsberges, am Anstieg des Oberwaldes, auf der Hochfläche bei Ulrichstein die Bergmähwiesen im Frühsommer ein regenbogenbuntes Bild. Viele Flächen werden hier eher spät, Anfang Juli, ein- bis zweischürig gemäht. Bodenbrüter wie Braunkehlchen und Wiesenpieper finden geeigneten Lebensraum. Grünlandnutzung ist seit Jahrhunderten der wichtigste Zweig der Vogelsberger Landwirtschaft, vorgegeben durch Höhenlagen, raues Klima, hohe Niederschläge. Unterschiedliche Nutzungsarten, Lagen, Bodenbeschaffenheit und Wasserversorgung haben verschiedene Wiesentypen hervorgebracht, benannt nach ihren häufigsten und aspektbildenden Gräsern. Botanisch interessierte Besucher können die unterschiedlichen Pflanzen- und Tierbewohner dieser artenreichen Lebensräume bestimmen. Da sind in den tieferen Lagen die Glatthaferwiesen, die um zwei bis drei Wochen früher blühen, die Weiden mit dominierendem Rotschwingel oder Weidelgras. Am schönsten sind wohl die Bergmähwiesen ab 350 Meter Höhe: die Goldhaferwiesen mit Inseln von Hahnenfußgewächsen in Gelb, dem etwas intensiver gefärbten Wiesen-Pippau, den rosigen Kuckuckslichtnelken, den blauen Teufelskrallen, dem weißen Knöllchen-Steinbrech, dem violetten Storchschnabel. Auf feuchteren Wiesen stehen auch die goldgelbe Trollblume und der rosafarbene Schlangenknöterich. Nach dem ersten Schnitt dominieren Glockenblumenarten, Wiesenknopf, Taubenkropf-Leimkraut. Auch Orchideenarten, eher auf Magerrasen beheimatet, finden sich: Knabenkräuter, an feuchteren Stellen die Waldhyazinthe und nicht zu vergessen Heilpflanzen wie der Frauenmantel und die gelb blühende Arnika. Wildbienen, Heuschrecken, Hummeln und Schmetterlinge beleben die Bergmähwiesen, etwa der Randring-Perlmutterfalter. Zu den Waldrändern hin kann man den Kaisermantel beobachten, mit viel Glück auch den Schwarzen Apollo. Das Taubenschwänzchen saugt wie Kolibris im Schwirrflug Nektar aus Blütenkelchen, der Schwalbenschwanz ist zu sehen. Selten sind die Säbeldornschrecke und der Bunte Grashüpfer auf feuchten Wiesen zu beobachten.

Landwirtschaftlich schwer zu bewirtschaften sind die Nasswiesen auf der Hochfläche des Oberwaldes. Manche Aufforstungsprojekte der Vergangenheit scheiterten. Hier gibt es winzige, wieder versickernde Quellen, moorige Stellen, flächige Borst- und Pfeifengrasbestände, Seggen und Binsen, die auf den mageren Böden gedeihen. In diesem Mosaik von Kleinstlandschaften suchen sich Sumpfveilchen, Siebenstern, Kälberkropf, Trollblumen, Sumpfhahnenfuß und Sumpfblutauge die Standorte, die ihnen am meisten entsprechen. Vereinzelt taucht sogar der vom Aussterben bedrohte Moorklee auf. Im Frühsommer sind gelegentlich das Gefleckte und das Breitblättrige Knabenkraut zu finden, im Hochsommer das Mädesüß, das den Mädesüß-Perlmutterfalter anlockt. Zum Schatten von Waldrändern hin sind die Türkenbundlilien zu bewundern.

Vulkanisches Gestein verwitterte in der letzten Kaltzeit, blieb aber im eigenen Verwitterungsschutt stecken und bildete kein großes Blockmeer wie etwa im Odenwald, der Rhön. Zwischen losgelösten Blöcken und kleinerem Gesteinsschutt konnte sich nur eine karge Magerrasenvegetation entfalten, Blockwiesen entstanden. Einzelne Gehölze wuchsen auf: Eberesche, Birke, Weide, Wacholder, Hundsrose, auf den Felsblöcken seltene Moose und Flechten. Manche Blockwiesen wurden abgeräumt und sind damit als Biotop verloren, etwa bei Ilbeshausen. Am Gackerstein und an der „Oberweide" bei Breungeshain, südlich von Wohnfeld, am Ernstberg bei Sichenhausen und am Molkeborn bei Stockhausen sind heute noch solche Blockwiesen zu finden.

Wieder anders die Grünlandflächen an den Hängen, nicht beschattet und schon durch das Gefälle trockener. Auf den Triften und Weiden sind die Borstgrasrasen zu finden, zu sehen etwa im Bereich der Jugendherberge am Hoherodskopf. Hier weiden auch heute noch Schafherden, die die Verbuschung verhindern. Spezielle, trittresistente und an die Beweidung angepasste Arten können hier dominieren. Weitere botanisch interessante Grünlandflächen sind Tritthafer-Magerrasen, etwa im oberen Niddertal. Hornklee, Heidenelke, die Stängellose Kratzdistel, Labkräuter, auch das Kleine Knabenkraut sind dort zu finden.

Naturschützer tragen zu ihrer Erhaltung bei. So pflegen Aktive der Natur- und Vogelschutzgruppe Burkhards 2,3 Hektar Grünland. Sie werden nicht gedüngt, erst Ende Juli gemäht und das Mähgut entfernt und verwertet. Ebenso konnte man Landwirte für eine solche Bewirtschaftung gewinnen, der Ertragsausfall wird zum Teil durch Förderprogramme des Landes kompensiert. Neben sommerlicher Blütenpracht haben sich Bestände des seltenen Kugelhornmooses auf extensiv bewirtschafteten Äckern erhalten, die es nur an einem weiteren Standort in Hessen gibt. Ähnliche Wiesenpflege betreibt die NABU-Gruppe Homberg (Ohm). Altgrasstreifen bleiben stehen: Winterquartiere für Insekten, Nahrungsquelle für Vögel.

Artenreiche Wiesen rund um die Forellenteiche. Bestandsbildend im Mai ist die Trollblume (rechts), daneben blühen Arnika (oben), Teufelskrallen und die Alantdistel (unten).

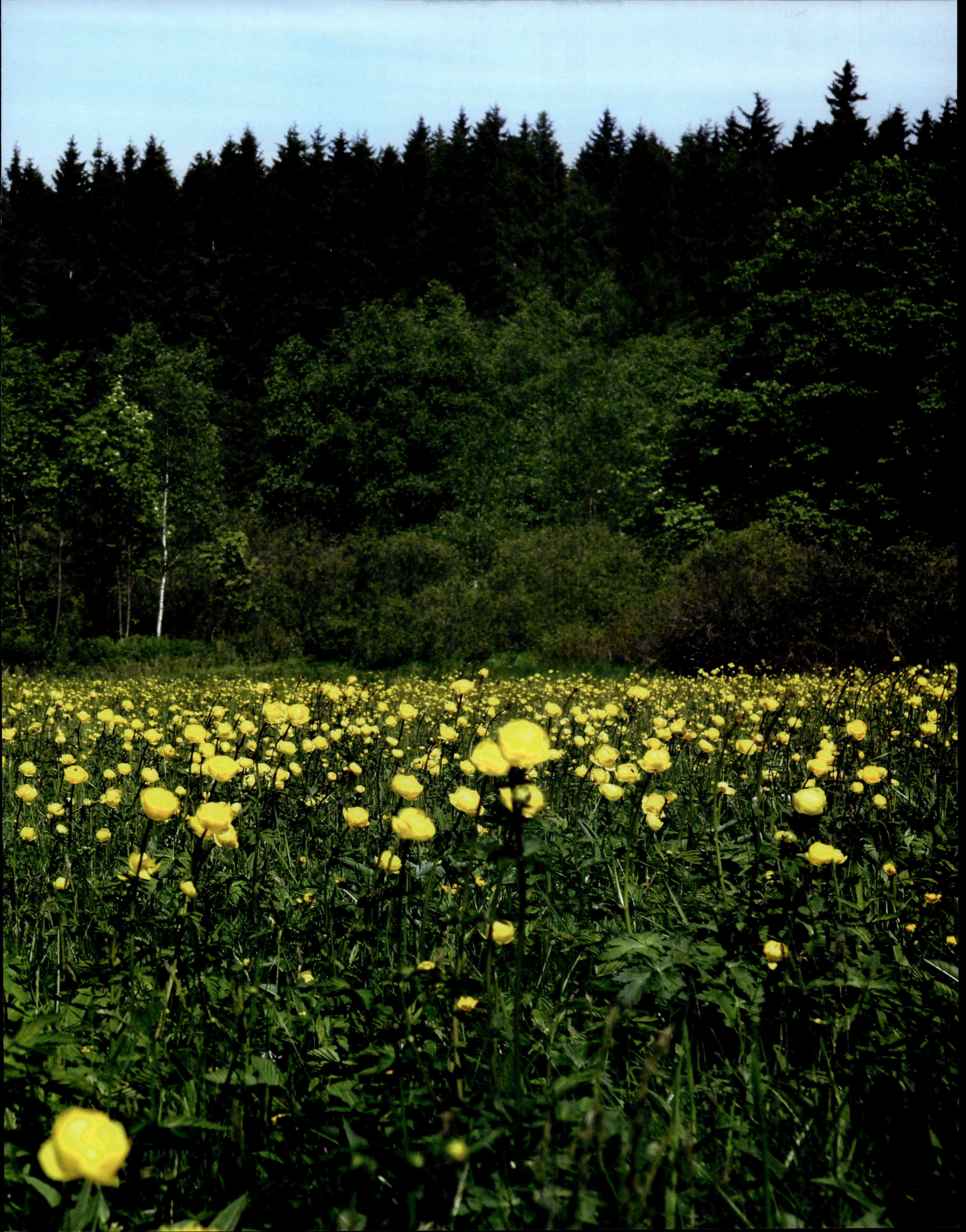

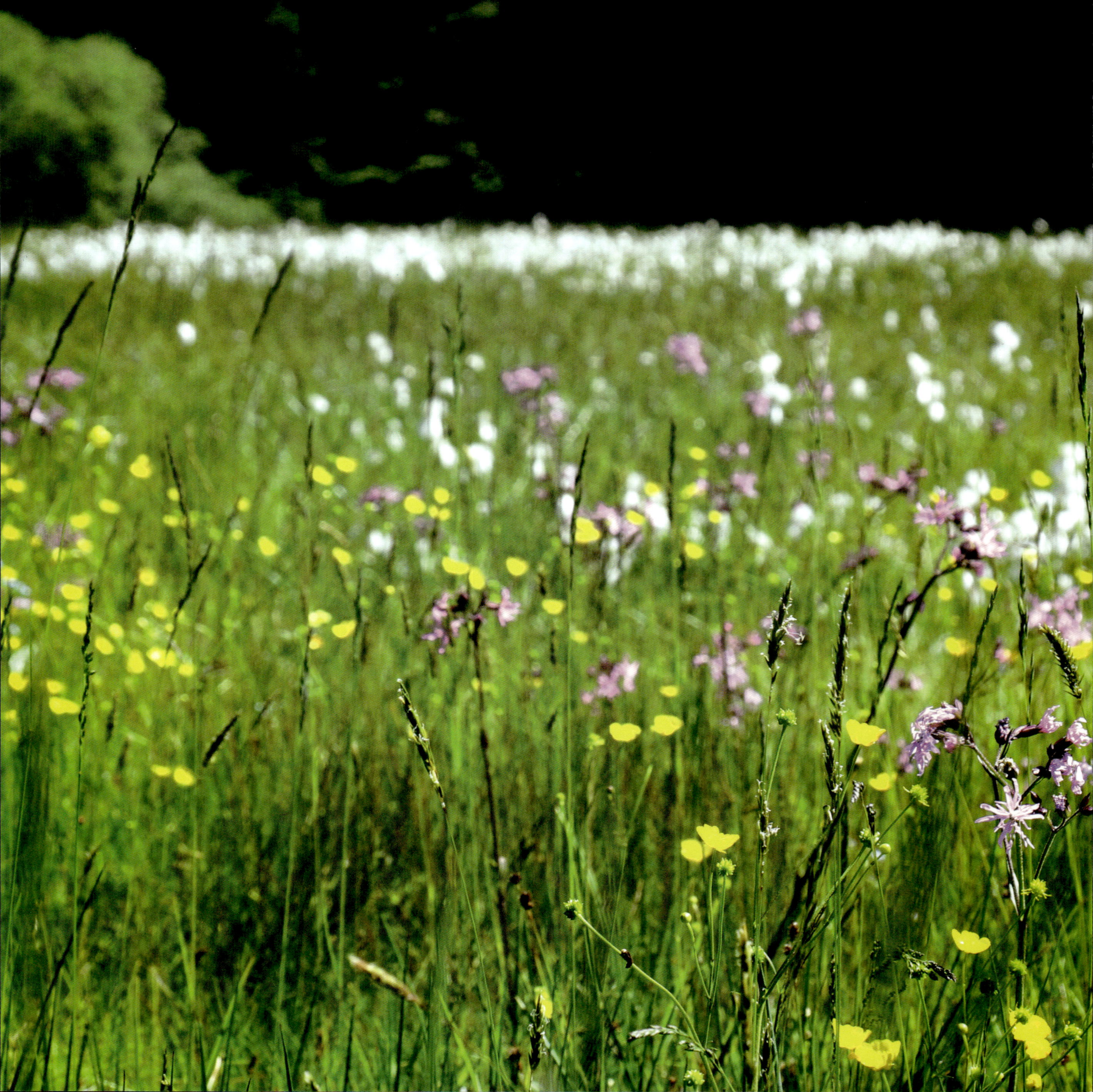

Die Goldwiese im Oberwald (links) zeigt ihre volle Pracht im Juni, wenn die violetten Blüten der Kuckuckslichtnelke zu sehen sind. Ebenfalls zu finden sind Wollgras (oben), Sumpfblutauge und das Breitblättrigen Knabenkraut (unten).

136 | 137 Bergmähwiese oberhalb von Rudingshain

135

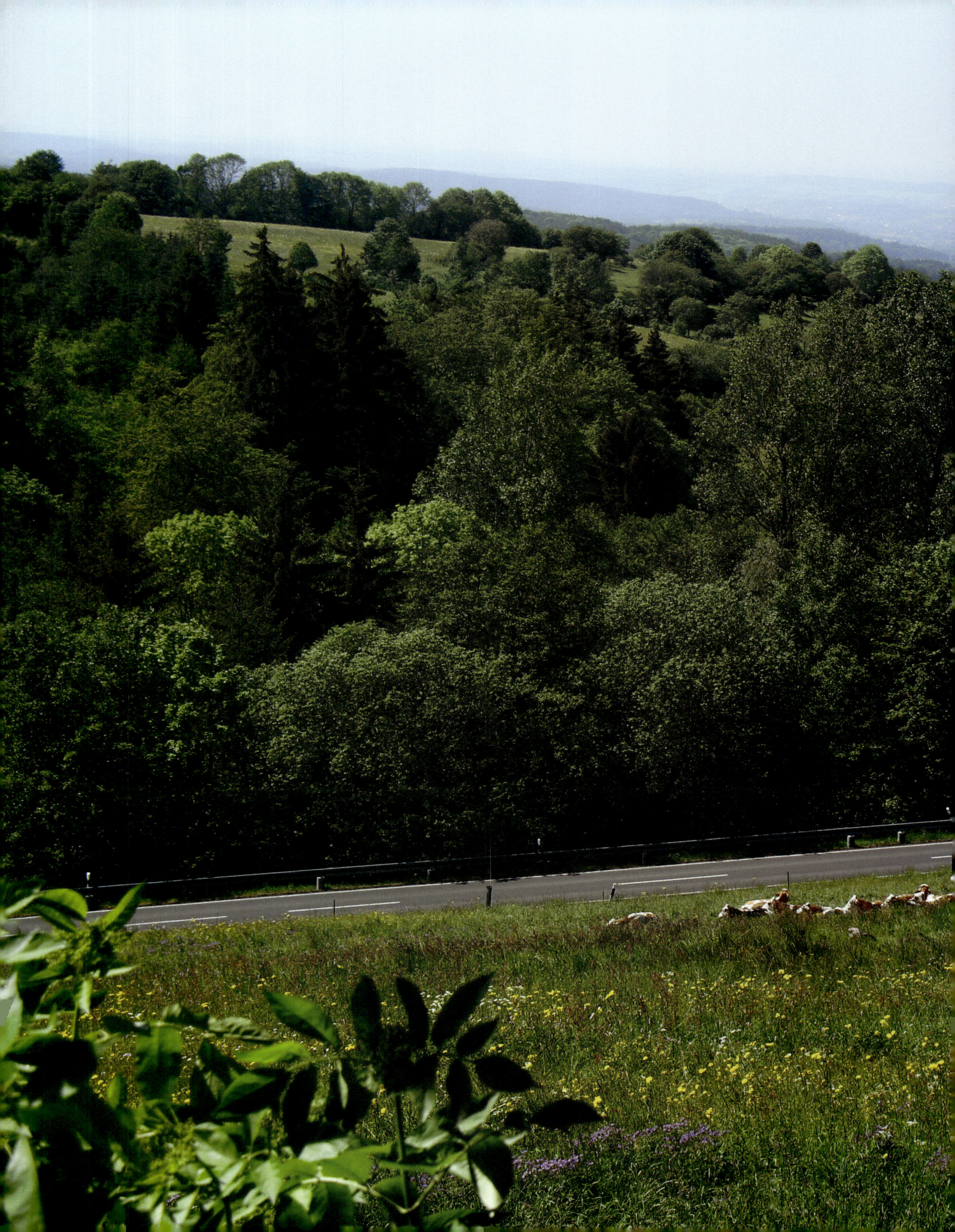

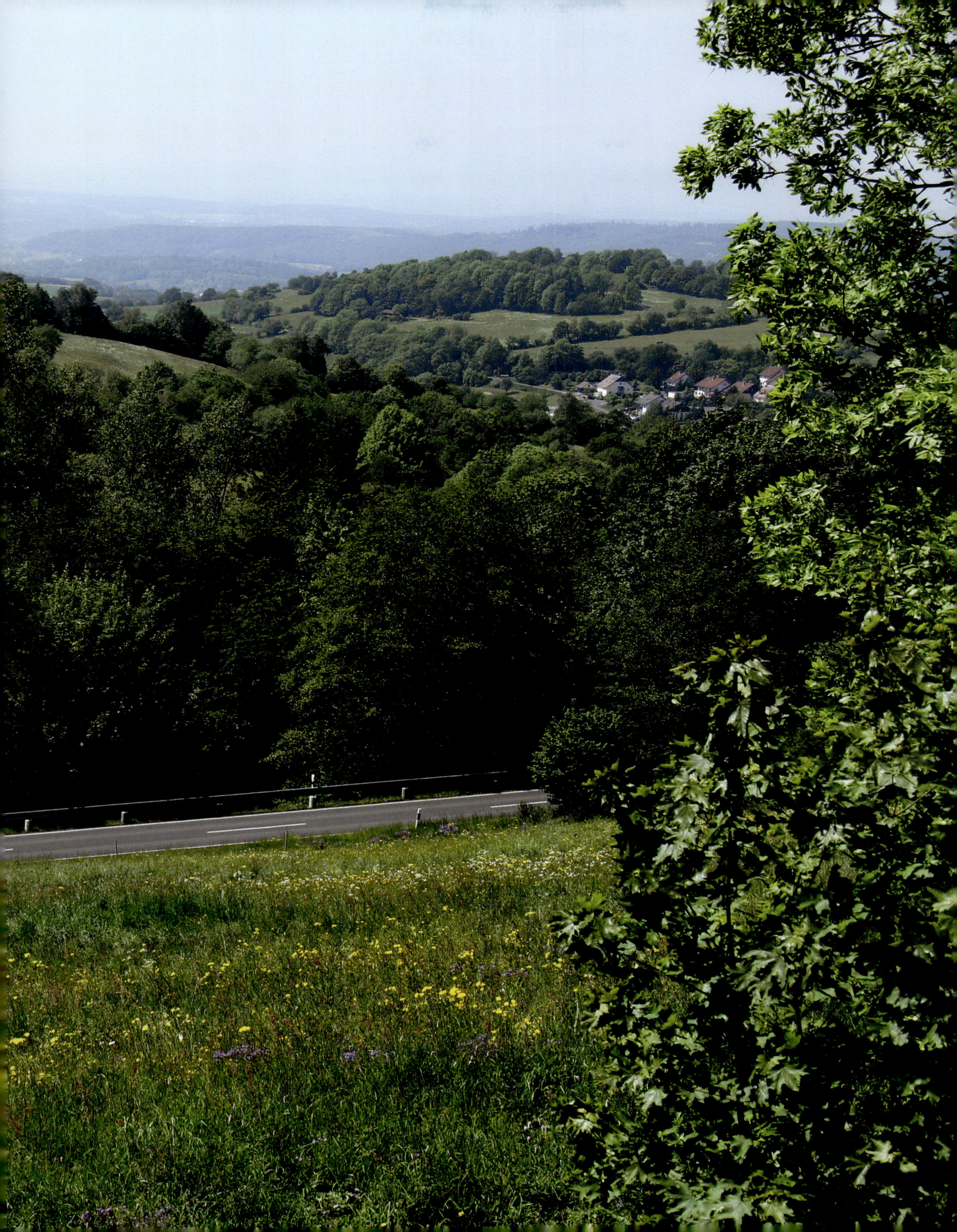

Der Wiesen-Storchschnabel (rechts) ist in den Wiesen des Vogelsbergs weit verbreitet und sorgt für beinahe geschlossene, violette Blütenteppiche.
An den gleichen Standorten sind auch die Wiesen-Flockenblume (oben, mit Schmetterling: Großes Ochsenauge), die Witwenblume und der Schlangen-Wiesenknöterich (unten) zu sehen.

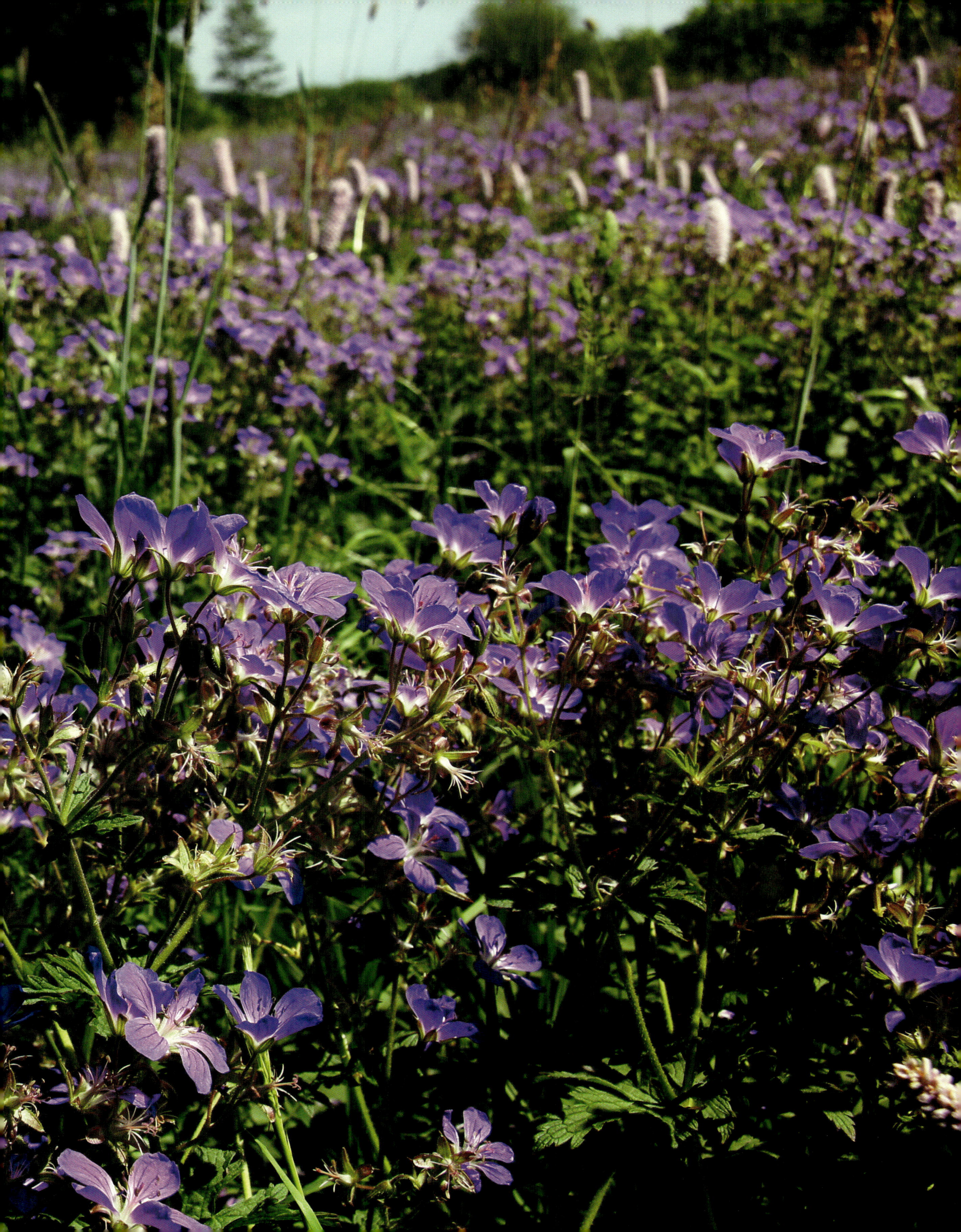

1  *2*  *3*

4   *5*   *6*

Viele botanische Juwelen sind im Vogelsberg gut versteckt, viele von ihnen so gut, dass sie kaum jemand zu Gesicht bekommt. Darunter fallen auch einige Vertreter aus der Familie der Orchideen: Bergwaldhyazinthe (1), Kleines Knabenkraut (2), Mannsknabenkraut (3), Schwertblättriges Waldvögelein (4), Bienenragwurz (5), Breitblättrige Stendelwurz (6).

Der Vogelsberggarten in Ulrichstein – „Gen-Bank" für alte Arten

600 Meter hoch ragt die Basaltkuppe des Ulrichsteiner Schlossberges, weit ist die Fernsicht ringsum. Hier wurde 2001 auf Initiative des Forstmanns Ernst Happel der Vogelsberggarten in Trägerschaft des Naturparks Hoher Vogelsberg angelegt. Thematisch ergänzt er sich mit dem Ulrichsteiner „Museum im Vorwerk", das landwirtschaftlich-forstliches Arbeiten von früher demonstriert. 6,5 Hektar groß ist das Schlossberg-Areal, teils der Stadt Ulrichstein, teils dem Land Hessen gehörend. Vom einstigen Bergschloss sind nur noch Reste zu sehen. Vor der Anlage des Gartens konnte man bei einer Kartierung 110 Arten von Flechten und 243 von Gefäßpflanzen nachweisen, darunter 13 gefährdete der Roten Liste wie die Türkenbundlilie, den Hainhahnenfuß, drei Teufelskralle-Arten. Diese Standorte galt es ebenso zu erhalten wie die eigentlichen Anbauflächen, Zeugnisse historischer Vogelsberger Landwirtschaft. Dünne Bodenschichten über steil abfallendem Basaltuntergrund, dazu ein raues Klima mit langen Wintern, hohen Niederschlägen, kalten Winden – aus Flächen wie dem Schlossberg mussten die Bauern früher so viel wie möglich herauswirtschaften, um Familie und Viehbestand zu ernähren.

Was bietet der Vogelsberggarten? Glatthafer-, Goldhafer- und Borstgraswiesengesellschaften mit Trollblumen, Nelkenarten, Wiesenbocksbart, Perückenflockenblume und mehr. Im Wildpflanzenbereich stehen montane Arten wie der Blaue und der Helle Eisenhut, die Arnika. Ein „Familienbeet" zeigt mehrere Unterarten von Glockenblumen und Habichtskräutern. An trockenen Feldrainen stehen florale Überlebenskünstler wie Baldrian, Dost, Königskerze, Distelarten. Insekten und Schmetterlinge – Schwalbenschwanz, Bläuling, Distelfalter, Admiral, der Kleine Fuchs – finden hier Nahrung. Die Hecken – Wildrosen, Pfaffenhütchen, Schlehe und Weißdorn – sind Nistgelegenheit und im Herbst Futterplatz der Vögel. Die typischen Lesesteinwälle des Vogelsberges werden regelmäßig von Schafen beweidet, die auch auf diesem kargen Areal mit Hungerblümchen, Moosen und Flechten Futter finden und die Verbuschung verhindern. Auf windgeschützten Wiesen weiden Rinder oder Pferde. Hier erinnern die Schneitelbäume an eine Notlösung der Vogelsberger Bauern. In trockenen Jahren, wenn es kaum Grünfutter gab, wurden Äste und Blätter von Eschen, Eichen und Weiden abgeschnitten und verfüttert – eine mühselige Arbeit. Mit Dinkel, Emmer, Flachs oder Kartoffeln wird der Acker bestellt. Dazwischen leuchten die einst eingesäten Ackerwildkräuter: Kornblume, Mohn, Kornrade, Ackerwachtelweizen. Wegekreuze, ein basaltverkleideter Brunnen, Beerensträucher, Gemüse- und Kräuterbeete in Mischkultur, nur mit Mist, Kompost und Kalk gedüngt – das ist der Bauerngarten. Ende Mai, wenn die historischen Rosensorten der Einfassung blühen oder in Erntestimmung im August ist er am schönsten. Für eine Streuobstwiese hat man alte Lokalsorten gefunden:

Beugenapfel, Kaiser Wilhelm, Danziger Kantapfel, Geflammter Kardinal, Pastorenbirne.

Eberesche, Hainbuche, Eiche und Ahorn haben sich auf anderen Flächen als Sukzessionswald eingestellt. Im Hochstaudenbeet stehen Silberblatt, Fingerhut, die Bergflockenblume und zum Teil montane Arten. Im inneren Mauerring der Burg liegt der Heilkräutergarten, „Apotheke" der einstigen Burgbewohner. Das Wegekreuz teilt Quartiere, in denen sich Herzgespann, Guter Heinrich, Beinwell, Ysop und noch viel mehr finden. Vom wärmeliebenden Wermut gibt es eine Lokalsorte, aus den Zeiten der Burgbesatzung stammend wie der Schildampfer, eine alte Wildgemüse- und Salatpflanze. Die Pflege des Areals ist arbeitsaufwändig und wäre ohne gute Kooperation gar nicht zu leisten. Der Naturpark Hoher Vogelsberg, die beiden Vereine „Freunde und Förderer des Vogelsberggartens e. V." und „Verein zur Erhaltung der Burgruine Ulrichstein e.V." tragen zur Gartenpflege beziehungsweise zur Erhaltung der Burgreste bei. Das Land Hessen leistet die Baumpflege in der Ruine, die Kyffhäuser-Stiftung betreut die Kriegsgräberstätte. Richard Golle, Gärtner und Geschäftsführer des Gartens, koordiniert die Arbeit und begleitet Führungen. Die Mitgliedschaft im Förderverein oder die Übernahme der Pflege eines Themenareals, von Golle fachlich begleitet, sind eine wichtige Unterstützung. Am Infoschaukasten der Ernst Happel-Hütte zwischen Bauerngarten und Acker sind oft Samentütchen oder Setzlinge in Töpfen zu finden, die Gartenbesucher können sich bedienen. Die Pflanzen dieser Anlage wurden alle aus der Region hierher gebracht oder aus lokalen Samen großgezogen. Denn dies ist die wichtigste Aufgabe des Vogelsberggartens, eine „Gen-Bank der Vogelsberger Flora" zu sein.

Auf einem Rundweg um den Schlossberg Ulrichstein werden die unterschiedlichen Pflanzengesellschaften sowie historische Landnutzungsformen auf Schautafeln erläutert. In Beeten sind die wichtigsten Pflanzen des Vogelsbergs zu sehen.

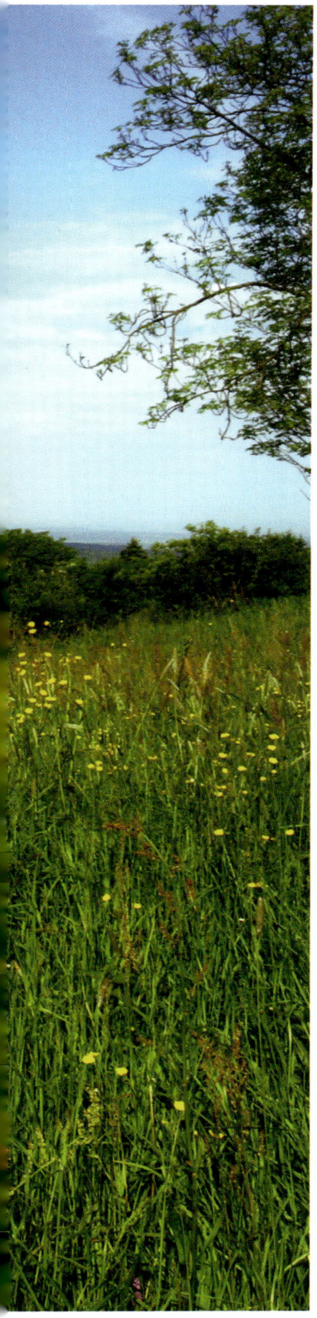

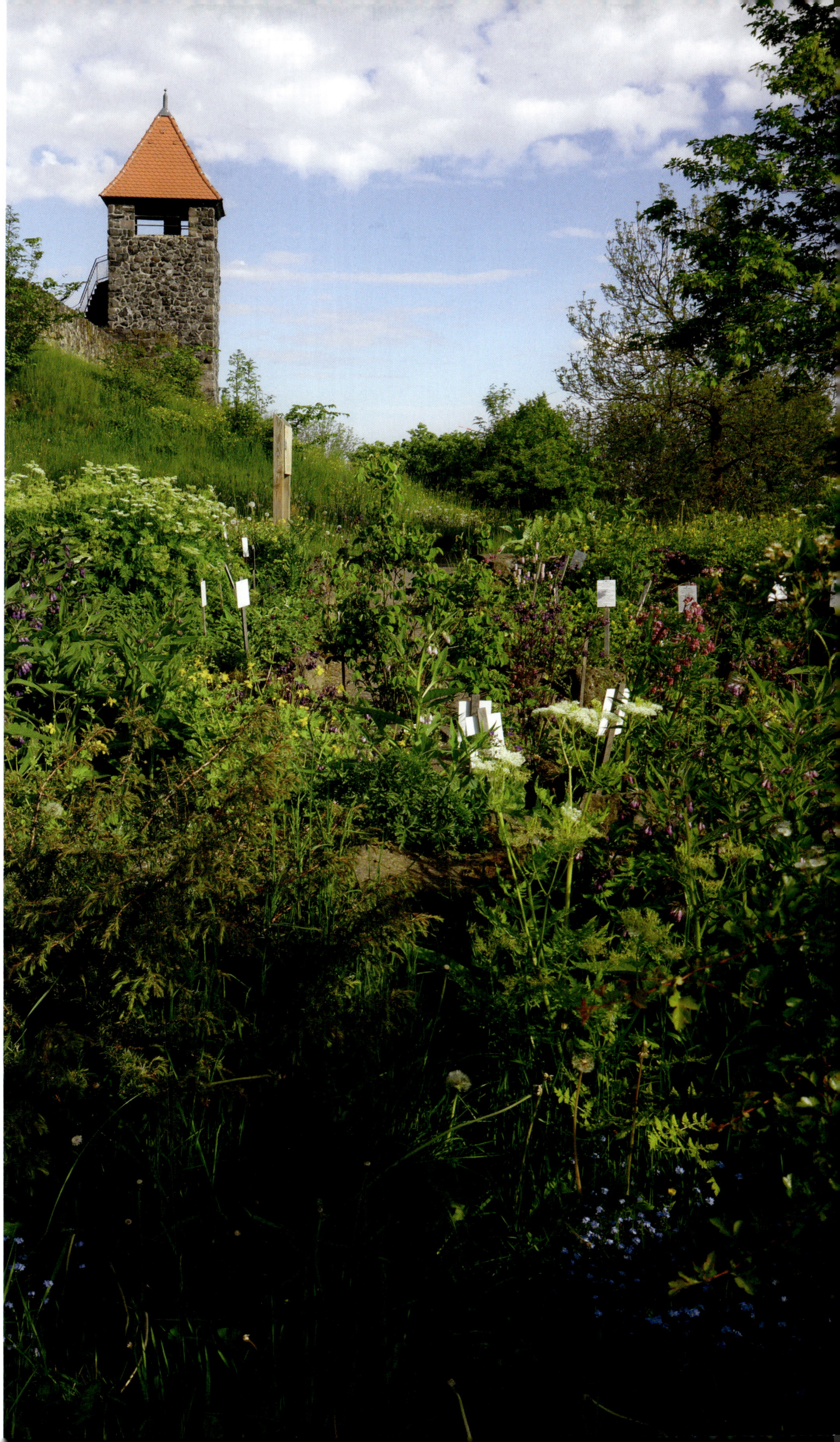

Verträumt, aber voller Leben – die Mooser Teiche

An den beiden vom NABU gepflegten Teichen, umgangssprachlich meist Seen genannt, halten sich rund 100 Vogelarten auf, ob als Brutpaare, zur Nahrungssuche oder als Gäste auf dem Vogelzug. Teich-, Bläss- und Tüpfelsumpfhuhn, Wasserralle leben hier, der Gänsesäger ist Wintergast. Der Haubentaucher ist besonders schön in seinem Prachtkleid der Balz- und Brutzeit, schlichter der Zwergtaucher. Der Schwarzhalstaucher hat hier sein einziges hessisches Vorkommen.

Schlicht gesprenkelte Weibchen, Männchen mit farblich kontrastierendem oder metallisch schimmerndem Federkleid – das gilt für die Stock-, Schnatter-, Reiher-, Löffel-, Tafel- und Krickenten. Die Knäkente hält sich gern in den Wiesen auf, brütet gelegentlich dort, die Schellenten in Baumhöhlen. Nil- und Graugänse, Höckerschwäne leben hier, Singschwäne kommen als Wintergäste. Grau- und Silberreiher gehen auf Fischjagd, ebenso gelegentlich Kormorane. Im Spätsommer kommen Watvögel auf Nahrungssuche: Schnepfen, Bekassinen, Rotschenkel, der Dunkle Wasserläufer, eine boreale Art. Die NABU-Mitglieder pflegen den Ober-Mooser Teich und seine Uferwiesen auch als Standorte schützenswerter Pflanzen: der gelb blühenden Wasserschwertlilie, der Teichbinse, der Torfmoose, der Knabenkräuter, auch der Arnika. An seichten Ufern sind die Laichplätze der hier heimischen Gelbbauchunke. 16 Libellenarten kommen vor, vielleicht am schönsten die Blauflügel-Prachtlibelle.

Zu den botanischen Seltenheiten am Ufer des Reichloser Teiches gehört das Sumpf-Läusekraut, eine als gefährdet eingestufte Rote Liste-Art, ein Halbschmarotzer, der mit Saugorganen den Wurzeln von Nährpflanzen Wasser und Nährstoffe entzieht. Als „stark gefährdet" gilt der Europäische Strandling. Die rasenbildende Pflanze mit ihren Rosettenblättern wird nur 12 Zentimeter hoch und hat unscheinbare röhrenförmige Blüten. Sie gedeiht in nährstoffarmen Seen wie hier. Einen niedrigen teppichartigen Gürtel bildet am Südwestufer vor dem Röhricht die Nadelbinse.

Wenig besucht ist der vom Forstamt Schotten gepflegte Rothenbachteich. Botanisch Interessierte können auf den feuchten Brachen, den Borstgrasrasen, den Kleinseggensümpfen seltene Arten bestimmen: Seggen und Silgen, den Teufelsabbiss, die Trollblume, das Sumpfblutauge, den Fieberklee, das Schmalblättrige Wollgras. Zum Fischbestand gehört auch das gefährdete Bachneunauge.

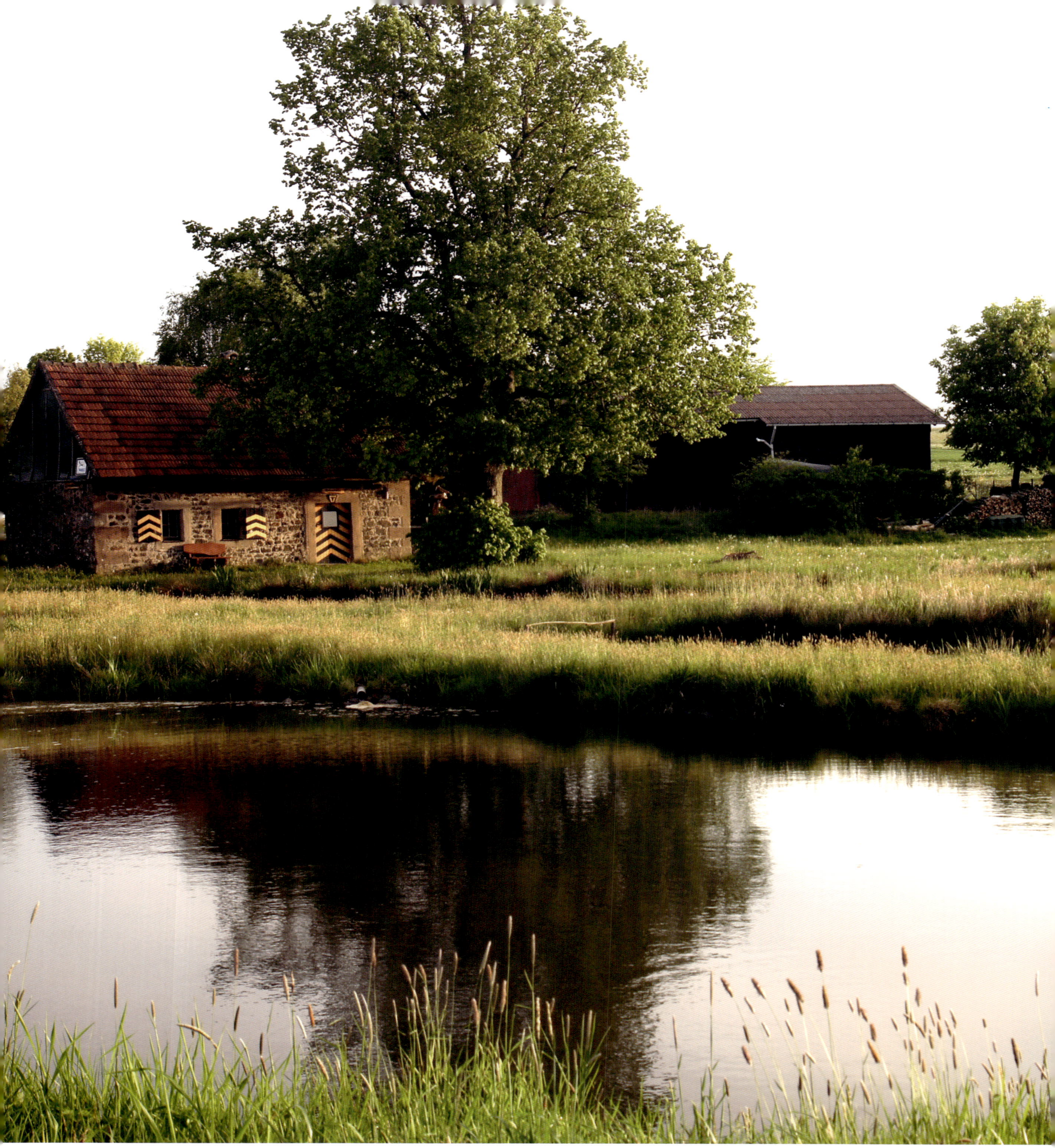

Das alte Teichhaus, umgeben von kleineren Teichanlagen, ist heute Ausgangspunkt für Führungen des NABU.
Am Ober-Mooser Teich befindet sich das einzige hessische Vorkommen des Schwarzhalstauchers (oben). Neben vielen weiteren Arten, brütet auch der Haubentaucher (unten).

Naturparadies „Vogelsberger Seenplatte"

„Vogelsberger Seenplatte" werden Nieder- und Ober-Mooser Teich, Reichloser Teich und Rothenbachteich genannt, ein stiller, einsamer Landstrich im Dreiklang Wasser-Wiese-Wald. Erst der Naturfreund, der hier wandert, erlebt den Artenreichtum dieser Teichlandschaft. Zwar ist der Nieder-Mooser Teich mit mehr als 50 Hektar Wasserfläche ein touristisch ausgebautes, intensiv genutztes Freizeitgebiet, kein Refugium für seltene Arten. Er hat als einziger der vier Teiche nicht den Status Naturschutzgebiet. Der Ober-Mooser Teich mit rund 32 Hektar Wasserfläche, der Reichloser Teich (9,57 Hektar) und der Rothenbachteich (10,29 Hektar) sind Teil des 520 Quadratkilometer großen EU-Vogelschutzgebietes Vogelsberg. Alle vier Teiche, in 450 Meter Höhe gelegen, wurden im Spätmittelalter auf Anordnung der Feudalherren dieses Gebietes, der Freiherren von Riedesel, als Fischzuchtteiche angelegt. Sie wurden regelmäßig im Herbst abgelassen, die großen Speisefische zum Verkauf aussortiert, einst bis nach Frankfurt geliefert. Mittelpunkt war wohl das Teichhaus am Rand des Ober-Mooser Teichs, 1741 erbaut, heute Treffpunkt und Infozentrum des NABU. Ober-Mooser Bürger, etwa die Familie Schneider, waren Generationen lang mit Pflegearbeiten an den Teichen beschäftigt, der letzte Teichwärter der Riedesel-Zeit ist jetzt NABU-Aktivist.

In Jahrhunderten extensiver Nutzung hatten sich hier Fauna und Flora besonderer Schutzwürdigkeit aufgebaut. Nach 1960 begann der Konflikt zwischen Artenschutz und wirtschaftlichen Interessen. Insbesondere auf Betreiben der Hessischen Gesellschaft für Ornithologie und Naturschutz (HGON) wurden der Rothenbachteich (1974), der Ober-Mooser Teich (1975) und der Reichloser Teich (1976) unter Naturschutz gestellt. Die HGON pachtete 1980 den Ober-Mooser Teich, der NABU Vogelsberg 1983 den Reichloser Teich. 1991 übernahm das Land Hessen für die nächsten drei Jahre die Zahlungen. Es folgte eine Phase der Auseinandersetzungen vor dem Verwaltungsgericht Gießen. Wirtschaftliche Nutzung ohne einschränkende Schutzbestimmungen stand gegen das Konzept nachhaltige Bewirtschaftung. Als Sprecher machten sich die beiden NABU-Mitglieder Manfred Jäger (Ober-Moos) und Walter Kreß (Freiensteinau) für einen Ankauf der bedrohten Gewässer stark, ein Projekt mit mehr als einer Million D-Mark Kaufsumme. Die NABU-Stiftung Hessisches Naturerbe zahlte die Hälfte, der Kaufvertrag wurde im August 2000 geschlossen. Vor zahlreichen Bürgern der Region, Vertretern der Naturschutzverbände und der Kommunalpolitik wurden der Ober-Mooser Teich und der Reichloser Teich zwei Monate später übergeben. Inzwischen ist der NABU rechtmäßiger Besitzer der beiden Teiche. Ehrenamtliche NABU-Experten erfassten den Tier- und Pflanzenbestand und erarbeiteten ein naturschutzfachliches Pflegekonzept. Der Kreisverband Vogelsberg hat die Verantwortung für das Teichmanagement. Schon einem flüchtigen Besucher fällt der

Der Ober-Mooser Teich ist seit 1975 als Naturschutzgebiet ausgewiesen. In diesem 57 Hektar großen Gebiet konnten bislang mehr als 100 Vogelarten bestimmt werden, die hier rasten oder sogar brüten.

Reichtum an Vögeln auf der Wasserfläche und im Flug auf – die naturschutzfachliche Bewirtschaftung hat sich bewährt. Die Nutzung als Fischteich, traditioneller Teil dieser Kulturlandschaft, soll bleiben. Aber man verzichtet auf den Besatz mit standortfremden Fischen wie auch auf Zufütterung. Viel haben die Naturschützer zu tun: das Mähen der Ufergrundstücke, das Instandhalten der Dämme und Ablasssysteme, in denen die Bisamratte oft ein zerstörerischer Gast ist, die Regulierung des Wasserspiegels, dem Jahreszyklus der Wasservögel entsprechend – relativ hoch während der Brutsaison, gesenkt im Frühherbst, wenn durchziehende Watvögel im Schlamm Nahrung suchen. Landwirtschaftliche Nutzung angrenzender Grundstücke mit Düngereintrag führt im Teich zu Algenwachstum und Verschlammung. Durch Ankauf und extensive Pflege von Uferwiesen versucht man, diesem Problem zu begegnen. Alle drei Jahre muss der Ober-Mooser Teich ganz abgelassen, der Schlamm aus dem Teichgrund ausgebaggert werden. Die jungen Speisefische und die nicht marktfähigen kleineren Arten werden vorübergehend in den fünf Hälterteichen eingesetzt. Nach dem Ausbaggern wird wieder geflutet, die Fische kommen in den großen Teich zurück. Besucherfreundlich sind Informationstafeln im Zentrum am Teichhaus, eine Beobachtungskanzel am Ober-Mooser Teich und Führungen. Die NABU-Aktivisten sind gute Gastgeber für weitere Arten: Jetzt gibt es auch ein mit kleinen Steinen bedecktes Floß in der Gewässermitte – „Schotterbettsimulation" für Regenpfeiferarten.

Nur alle acht bis zehn Jahre muss der weitaus tiefere, kältere und nährstoffärmere Reichloser Teich abgelassen und entschlammt werden. Allerdings gibt es auch hier Probleme mit dem Eintrag von Nährstoffen.

Sanften Tourismus mit Naturbegegnung bietet der elf Kilometer lange, fast immer ebene Drei-Seen-Wanderweg, der am Nieder-Mooser Teich beginnt und mit einer schwarzen Vier auf gelbem Grund gekennzeichnet ist. Er führt zum Rothenbachteich und zum Ober-Mooser Teich und wieder zurück zum Ausgangspunkt.

Feuchtwiese am Ober-Mooser Teich, weiß- bis zart-rosablühend das Wiesen-Schaumkraut

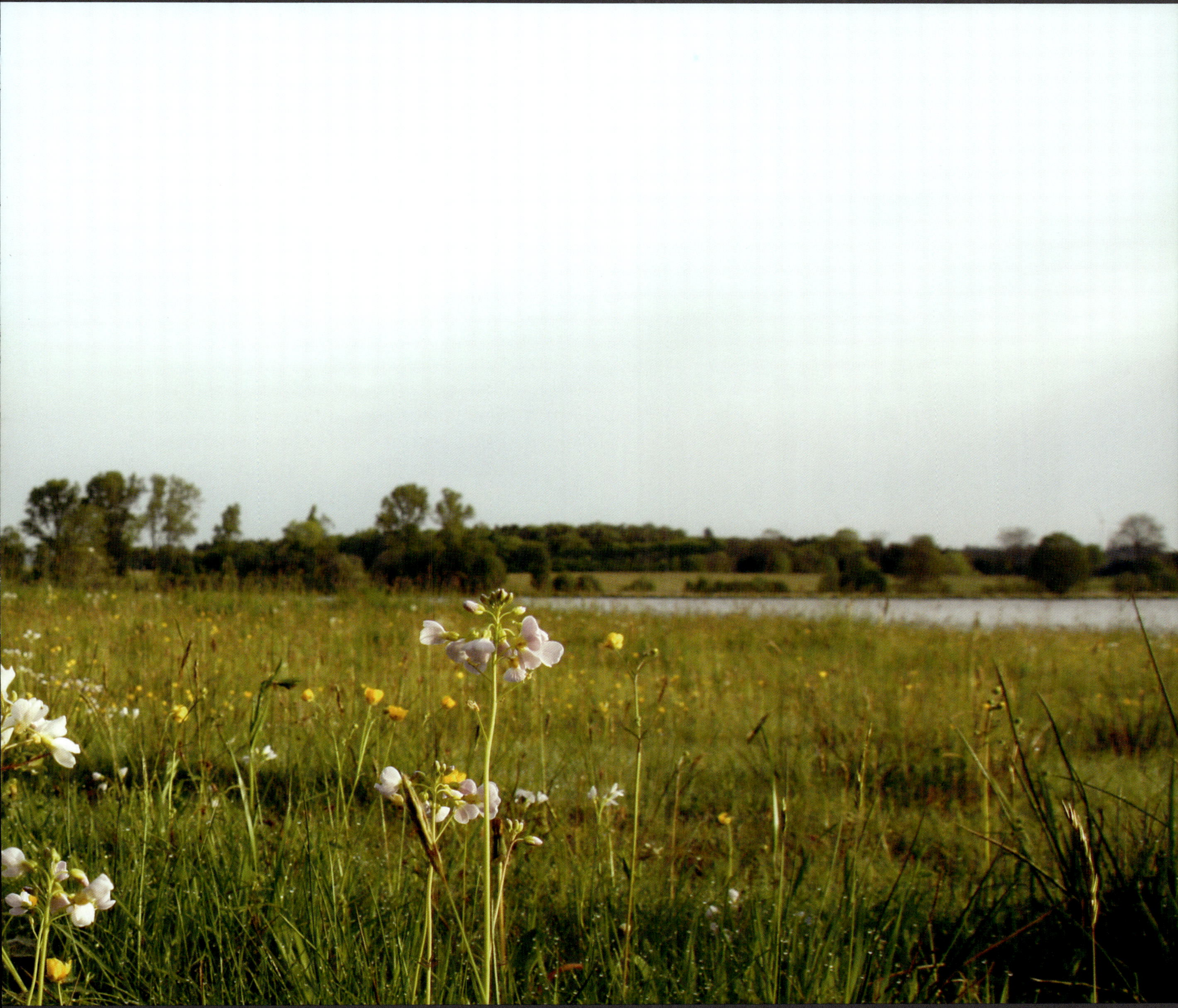

Den Vogelsberg erwandern und erleben mit den Naturparkführern

„Ist der Pilz da essbar?" „Gibt es im Hochmoor noch fleischfressende Pflanzen?" „Wie alt ist diese Fachwerkkirche?" „Wie heißt der Schmetterling da?" Auf diese und viele, viele andere Fragen wissen die Naturparkführer Antwort. Mit rund 150 Veranstaltungen im Jahr tragen sie dazu bei, dass der Vogelsberg für Besucher zum Entdeckungs- und Erlebnisraum wird. 2001 begann der Geschäftsführer des Naturparks Hoher Vogelsberg, Rolf Frischmuth, Ehrenamtliche zu gewinnen und damit die Möglichkeiten des Naturparks um ein Element des Dialogs, der Begleitung zu ergänzen. In Kooperation mit der Volkshochschule wurden die Interessierten an mehreren Wochenenden über Geologie, Flora, Fauna und Wetter des Vogelsbergs informiert. Geschichte und Brauchtum der Region spielten im Kurs der Naturparkführer auch eine Rolle; Erdgeschichte und Gesteinskunde bei den Vulkanführern, deren Ausbildung die Deutsche Vulkanologische Gesellschaft, Sektion Vogelsberg organisierte.

Die Naturpark- und Vulkanführer sind dem Naturpark angeschlossen und haben im Lauf der Jahre ihr Themenspektrum sehr erweitert. Erfahrungen und Besucherwünsche sind eingeflossen, viele bilden sich auf ihrem Schwerpunktgebiet regelmäßig weiter. Jeweils im Herbst treffen sich die Naturparkführer zur Formulierung des nächsten Jahresprogramms, das von der Diplom-Biologin und Naturparkführerin Claudia Blum und der Historikerin Dr. Angela Metzner koordiniert wird. Neue Themenfelder eröffnen sich,

Die Naturparkführer im Vogelsberg wissen, wo es langgeht.

etwa beim Ausbau des Geoparks. Die Naturparkführerinnen und –führer nehmen sich Freiraum für Kreativität, bringen ihre eigenen Lieblingsthemen ein.

So entsteht ein vielseitiges Programm. Eine geprüfte Kräuterführerin zeigt bekannte und unbekannte Heilkräuter, erinnert an altes Wissen um Sammelzeitpunkte, hauptsächlich zur Sonnwende, an Brauchtum wie das Binden des Marienkräuterstraußes am 15. August. Heilpflanzen werden zur Herstellung von pflegenden Kräutercremes, Auszügen, Teemischungen genutzt. In Fotokursen geht es um den „Zauber der dunklen Stunden" und damit um Aufnahmen mit Langzeitbelichtung. Fotosafaris im Frühling, im Sommer, zur Zeit des „Goldenen Oktober" geben Einstiegstipps in Reise- und Landschaftsfotografie. Ur-Vogelsberger im Ruhestand führen auf reizvollen Routen, dem Schwarzbachtal, dem Schächerbachtal, rund um die Schalksbachteiche. Sie berichten vom Leben früher in den Dörfern, von Spinnstube, Kirmes und Schlachtfest. Wander- und Fahrradtouren werden angeboten, Pilze bestimmt, an der Vogelsberger Seenplatte die Wasser- und Watvögel beobachtet. Auf der Magerrasenroute wird der Zusammenhang zwischen Pflanzengesellschaften und Bewirtschaftungsformen deutlich. Bei Basaltformationen, in Felsenmeeren, im Lauterbacher Graben oder an der Geologischen Baumhecke Eichelsachsen wird an die feurige Vergangenheit des Vogelsbergs, den Vulkanismus im Tertiär, erinnert. Abenteuerliches macht Kindern besonders Spaß, etwa Kürbisköpfe schnitzen zu Halloween, ein Treff mit dem Nikolaus im winterlichen Wald, eine Nachtwanderung auf dem Baumkronenpfad. Im Licht der Taschenlampe sind dort Fledermäuse, Käuzchen und andere nachtaktive Tiere zu sehen. Singles sind zu Mondscheinwanderungen oder zum „Flirt am Kochtopf" eingeladen. Rauer Wind, hohe Niederschläge, Raureiftage, Schnee, der lange liegen bleibt – ein Diplom-Meteorologe stellte auf Wanderungen die „Wetterküche Vogelsberg" vor.

Die meisten Teilnehmer an Naturparkführungen kommen aus dem mittelhessischen Raum, häufigste ausländische Besucher sind die Niederländer. Alle Generationen sind vertreten – zum Bedauern der Naturparkführer aber kaum Jugendliche und junge Erwachsene. Dafür tritt das Phänomen „Wiederholungstäter" auf: Wer einmal am begleiteten Tourismus Gefallen gefunden hat, kommt häufig wieder. So berichten Naturparkführer von rüstigen 80-jährigen Mitwanderern, von Chemopatienten, die im Rahmen ihrer Möglichkeiten mitlaufen und den Wohlfühleffekt nach einem Tag im Freien schätzen. Von Pannen lässt sich niemand den Spaß verderben. Blum erinnert sich an eine waghalsig balancierende 14-Jährige, die in die Meyerbruchquelle mit ihrer eisigen Wassertemperatur von 8 Grad Celsius fiel; oder auch an den Wanderer, der einen Schuhabsatz verlor und kurzerhand den anderen mit dem Taschenmesser entfernte, um wieder gleichmäßig auftreten zu können.

Heidehaus Kirtorf – Ausbildungszentrum für Natur- und Umweltbildung

17 Erstklässler der örtlichen Grundschule sind mit ihrer Lehrerin auf einem Rundgang in der Umgebung des Heidehauses, einem Ausbildungszentrum für Natur- und Umweltbildung (AZN). Der AZN-Leiter Dr. Martin Jatho, Diplom-Biologe und Umweltpädagoge, führt sie. Im feuchten Erdreich am Waldrand hat sich klar eine Spur abgedrückt. „Ein Hund?" „Nicht rund genug, keine Krallen." „Ein Wildschwein?" „Zu klein." Und ein paar Pfiffige wissen schon: „Ein Reh." Dieses „Entdecken der Natur im Dialog" ist ein Kernelement der AZN-Arbeit. Die Kinder lassen sich gerne darauf ein. Schon einmal waren sie mit Jatho bei den Windrädern unterwegs, haben sie im Kleinformat nachgebaut, Experimente zum Thema „Wie kommt der Wind in die Steckdose?" gemacht. Diesmal ist der Wald Lernort. Mit geschlossenen Augen hören die Kinder auf Vogelrufe, auf Hintergrundgeräusche. Ein Baumweißling wird entdeckt, setzt sich kurz auf den Finger eines Jungen. Ein Weg durchschneidet den Wald, die Kinder hüpfen hin und her über den Graben, beschreiben den Unterschied zwischen Waldklima („Kühl, feucht, schattig") und dem besonnten Weg („Warm, hell, hier kriegt man Durst!"). Jatho zeigt Pflanzen in der Ruderalflora des Wegrandes, Zerreiben und Schnuppern sind angesagt. Dost riecht richtig gut, der Ziest, obwohl ähnlich aussehend, immer ekliger, je länger man ihn zerreibt. Jatho zeigt weiche, unten filzig behaarte Blätter der Großen Klette: „Taschentücher des Waldes, zur Not auch Klopapier." Tiefer im Wald hat der Biologe ein Natur-Gedächtnis-Spiel vorbereitet. Er zieht eine Decke weg, auf ein weißes Tuch hat er ein Ahornblatt, einen Lärchenzweig, eine Bucheckernkapsel, einen Fichtenzapfen, ein Schneckenhaus und ein Buchenblatt gelegt. Schnell wird das Wald-Gedächtnisspiel wieder zugedeckt, die Kinder sollen dieselben Gegenstände suchen und bringen. Zapfen-Zielwurf, das Orten eines Summtons, den Bienen in blühenden Himbeerstauden am Weg machen, ein Fuchsbau an einer Böschung – für die Kinder ist es ein Abenteuer und zugleich ein ständiger Prozess des Naturerlebens. Ein weiterer Termin im Herbst wird abgesprochen, die Lehrkräfte schätzen dieses Lernen in Bewegung mit allen Sinnen.

Sieben Hektar Fläche umfasst das AZN-Gelände: einen aufgelassenen Steinbruch mit Streuobstwiese, biologische Schilfkläranlage, Tümpel, Lehrbienenhaus, Kräuterspirale und Steingarten. Das Haus selbst bietet einen Seminarraum für 20 Personen, Bibliothek, Küche und Holzwerkstatt. Oft aber fahren Jatho und seine Kollegin, die Ethnologin Bettina Dören, in Kindertagesstätten und Schulen des Vogelsbergkreises und gehen wohnortnah mit den Gruppen auf Entdeckung. Die Themenschwerpunkte Erkennen von Zusammenhängen, Wissensvermittlung um Lebensräume und ihre Arten sind den Altersstufen angepasst. So wird in die Kindertagesstätten ein Schmetterlings-Haus mit Raupen, Puppen, Faltern mitgebracht. „Auf Nussjagd" geht es aus der Perspektive einer Haselmaus, die Schnecke Anne begleitet beim Entdecken in der Wiese. „Wald erleben", „Der Weg vom Sämling zum Nutzholz" samt dem Pflanzen eines Bäumchens und das schon genannte Windkraft-Angebot sind weitere Themen. Mit den Schulkindern werden die Bereiche Wald-Sträucher-Boden, Wiese-Blumen-Apfel, Tiere in Feld und Flur, Bach-Wasser-Tümpel und „Energie und Klimawandel" bearbeitet. 20 verschiedene Projekte stehen zur Auswahl. Auch bei älteren Kindern steht Erlebnisorientierung im Mittelpunkt, etwa bei der Beobachtungs- und Lauschtour mit Fledermausdetektoren. Weitere Gruppenangebote sind auf die Ferienspiele der Vogelsberg-Kommunen zugeschnitten oder für Kindergeburtstage ab sechs Jahren geeignet. Eine Palette didaktischen Materials von Ausmalbildern bis zu Mikroskopen und Chemikalien zur Untersuchung von Wasserqualität ist vorhanden. Immer wieder ist das AZN regionaler Multiplikator bei speziellen Aktionen der Umweltbildung. So als einer der Akteure in der vom Hessischen Umweltministerium getragenen „Bildungsinitiative Nachhaltigkeit" in der Modellregion Vogelsberg für Grundschulklassen. Das AZN-Team trägt in Kooperation mit den Lehrkräften dazu bei, dass die Kinder Handlungsmöglichkeiten für den eigenen Alltag entwickeln. Stärker als bisher soll das Konzept an Realschulen und Gymnasien angeboten werden.

Zum Aufbau des AZN haben zwei Männer entscheidend beigetragen. Dolf Böhm hat das Projekt entwickelt, der damalige Vogelsberger NABU-Vorsitzende Walter Kreß setzte sich viele Jahre als Vorsitzender des Fördervereins für das Naturerlebnishaus ein. Seit 1995 gibt es das mobile Angebot an den Schulen. Die Arbeit wird durch den NABU-Kreisverband Vogelsberg und durch die örtliche NABU-Gruppe Kirtorf unterstützt und vom Trägerverein, durch Zuschüsse des Vogelsbergkreises und durch Spenden finanziert.

Führt Schulkinder zu Naturerlebnissen: Martin Jatho vom AZN

Das Naturschutzgroßprojekt Vogelsberg

Noch sind im Vogelsberg Trollblume, Arnika, Prachtnelke, Teufelskralle, Türkenbundlilie und verschiedene Orchideen zu finden. Hier leben Schwarzstorch, Rotmilan, Raubwürger, Eisvogel, in den Gewässern der Deutsche Edelkrebs, das Bachneunauge, die Rhön-Quellschnecke. Vorkommen haben hier die Sumpfspitzmaus, der Randringperlmuttfalter, der Schwarze Apollo. Doch Bebauung, Intensivlandwirtschaft, Luftverschmutzung, Klimaveränderung bedrohen die spezialisierten Lebensgemeinschaften. Um Schutzmaßnahmen finanzieren zu können, gab es Bemühungen um Bundesfördermittel, etwa aus dem Programm „Chance.Natur – Bundesförderung Naturschutz". 2005 wurde der Verein „Natur und Lebensraum Vogelsberg e.V." gegründet. 2010 wurde der Vogelsberg als eine von 77 deutschen Regionen als Naturschutzgroßprojekt (NGP) in das genannte Programm aufgenommen, der Verein übernahm die Projektträgerschaft. So wurde ein Projektgebiet von 92.000 Hektar ausgewählt. Das ganze „Europäische Vogelschutzgebiet Vogelsberg" gehört dazu, ebenso Teilbereiche von 28 Flora-Fauna-Habitat- und von 32 Naturschutzgebieten. Naturschutzfachlich besonders hochwertige Kernbereiche in einem Umfang von rund 7.640 Hektar wurden definiert, dazu Suchräume von 2.170 Hektar und Vergleichsflächen von 149 Hektar. In der Phase I von 2010 bis 2013 brachten Arbeitsgruppen „Landwirtschaft, Forst, Naturschutz", „Tourismus und Vermarktung" sowie „Verwertung von Biomasse der Region" ihre Ergebnisse ein, ein Pflege- und Entwicklungsplan mit Bestandsanalyse und Maßnahmenplanung entstand.

Der Bewilligungsbescheid zur Phase II ermöglicht seit 1. Januar 2015 die Umsetzung dieses Werkes, terminiert auf zehn Jahre. Die Mittel dazu kommen wie in der Phase I vom Bundesumweltministerium, vom Land Hessen und vom Vogelsbergkreis. Das Team im Lauterbacher Projektbüro des Vereins ist im Dialog mit den Flächennutzern in Land-, Forst- und Wasserwirtschaft. Es gilt, die Bevölkerung zur freiwilligen Zusammenarbeit zu gewinnen. Entstehen soll ein über den Projektzeitraum hinaus greifendes Konzept zur Integration von Naturschutz in die Land- und Forstwirtschaft des Vogelsberges.

In drei Schwerpunkten wird der Pflege- und Entwicklungsplan umgesetzt. Die blütenpflanzenreichen Bergmähwiesen, Borstgrasrasen, Pfeifengraswiesen, Zwergstrauchheiden sollen erhalten bleiben. Verzicht auf Mineraldüngung, extensive Nutzung, Aufwertung von konventionell bewirtschaftetem Grünland – dabei berät das NGP-Team die Landnutzer konkret. Auf einer Bergmähwiese, etwa 600 Meter hoch, oberhalb von Breungeshain, ließ das Projektteam Anfang Juli durch Mähdreschereinsatz Samen von Taubenkropf-Leimkraut, Bergflockenblume, Labkräutern, Glockenblumen, Johanniskraut, Storchschnabel, Grünlicher Waldhyazinthe gewinnen, um damit andere Grünlandstandorte aufzuwerten. Er-

Präsentation des per Mähdrescher in den Bergmähwiesen gewonnenen Saatguts zahlreicher Gräser und Kräuter. Damit sollen künftig an Arten verarmte Standorte im Vogelsberg wieder in bunte Blumenwiesen zurück verwandelt werden.

tragseinbußen werden durch Nutzung von Landesförderprogrammen ausgeglichen. Rinder auf artenreichen Weiden, Schafe auf Borstgrasrasen liefern hochwertiges Fleisch – eine Vermarktungschance für die Landwirte. Wiedereinführung von Lokalrassen mit Mehrfachnutzung wird angeregt, so war das Vogelsberger Höhenvieh traditionell Milch- und Fleischlieferant und auch Zugtier. Verbuschtes Grünland wird freigeräumt, Waldwiesen spät gemäht, der Mulch entfernt, die Schafzucht und damit die Beweidung von Magerrasen und Grenzertragsflächen in kleinem Umfang unterstützt. Bei den dramatisch zurückgegangenen Arnikabeständen arbeitet das Team in Ursachenforschung und Schutz mit der Universität Marburg zusammen. Naturschutzfachlich orientierte Pflegemaßnahmen schützen Pflanzengesellschaften von Bergmähwiesen, Magerrasen und Feuchtgebieten. Schutz und Wiederherstellung naturnaher Gewässer und ihrer unmittelbaren Umgebung ist die zweite große NGP-Aufgabe. Dazu gehören Pflege- und Entwicklungsmaßnahmen in einem der wenigen Hochmoore Hessens, der „Breungeshainer Heide", ebenso auch in den Erlensumpfwäldern. Es geht um Schutz der Quellen mit faunistischen Raritäten wie der Rhön-Quellschnecke, der Fließgewässer, wo es noch kleine Bestände des Deutschen Edelkrebses gibt. Alte Wehre werden entfernt, Schüttsteinrampen angelegt, um Gewässer durchgängiger für Fischwanderung zu machen, Ufer renaturiert und Überflutungszonen geschaffen. Keine Maßnahme des NGP ist isoliert zu sehen. Die Gewässerpflege hat Sicherung der Wasserqualität und Schutz seltener Arten als „Nebeneffekt".

Waldmeister- oder Hainsimsen-Buchenwälder sind gewissermaßen der Vogelsberger-Waldidealtyp, an Boden und Klima optimal angepasst. Doch als wirtschaftlich interessanter „Brotbaum" wurden oft die nicht standortgerechten Fichten gepflanzt. Waldumbau in Kooperation mit den Forstämtern ist eine weitere NGP-Aufgabe. Dazu gehört das Zurückdrängen der Fichte an Fels-, Quell- und Uferstandorten, die Herausnahme ertragsschwacher Standorte aus der forstlichen Nutzung. Der Vogelsberg als einzigartiges Landschaftsmosaik aus Bergwiesen, Gewässern und Wäldern soll erhalten bleiben.

1 *2* *3*

160

4	5	6

Wiesen mit einer großen Vielfalt an Blütenpflanzen sind Lebensraum zahlreicher Schmetterlinge. Insbesondere die Raupen sind oft hoch spezialisiert und leben nur auf einer Pflanzenart.
Im Vogelsberg zu finden sind: Zitronenfalter (1), Scheckenfalter (2), Rotklee-Bläuling (3),
Kleiner Perlmuttfalter (4), Thymian-Widderchen (5), Hartheuspanner (6)

Trockenmauern aus Basalt – wie aus der Not eine Tugend wurde

Basalt ist im Vogelsberg in vielerlei Hinsicht ortsprägend: verwendet im Straßenbau, als Pflastersteine auf Plätzen und Wegen, verbaut als Häusersockel – kein Dorf, keine Stadt im Vogelsberg, wo man nicht auf das schwarze Vulkangestein träfe, das für alle Zeiten von dem vulkanischen Ursprung der Landschaft Zeugnis ablegt.

Feldbasalt und Bruchsteine

Basalt gibt es hier allüberall, nicht nur in den zahlreichen Steinbrüchen. Man muss nur tief genug graben und wird fündig. Kein Wunder, dass auf den Feldern der oberhessischen Bauern Jahr für Jahr neue Steine ihren Weg aus der Erde nach oben finden – mühsam werden sie dort aufgelesen und weggebracht. In früheren Jahrhunderten und Jahrzehnten noch schichtete man sie an den Feldrand, und um ihrer Flut Herr zu werden, machte man aus der Not eine Tugend und nutzte sie als Baumaterial. Doch nicht nur vermörtelt in Häusersockeln sind die Feldsteine zu finden, sie wurden auch zu Mauern aufgeschichtet, und das ganz ohne Mörtel: „Trockenmauern sind eine Vogelsberger Spezialität", erklärt Martin Räther. Der Altenburger Diplomingenieur im Landschaftsbau befasst sich seit seiner Kindheit mit den Trockenmauern, die die steilen Hänge am Schlossberg seines Heimatortes befestigen, dort, wo er schon als Junge gespielt hat und beim Überklettern der Mauern die Keile und Füllsteine herausrutschten. Noch heute durchziehen meterlange Trockenmauern den alten Kern Altenburgs; je weiter man den Schlossberg emporsteigt, erkennt man ihre Verwendung als Absicherung der Hänge und ist fasziniert, welche Erdmassen die bloßen Mauern auffangen können.

Kulturdenkmal aus Stein

Warum gerade Altenburg für seine Trockenmauern bekannt ist, warum sie gerade dort so häufig gebaut wurden, das ist schnell erklärt: Der Ort steigt bis zum Schlossberg hoch mächtig an, die Grundstücke auf dem Gelände sind steil und unwirtlich. Um sie zu begradigen, wurde Erde aufgeschüttet, die man zu den Straßen und anderen Grundstücken hin wieder abfangen musste. Was lag also näher, als die ohnehin vorhandenen Feldsteine aus Basalt zu nutzen, die Stück für Stück aufgesetzt nur halten, weil sie sorgsam behauen, verlegt und mit Basaltkeilen fixiert werden. Etwas leichter verbaut man die Steine aus den Steinbrüchen. Auch Altenburg hatte einen Steinbruch auf dem Schlossberg. Die Bruchsteine von dort – übrigens „Romröder Basalt Altenburger Typus" – haben den Vorteil, dass sie flächiger und kantiger sind als die rundlichen Feldsteine. So können sie unbehauen Schicht für Schicht aufgesetzt werden. Doch gleich, ob aus Feldsteinen oder aus Bruchsteinen gebaut: Als ein Wunderwerk erscheint einem heute, was früher von jedem Landwirt selbst errichtet werden konnte.

Eingebettet in den Bewuchs und die ortstypische Bebauung, bietet diese Trockenmauer am Altenburger Schloss einen malerischen Anblick.

Geduld anstelle von Mörtel

Alles, was es braucht, ist Geduld; die Arbeit beginnt mit der Auswahl der richtigen Steine: „Große, schwere Steine gehören in die unteren Reihen, große, flache Steine bilden den Abschluss", erläutert Martin Räther, „Jeder einzelne Stein muss festliegen, bevor der nächste aufgesetzt wird." Das ist leicht gesagt, erfordert aber Kenntnis und Geduld im Umgang mit den Steinen, die alle ganz unterschiedliche Formen haben. Manche können so verbaut werden, wie sie gefunden wurden, andere müssen zugehauen werden. Und immer wieder muss der Trockenmaurer probieren, ob es passt oder nicht, muss kleine Keile auswählen, die in die Ritzen kommen, muss darauf achten, dass jeder dritte Stein als Binderstein über mindestens zwei Drittel der Mauerdicke ausgeführt wird. Dazu hat jeder Stein eine „Ansichtsfläche", die nach vorne muss. „Und natürlich soll eine Trockenmauer mindestens zehn Prozent Anlauf haben. Das heißt, sie muss sich nach oben um zehn Prozent verjüngen. Wenn man das und noch ein, zwei weitere Punkte beachtet, dann braucht man tatsächlich nur noch viel Geduld", so Martin Räther. Ist das langsame Aufsetzen der Trockenmauern also auch Sinnbild für eine Facette des Vogelsberger Lebensgefühls, eine Ahnung von der Langsamkeit, mit der die Region entstand und sich entwickelt hat?

Die Königsklasse des Mauerns

Die Kunst des Trockenmauerbaus war keine Kunst, sondern Alltagstreiben, das von Generation zu Generation weitergegeben wurde. Heute ist der Bau von Trockenmauern die „Königsklasse des Mauerns", eher von Landschaftsgärtnern als von Maurern durchgeführt, eher ökologisches Gestaltungselement als nur rein funktionales Bauwerk. Denn Trockenmauern unterstreichen zum einen die Ästhetik des Vogelsbergs, greifen auch heute noch seinen vulkanischen Ursprung auf. Dabei sind sie um ein Vielfaches länger haltbar als gemörtelte Mauern oder Betonmauern. Zum anderen sind sie wahre ökologische Alleskönner: In ihren Ritzen wuchern Gräser, Moose und Blumen, darin leben Eidechsen und zahllose Arten von Kleinlebewesen, die ohne die Trockenmauern keinen

Die alte Friedhofsmauer in Altenburg ist von zahlreichen Moosen, Flechten und einigen Blütenpflanzen besiedelt.

Detail einer Trockenmauer mit Binder- und Keilsteinen (unten)

Lebensraum mehr hätten. Auch die kurzen Wege des im Vogelsberg zu findenden Baustoffs sind heute gut für die Öko-Bilanz, genauso wie die Tatsache, dass kein Wasser und keine Energie für die Zementherstellung benötigt werden. Was aber klingt wie das „Rundum-sorglos-Paket" aus dem Vogelsberg – kostengünstiger Baustoff und einfaches Aufschichten von Steinen –, davon ist man im 21. Jahrhundert weit entfernt: „Der Bau von einem Quadratmeter Trockenmauer kann je nach vorhandenem Gestein und der Art der Ausführung bis zu zehn Stunden dauern", so die Erfahrung von Martin Räther, der dennoch das ganze Jahr über im Vogelsberg Trockenmauern errichtet. Was also einst eine Möglichkeit für arme Bauern war, eine Mauer zu errichten, ist heute teuer und damit Luxus geworden. Außerdem haben Trockenmauern es in unseren verwalteten Zeiten schwer: Sie sind nicht zu berechnen. Statiker kapitulieren vor einer Bauweise, die viel auf Erfahrung beruht, die mit unterschiedlichsten Formen spielt, deren Sicherheit Keile sind, die mit den Jahren herausfallen und nachgesetzt werden müssen. „Trockenmauern müssen gepflegt werden", weiß der Spezialist aus Altenburg. „Sie arbeiten mit den Jahreszeiten und den Bewohnern, sie verlieren Keile oder leiden an einsickerndem Wasser. Alle Schäden, die so entstehen, müssen erkannt und regelmäßig behoben werden, man muss nachkeilen und nachklopfen, sodass die Trockenmauer jahrhundertelang bestehen kann."

Trockenmauern verschwinden aus dem Ortsbild

Trockenmauern sind also in der heutigen Zeit aufwendig geworden: Ihr Bau und ihre Erhaltung passen nicht mehr in die Hektik und Effizienz dieser Tage. So könnte man auch in Altenburg noch viel mehr Trockenmauern bewundern, wenn sie nicht irgendwann einmal zugemauert worden wären. Für alle Zeiten verschwunden unter einer Schicht aus Zement, bei der bestenfalls der basaltfarbene Anstrich noch eine kleine Reminiszenz an das Urgestein ist. Mehr und mehr werden ausbesserungsbedürftige Mauern auch einfach und schnell vermörtelt. Die Mauer am Altenburger Friedhof ist dafür ein augenfälliges Beispiel – noch dazu eines mit viel Aussagekraft: Der Mörtel, der nun auf einem langen Mauerstück aus den Fugen quillt, fast so, als gehöre er dort nicht hin, nimmt der Trockenmauer nicht nur einen großen Teil ihres Charmes, sondern erstickt auch die vielfältige Vegetation und Besiedelung mit Spinnen, Käfern und anderen kleinen Lebewesen im Keim.

Über kurz oder lang werden Trockenmauern mehr und mehr aus den Ortsbildern verschwinden, so die Prognose des Altenburger Experten, und nur noch Gemarkungsnamen an die einzigartigen Bauwerke erinnern, die ein Markenzeichen der Vogelsberger wurden: „In der Mauer", „Hinter der Mauer".

Es sei denn, man schärft den Blick für die natürliche Schönheit der Trockenmauern und erkennt auch von öffentlicher Seite, dass sie – als ein Vogelsberger Kulturdenkmal – erhaltenswert sind.

Trockenmauer am Kirchpfad, die offensichtlich in zwei Bauabschnitten gefertigt wurde: Auf eine bestehende Mauer wurde aufgestockt. Die Kante ist klar ersichtlich.

Einzigartig im Vogelsberg – die Basaltkirche in Wingershausen

Basalt – die steinige Landschaft, aus der sich unser Mittelgebirge erhoben hat. Basalt gab und gibt es in schier endlosen Mengen im Vogelsberg – fast jedes Dorf hatte einen eigenen kleinen Steinbruch, die meisten davon sind heute nicht mehr aktiv, häufig verschüttet und überwuchert. Gemeinsam mit Holz und Lehm war der graublaue Stein der Baustoff dieser Region, auf den man überall immer wieder stößt. Alltäglich sind die aus Basalt gemauerten Häusersockel und die Mauern zur Befestigung von Hängen – fast werden sie keines besonderen Blickes mehr gewürdigt.

Lilien zu Füßen der Besucher

Ganz anders ein Basaltbau, den es so nur einmal im Vogelsberg gibt: die Basaltkirche von Wingershausen. Erbaut von dem Architekten Ludwig Hofmann im Jahr 1904, thront sie an exponierter Stelle des 400-Seelendorfes und ist hier doch nur Teil einer langen Kirchengeschichte. Bereits 1016 wurde in Wingershausen von Erzbischof Erkanbald von Mainz eine Kirche geweiht – Mutterkirche für die Dörfer von Schotten bis Herchenhain. Von der Bedeutung der heutigen Kirche zeugt nicht nur ihre Größe, sondern auch der Bodenbelag: kleine Fliesen mit der Lilie als Symbol der einstigen Landeskirche Hessen-Darmstadt. Auch die bunten Verglasungen legen Zeugnis von einem gewissen Reichtum ab. Im Inneren erinnern noch zwei alte Pfeiler an das vorherige Kirchengebäude, und hoch oben im Turm findet sich eine historische mechanische Kirchturmuhr, die ab und an von Besuchern bewundert wird.

Unverändert seit hundert Jahren

Seit der Erbauung der zweischiffigen Kirche ist daran nur sehr wenig verändert worden: Alles außer der Orgel ist hier noch im Originalzustand zu finden, grundlegende Sanierungen wurden nicht vorgenommen, sodass die Basaltkirche von Wingershausen ein einmaliges Objekt für den Denkmalschutz darstellt. Doch das macht es nicht eben leicht. Denn mehr als hundert Jahre nach ihrem Bau ist die Kirche renovierungsbedürftig geworden: Dachstuhl sowie Dach- und Turmeindeckung müssen erneuert werden. Ein kostspieliges Unterfangen, zumal bei der verwinkelten Bauweise, an der der Architekt seine Freude hatte. In Wingershausen jedoch ist man zuversichtlich, dass dieses Projekt gelingt, auch wenn hier und da Abstriche gemacht werden müssen und die Arbeiten noch viel Zeit in Anspruch nehmen werden. Im Inneren warten bereits gefundene Bemalungen darauf, freigelegt zu werden, ebenso wie die Holzdecke, die in ihren Originalzustand versetzt werden soll. Der Erhalt der Kirche ist heute eine große Herausforderung für die Gemeinde, nicht nur finanziell, sondern auch materiell im wahrsten Sinn des Wortes: denn passenden Basalt für eventuelle Ausbesserungsarbeiten zu finden, hat sich als ziemlich schwierig erwiesen. Sind die Brüche nämlich erst einmal geschlossen, kann man sich dort nicht einfach bedienen. Gutachten, bergrechtliche Genehmigung, Anmeldung bei der Knappschaft: Wer heute in den alten Vogelsberger Steinbrüchen zu Basalt kommen will, der braucht einen langen Atem. Zur Not bedient man sich da aus Altbeständen oder ganz pragmatisch aus der Basaltmauer auf dem Kirchenhügel.

Basaltene Schönheit, von weither sichtbar

Wie dem auch sei – sie zieht die Blicke auf sich, die je nach Wetterlage hell leuchtende bis tiefschwarz schattierende Basaltkirche auf dem Hügel in Wingershausen. Gut sichtbar von allen Seiten, die zu dem kleinen Dorf führen, am schönsten jedoch von der Landstraße von Eschenrod kommend. Und am allerschönsten im Winter, wenn der blau-schwarze Basalt unter dem weißen Schnee hervorblitzt.

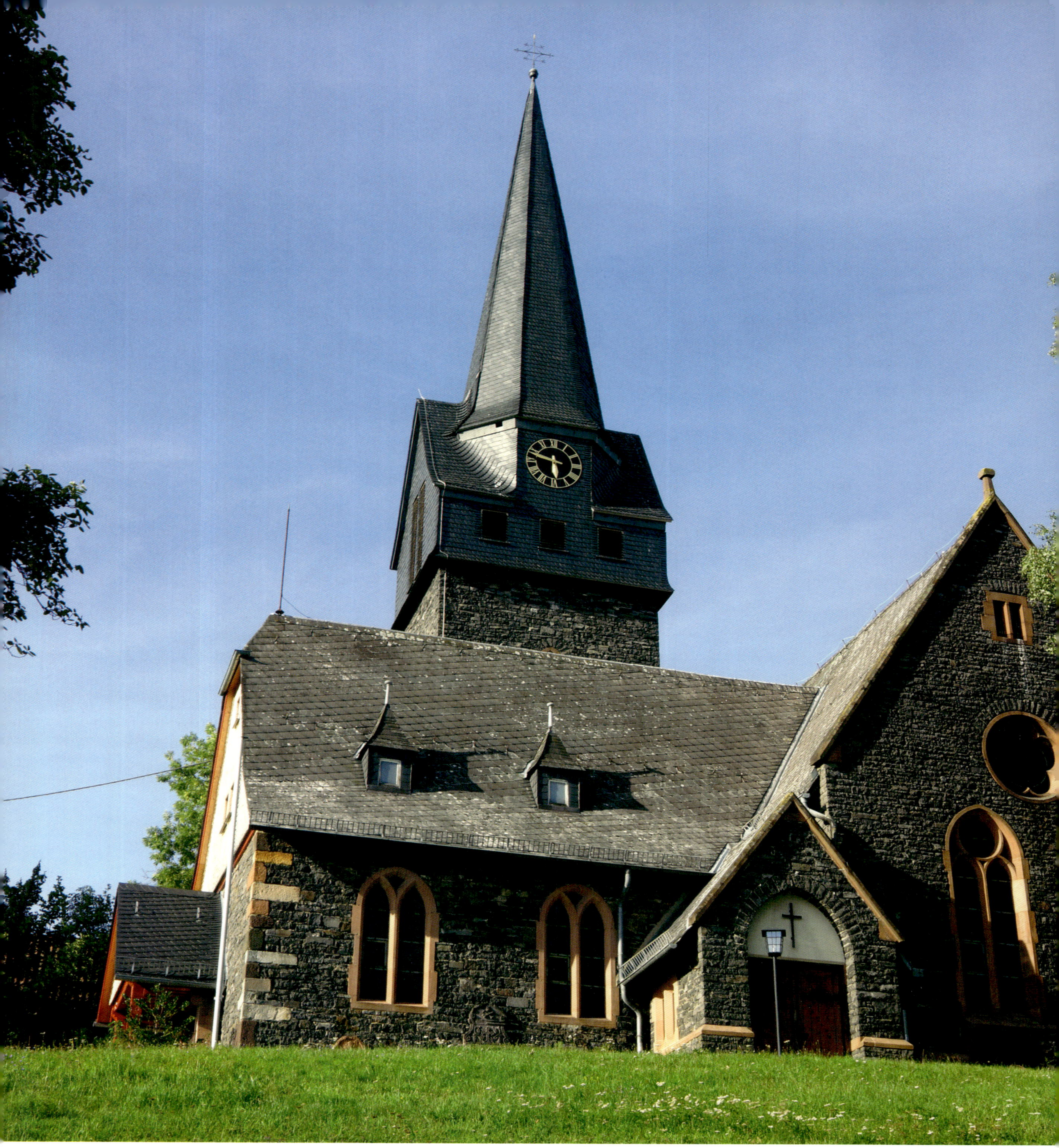

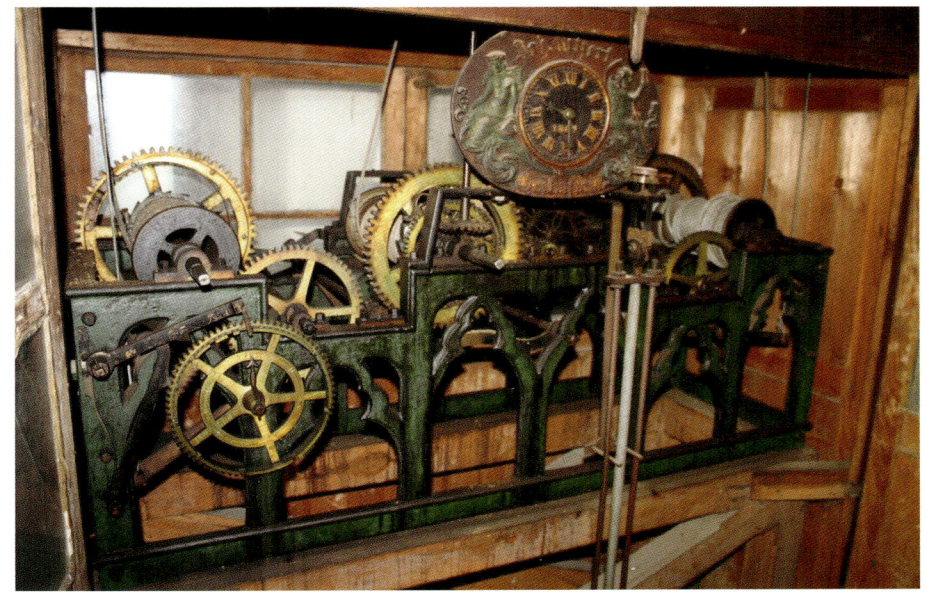

Blick in den Innenraum der Basaltkirche in Wingershausen (oben).
Oben im Turm ist das historische, mechanisch betriebene Werk der Kirchturmuhr zu sehen (unten).

Eine Industrie prägt die Landschaft – der Eisenerzabbau im Vogelsberg

Eindrucksvoll präsentiert sich rund um Mücke – von Merlau bis Nieder-Ohmen – eine eigentümlich verwunschene Landschaft dem Betrachter: sich selbst überlassene Natur, Auenlandschaften mitten im Waldgebiet, steile Hänge und tiefe Gruben. Wie in vielen weiteren Gebieten des westlichen Vogelsbergs, etwa rund um Stockhausen und Weickartshain, Freienseen, Lardenbach oder Atzenhain, dokumentieren solche Landschaften ein Stück relativ junger Vergangenheit in der Region, als der Eisenerztagebau eine der wichtigsten Einnahmequellen der Bevölkerung war.

Vom Vulkan zum Eisenerz

Basalt – Gestein des erloschenen Vulkangebiets Vogelsberg. Basalt ist erkaltete Lava. Zur Entstehungszeit des Vogelsberges, vor etwa 18 bis 15 Millionen Jahren, haben unzählige Lavaströme den älteren Untergrund überdeckt. Im damals herrschenden heißen und feuchten Klima verwitterte der Basalt oberflächennah in seine mineralischen Inhaltsstoffe. Das im Basalt enthaltene Eisen wurde während dieses Prozesses herausgelöst. Es sammelte sich in Klüften und Spalten, und bildete krustenartige Strukturen aus, sogenannte Eisenkonkretionen. Diese wurden so zu den Eisenerzvorkommen, die Jahrmillionen später im Zuge der Industrialisierung ausgebeutet wurden. Durch ihr ganz eigenes Aussehen sind diese Vorkommen heute noch von Freienseen bis Nieder-Ohmen zu erkennen. Waren es früher die von Ton und Erde umschlossenen Eisensteinlagerstätten, sind es heute die Reste ihres Abbaus, die man erkennen kann: verfüllte Schlammteiche, tiefe Gruben und Ruinen, die der Tagebau gleichgültig zurückgelassen hat.

Eisenerz aus dem Vogelsberg – als Leseerz, Stückerz und Wascherz

Grundlage für die Erschließung des vorderen Vogelsberges war der Bau der oberhessischen Eisenbahn in den Jahren 1879 und 1880. Es entwickelte sich eine Infrastruktur, die der Landbevölkerung neue Perspektiven eröffnete. Für sie stellte die Arbeit in der Erzförderung und Aufbereitung eine beachtliche Erwerbsquelle dar: In den Dreißigerjahren des vergangenen Jahrhunderts waren bis zu 600 Bergleute in den Gruben tätig. Ende des 19. und Anfang des 20. Jahrhunderts stieg der Bedarf an Eisen und Stahl derart an, dass auch kleinere Erzlager für die Eisenindustrie interessant wurden. Die Betreiber der Bergwerke ermittelten mithilfe von Erschließungsbohrungen – sogenannten „Mutungen" – im Boden die ungefähre Größe eines Erzvorkommens und konnten so beurteilen, ob sich eine Ausbeutung lohnen würde. Sie lohnte – trotz kleinerer Vorkommen war der Erzabbau im westlichen Vogelsberg für die Schwerindustrie attraktiv. Der Erztagebau hat nachhaltig die Dimensionen der Ländereien in der Region verschoben, was sich bis heute auswirkt. Die geförderte Menge seit Bestehen der 1889 ge-

Brauneisenstein wurde früher in großen Mengen rund um Mücke abgebaut und für die Verhüttung aufbereitet.

gründeten Gesellschaft „Louise" bis zur Stilllegung der Betriebsabteilung Mücke am 30. April 1966 betrug 3.760.967 Tonnen aus 25 Grubenfeldern – eine Menge, die einen Zug von Basel bis Hamburg füllen würde!

Basalteisenstein oder Brauneisenstein konnte sowohl im Tagebau als auch unter Tage abgebaut werden. Als „Leseerz" wurde das Erz in sehr viel früheren Zeiten in Form von Knollen oder Krustenstücken auf Ackerböden gesammelt, als „Stückerz" im Untertagebau wurde es in den Gruben Maximus bei Lardenbach oder der Grube Atzenhain geschürft.

Die dritte Form des Erzes kam im westlichen Vogelsberg am häufigsten vor: etwa in einer Linie von Homberg bis Hungen lagen oberflächennahe Lager des Basalterzgesteins. Das Erz in diesen Lagerstätten war jedoch stark mit Tonerden, den Resten des verwitterten Basalts, durchsetzt. Um das Eisenerz wirtschaftlich nutzen zu können, musste mit industrieller Technik der Ton ausgewaschen werden – so entstand die Bezeichnung „Wascherz". War das Eisenerz gemahlen, gewaschen und fertig für die Verhüttung, wurde es durch eigens an den Bahnhöfen errichteten Verladestationen in Eisenbahnwaggons gefüllt und beispielsweise zu Buderus in Wetzlar oder bis ins Ruhrgebiet transportiert.

Ein großer Lagerturm für gewaschenes Erz befand sich in Mücke. Dort hat es sich der Verein „kunst_turm_mücke e.V." zur Aufgabe gemacht, der Geschichte des Eisenerzabbaus nachzugehen – einer Geschichte, die die Region und die Landschaft nachhaltig geprägt hat. Der Verein veranstaltet Ausstellungen zum Thema Erzabbau und Erzwäsche und arbeitet mit ähnlichen Vereinen in der Region zusammen. Gemeinsam mit dem Kulturring

Weickartshain wurden zwei Erzwanderwege angelegt, die an vielen Stationen Aufschluss über die Gewinnung, die Wäsche und den Weitertransport des Vogelsberger Eisenerzes geben.

Die Erzwäsche

Die Erzwaschanlagen befanden sich meist in der Nähe der Gruben. Hier wurden die eisenlosen Anteile vom Eisenstein entfernt. Die Ablösung dieser Bestandteile geschah durch Wasser und Bewegung: Zerkleinern – Zusatz von Wasser – Rühren/Waschen – Sieben/Sortieren. Das im Tagebau in der Grube gewonnene Roherz wurde per Schienenlore oder im Seilbahnkübel zur Erzaufbereitung gebracht. Das grobstückige Gut wurde in Nockenwalzwerken zerkleinert und in großen, rotierenden Läutertrommeln mit viel Wasser gemischt. Diese schlammige Masse wurde weiter in Siebkästen geleitet, die – mit immer kleiner werdenden Löchern ausgestattet – nach und nach die größeren Stücke bis hin zu den kleinsten Körnchen aussiebten und nur den aufgeschlämmten Ton abfließen ließen; die Erzbrocken wurden auf diese Weise in den Sieben zurückgehalten und schließlich ein letztes Mal gewaschen.

Die Anfuhr des Erzes zu den Aufbereitungsstationen erfolgte übrigens immer von oben – die Wasch- und Siebanlagen befanden sich, um Energie zu sparen, auf mehreren Etagen oft an Hanglagen. Das Erz folgte während der Wäsche somit fast selbsttätig der Beförderung nach unten. Allerfeinste Erzkörnungen jedoch konnten damals auf diese Weise nicht aus den Schlämmen getrennt werden. Sie wurden mit der Schlammbrühe in die Schlammteiche gespült, denen sie nachhaltig ihre rote Farbe gaben.

Schlammteiche wurden nahe der Waschstationen eigens angelegt, die Dämme mit dem Abraum des Erzabbaus verfestigt. Fast immer wurden auch stillgelegte Gruben mit dem Schlamm, der bei der Erzwäsche anfiel, verfüllt. Manche Gruben wurden nach dem Ende des Erzabbaus im Vogelsberg auch unbeachtet als Krater in der Landschaft zurückgelassen. Wie auch immer – Flora und Fauna der Region wurden dadurch nachhaltig beeinflusst und somit wird auch ihr Gesicht wesentlich verändert.

Veränderungen in der Natur

Heute stößt man auf Wanderungen, beispielsweise zwischen Merlau und Nieder-Ohmen, auf ein Grubenloch nach dem anderen. Sie sind verfüllt mit Schlamm, bewaldet oder neuerdings auch bebaut. Die besondere Konsistenz des Bodens und die ständige Feuchtigkeit begünstigen eine Artenvielfalt und einen Bewuchs, der hier ohne diese geologischen Besonderheiten, bedingt durch den Erzabbau vergangener Tage, nicht möglich wäre: Man sieht veritable Auenlandschaften mitten im Wald auf einer Anhöhe, entdeckt Lupinen, Schachtelhalme, Himbeeren und Weiden, auch Libellen und Stechmücken tummeln sich hier. Biotope von einzigartiger Schönheit haben sich entwickelt, in einer Natur, die landwirtschaftlich nicht nutzbar und daher sich selbst überlassen ist. Langsam erholt sie sich von der Ausbeutung durch die Menschen, hat ihre Wunden geleckt und verschließt nun ihre Narben. Doch wer unter all dem Grün, das sich hier am Rand der künstlich angelegten Teiche breitmacht, nachsieht, wer an den Wurzeln der mächtigen Bäume kratzt, wer auf den Wegen nur ein kleines bisschen scharrt, der stößt auf rote Erde weit und breit: Eisenerzhaltig wie eh und je ist der

Boden in dieser Region, voll von Resten der Erzwäsche und ursprünglicher, vulkanischer erzhaltiger Erde. Die Teiche, die hier entstanden sind, haben keinen natürlichen Zufluss, ihr Wasserspiegel steht plan und klar an der Oberfläche: In Rohren wurde der Waschschlamm einst hierher geleitet. Ton, Schlamm und Schlick bilden den Grund, der nun das Wasser festhält, das wie ein Spiegel dort liegt. Irgendwann werden die Teiche, die sich nur durch Regenwasser füllen, ausgetrocknet sein, Pflanzen werden die ehemaligen Gruben erobern, Bäume werden wachsen – die Natur, so scheint es, ist längst dabei, sich ihr Territorium, das gerade mal hundert Jahre in Menschenhand war, zurückzuholen und wird verwunschene Gegenden entstehen lassen wie die „Weickartshainer Schweiz".

Von der „Grube Deutschland" zur „Weickartshainer Schweiz"

Bis 1940 bestand die Grube Deutschland bei der Eisenkaute in der Gemarkung Weickartshain. Hier wurde – wie in weiten Teilen des westlichen Vogelsberges – von der Gesellschaft „Louise" seit dem Jahr 1928 Eisenerz abgebaut. Doch bereits vorher war hier über dem „Höllersborn" schon nach Eisenerz gebohrt worden, das direkt am Feld gewaschen wurde. Das Gebiet um die Eisenkaute war bis zu seiner relativ späten Erschließung ein lichter Eichenwald – als Erzabbaugebiet wurde dieser zur „Grube Deutschland". Dass die Grube Deutschland bereits nach zwölf Jahren stillgelegt wurde, ist einem abnehmenden Erzanteil geschuldet, aber auch dem Eindringen von Grundwasser in die Tagebaugrube. Jahrzehntelang wurde das sich mit Regen- und Grundwasser füllende Grubenloch als Bademöglichkeit genutzt. In den Siebziger Jahren war es als Kreismülldeponie im Gespräch. Schließlich nahm sich der Kulturring Weickartshain des Geländes an und machte aus der Eisenkaute ein Naherholungsgebiet mit Zeltwiese und Grillhütte – die „Weickartshainer Schweiz" war geboren. Dem Besucher dieses einzigartigen Geländes bieten sich Bilder von unglaublicher Schönheit, die mit dem Tageslicht, das durch die vielen Bäume fällt, variieren. Rote Hügel von Abraum glänzen in der Sonne, der Teich liegt malerisch inmitten einer Wildnis aus Bäumen, Wurzeln und Steinen. Und immer wieder findet man sie auch hier: die rotbraunen Brocken, fluffiger Brauneisenstein mit einer Hülle aus Ton. Kratzt man den ab, entdeckt man die wahre Natur dieser Steine, stößt auf Eisenerz – das Material, das die Gegend in der Bruchlinie von Homberg (Ohm) bis Hungen geprägt hat. Gut zu Fuß sollte man sein, wenn man sich auf diesen Abschnitt des Erzwanderweges begibt: Der Boden ist rutschig, auch im Sommer. Die Ränder des Abbaus markieren hier eine genaue Linie, bis zu der in der Erde der Eisenkaute nach dem Erz gesucht wurde. Mehr und mehr verschwimmen diese Ränder – mit jedem Jahr, in dem sich die Natur wieder breiter macht.
Vereine wie der Kulturring Weickartshain und der kunst_turm_mücke halten die Erinnerung an dieses bedeutende Kapitel in der Geschichte des Vogelsberges aufrecht.

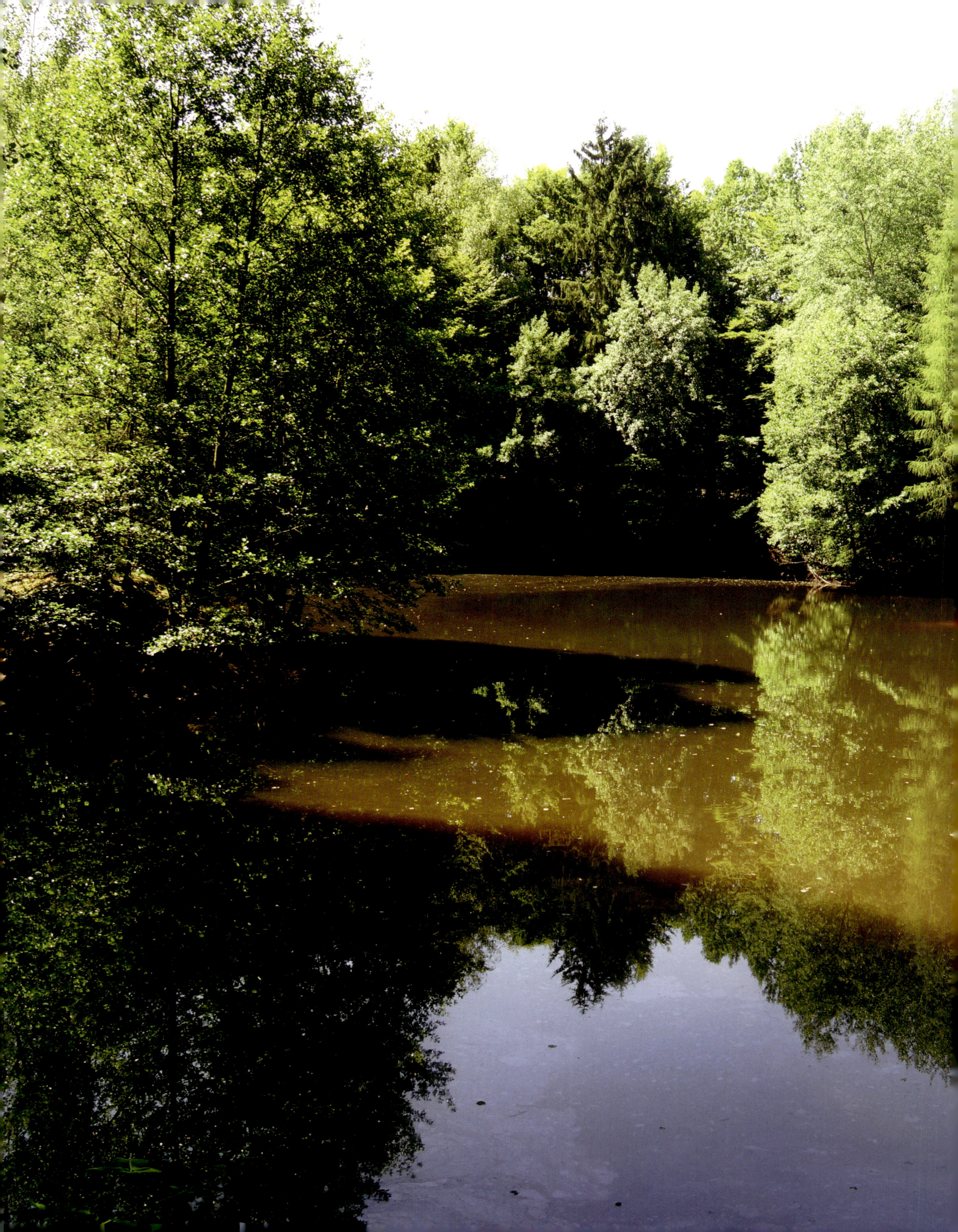

Die Weickartshainer Schweiz ist heute Naherholungsgebiet. Früher wurde hier Eisenerz abgebaut, die Sohle der Abbaufläche füllte sich später mit Wasser. Rund um den See finden sich im Wald steinerne Zeugen (oben) des Erzvorkommens. In den Schlammteichen (unten) sind kleine Stillgewässer entstanden. Die rote Farbe des Schlamms verrät auch hier den Eisengehalt.

Das Gebäude des Vereins „kunst_turm_mücke" ist der einstige Verladeturm an der früheren Erzwäschestation in Mücke. Heute sind hier im Wechsel Kunstausstellungen und Zeugnisse des Bergbaus zu sehen, so beispielsweise unter dem Titel „Ofensau und Eisenschwamm".

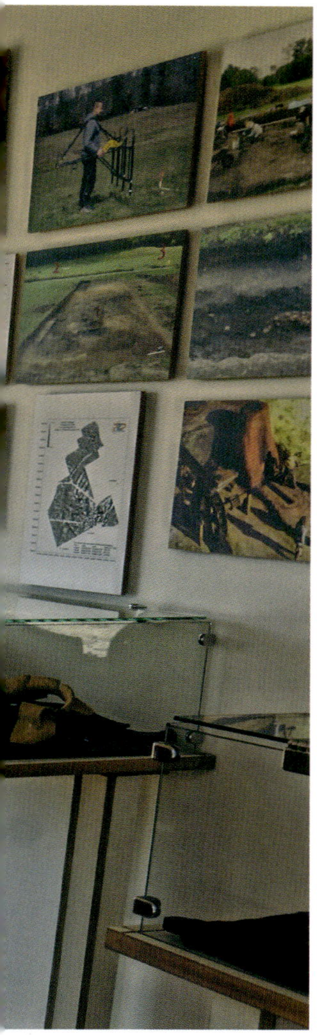

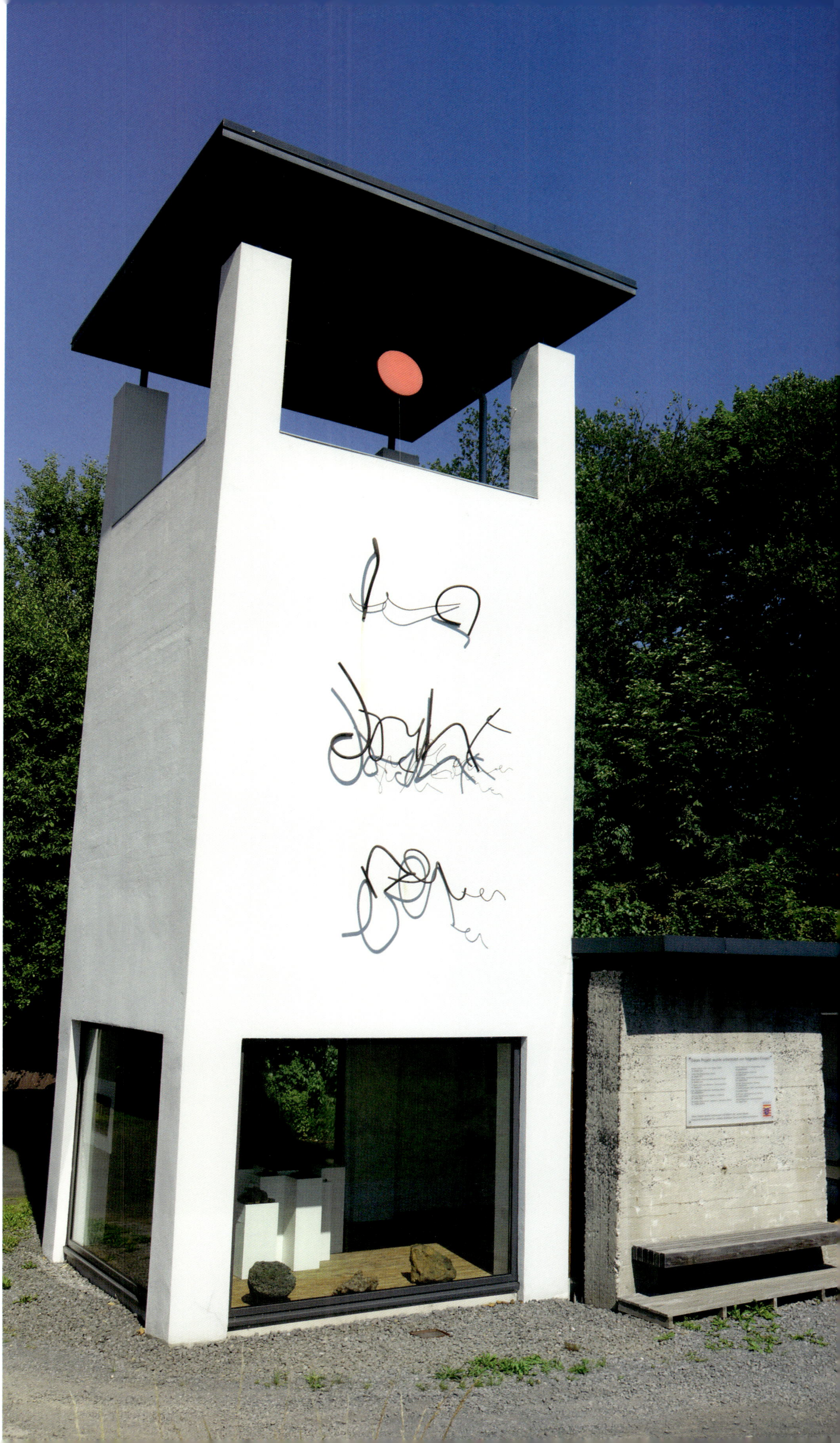

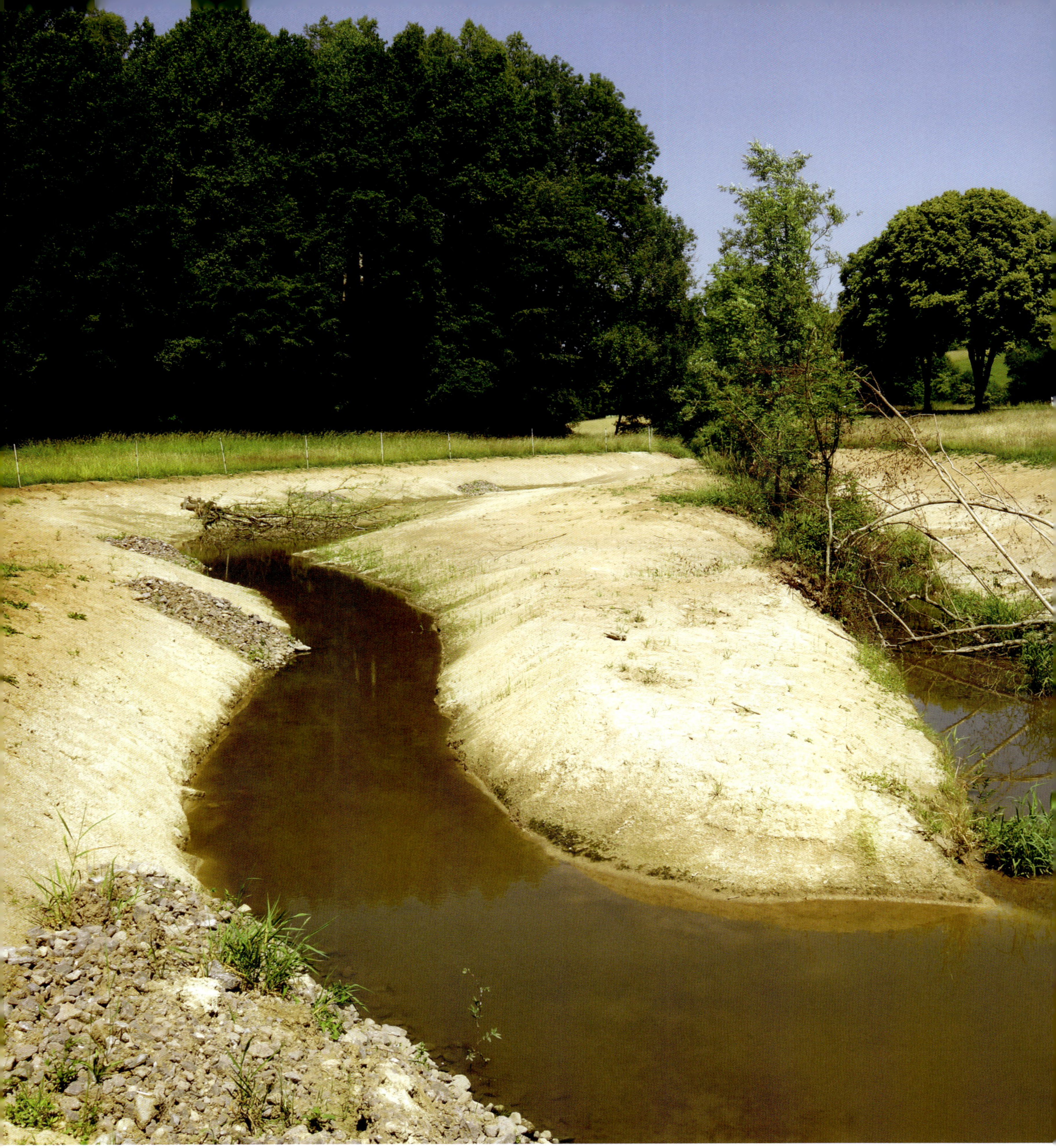

Im Zuge des Eisenerzabbaus wurde der Seenbach zwischen Mücke-Flensungen und Grünberg-Stockhausen verlegt und begradigt.
Ende 2014 wurde der Hochwasserschutz am Seenbach ausgebaut, gleichzeitig erhielt er ein strukturreiches, naturnahes Bachbett.
Hier gibt es noch Bestände der seltenen Bachmuschel. Für den Eisvogel (oben) legte der NABU Laubach eigens Brutwände an.

Der Schmerofen bei Kirtorf

Der Schmerofen in Kirtorf – ein Relikt vergangenen Handwerks

Schmeröfen oder auch Teeröfen gibt es nur noch sehr wenige in Deutschland – einer der letzten seiner Art ist in Kirtorf zu bewundern – als Nachbau im dortigen Museum und als technisches Naturdenkmal in freier Natur, genau dort, wo mehrere hundert Jahre lang die Schmerbrenner des Ortes ihr karges Dasein fristeten und ihrem harten Broterwerb nachgingen. Seit Mitte des 18. Jahrhunderts sind in den städtischen Akten Aufzeichnungen über dieses seltene Handwerk zu finden – der letzte Vertreter seiner Zunft war der „Schmer-Schorsch". Bis in die Dreißigerjahre des vergangenen Jahrhunderts hinein war er dort aktiv, brannte in den Sommermonaten drei Chargen Kienholz in seinem doppelwandigen, kegelförmigen Brennofen, zog mit seinem Schubkarren über die Dörfer, um das erzeugte, mundartlich „Schmer" genannte Produkt zu verkaufen. Dabei streiten sich die Geister genauso darüber, ob es nun „Schmer" oder „Schmeer" heißt und ob es „die" oder „der" Schmer ist.

Der Schmer-Schorsch lebte trotz seines hohen Ansehens in der Gesellschaft in Armut, denn das Schmerbrennen war nicht nur eine sehr harte Arbeit, die Ausbeute war auch noch viel zu gering, um davon angemessen leben zu können. Jahraus, jahrein zog er dennoch mit seinen Schmerfässchen auf dem Schubkarren als Hausierer über Land. Die Bauern kauften ihm seine rare Ware gerne ab, schließlich wurde die Schmer für vielfältige Zwecke genutzt. Als Wagenschmiere natürlich, aber auch als wundersames Naturheilmittel, desinfizierend und heilend zugleich, das sowohl für Tiere wie für Menschen großen Nutzen brachte!

Der Schmer-Schorsch

Geboren wurde der Schmer-Schorsch Georg Jung 1859 in Kirtorf. Bereits sein Vater und sein Großvater erwarben sich durch das Brennen von Schmer ein Zubrot zu ihrer eigentlichen Arbeit. Der kleine Georg lernte von seinem Vater, mit dem er in den Wäldern arbeitete, alles, was er später als Schmer-Schorsch wissen musste. Der Schmerofen, ein Destillierofen, bestand zu dieser Zeit nur aus Lehmziegeln und Feldsteinen, lehmverputzt. Dort erhitzte der Schmer-Schorsch, wie er alsbald in der Bevölkerung hieß, das Kiefernholz, aus dem er Kienöl, Holzteer und Holzkohle gewann. Aus diesen Naturprodukten stellte man Naturheilmittel, Seifen, Terpentinöl, Brennstoffe, Schuh- und Lederpasten sowie Isolier- und Dichtungsmaterialien her. Nicht zuletzt diente die Schmer als Wagenschmiere.

Die Arbeit des Schmerbrenners

Der Schmerofen lag und liegt am Rande des Kirtorfer Stadtwaldes. Dort fand der Schmer-Schorsch alles, was er im Sommer für seine Arbeit brauchte: im Winter sammelte er Wurzelstöcke von gefällten Kiefern, den „Schmertannen". Der einsame Waldarbeiter durfte sich dort kostenlos bedienen. Das Ausgraben war mühevoll – wie sein ganzes Handwerk, das im Übrigen nicht als Lehrgewerbe galt. Vielmehr wurde das Wissen um das Schmerbrennen stets von dem Vater an den Sohn weitergegeben. Sollte die Anstrengung lohnen, dann musste der Wurzelstock einen guten Harzanteil haben. Von Kindheit an hatte der Schmer-Schorsch seinen Blick dafür geschärft: Er brauchte dem „Stock nur auf die Stirn zu gucken", um zu wissen, was mit ihm los ist. Seine Beute, auch „Stuppen" genannt, fuhr er auf seiner Schubkarre zu seinem Ofen. Dort säuberte er sie, entfernte Erde und totes Holz. Dann zerkleinerte und sortierte er die kienhaltigen Stücke nach Größe, damit er die passenden Scheite beim Befüllen des Ofens gleich zur Hand hatte.

Kohlloch, Setzloch, Schürloch, Zugloch: Der Schmerofen wird gefüllt

Vor jedem Brand musste der Schmer-Schorsch die Wand des inneren Ofens sorgfältig auf Risse überprüfen und mit Lehm verputzen. Dann schichtete er in dem inneren Ofen das Kienholz dicht auf dicht. Dazu kroch der Schmerbrenner durch das Kohlloch hinein in den Ofen – eine anstrengende und sehr schweißtreibende Angelegenheit, zumal im Sommer. Wenn der Ofen von dieser

Position aus gefüllt war, wurde das Kohlloch zugemauert und verputzt. Danach füllte der Schmer-Schorsch das restliche Kienholz von oben durch das Setzloch in das Ofeninnere. Diese Öffnung bedeckte er schließlich mit einer Eisenplatte, beschwerte sie mit Steinen und dichtete sie mit Rasensoden ab. Schließlich schichtete er durch ein ebenerdiges Schürloch das Feuerholz in die den inneren Ofen umgebende Brennkammer. Während des Brandes, der etwa eine Woche dauerte, legte er ständig nach. Durch Öffnen und Schließen der Zuglöcher im äußeren Ofenmantel wurden die Flammen rund um den inneren Ofen, „die Blase", angefacht. Der Schmer-Schorsch durfte seine Arbeitsstätte mehrere Tage und Nächte nicht verlassen. Ein Strohbett in einer angrenzenden Behausung diente ihm als Wetterschutz und Ruhelager. Vom Füllen bis zum Abkühlen und Wiederbelegen des Ofens vergingen jeweils etwa fünf Wochen.

Das Schmerbrennen

Das Hauptprodukt des Schmerbrennens war die Schmer, die Schmiere. Sie entstand durch die „trockene Destillation" im inneren Ofen des Schmerofens. Etwa 48 Stunden nach Beginn des Brandes floss das im Holz enthaltene, ausgeschwitzte Wasser, das sogenannte Brandwasser, ab. 24 Stunden später konnte der Schmer-Schorsch die wertvollste Ausbeute, das Kienöl, gewinnen: nur zwei bis drei Liter pro Brand! Dafür zahlten Apotheker und Veterinärkliniken 1948 gerne 50 Mark für den Liter. Noch einmal 12 Stunden später, also etwa am vierten, fünften Tag des Brandes kündigte eine wohlriechende Dampfwolke den Abfluss von etwa 30 bis 40 Litern Schmer an, die, wie die anderen Flüssigkeiten auch, außerhalb des Ofens aufgefangen wurden. Bald war der Brand zu Ende. Etwa sieben Raummeter Brennholz hatte der Schmer-Schorsch verfeuert. Nun ließ er den Ofen abkühlen, um nach weiteren zwei Wochen die Holzkohle aus dem Kohlloch zu entnehmen. Sie jedoch war – wie das wertvolle Kienöl auch – ein Nebenprodukt des Schmerbrennens. Schließlich und endlich kochte der Schmer-Schorsch die Schmer in einem großen Kessel zu einer zähen Brühe ein und füllte sie in Fässchen ab, mit denen er sich auf einen weiten Fußweg in der Region machte.

Wer gut schmiert, der gut fährt

Die Abnehmer des Schmer-Schorschs waren in erster Linie die Bauern, die er in einem Umkreis von rund 30 km bis ins Marburger Land, die Schwalm, den Vogelsberg und die Wetterau hinein anfuhr. Zeitzeugen berichten, dass er bis Griedel vor den Toren Butzbachs unterwegs war; das sind etwa 50 km Fußweg. Die Fuhrwerke der Bauern, die Leiterwagen, bestanden damals noch aus Holz. Die Naben der Wagenräder lagerten auf der mit Wagenschmiere gefetteten Achse. Die Schmiere, die „Schmer", die für die Bauern so wertvoll war, wurde als Mischung von Holzteer und tierischem Fett oder Leinöl angerührt. Diese hatte der Schmer-Schorsch immer dabei, wenn er sich im Sommer zwischen den einzelnen Bränden auf den Weg machte. An seiner Schubkarre, die er zu Fuß bewegte, baumelte stets sein „Schoppen", mit dem er einen halben Liter seiner Schmer abmessen konnte. Jedoch nicht lange: Durch den ständigen Gebrauch hatte sich in dem Maß eine wachsende Schmerschicht abgesetzt, sodass der Schoppen stets ein bisschen schneller voll wurde und ein bisschen weniger Schmer fasste. Da der

Im Winter sammelte der Schmer-Schorsch die Wurzelstöcke gefällter Kiefern, die auch „Schmertannen" genannt wurden.

Schmer-Schorsch möglichst viele seiner Kunden zuhause auf den Höfen und nicht auf dem Feld antreffen wollte, machte er sich am liebsten bei trübem Wetter auf den Weg. Diesem Umstand verdankte er seinen Ruf als Wetterfrosch: „Der Schmer-Schorsch kommt, es gibt Regen", riefen die Menschen, wenn sie den wettergegerbten Mann, dessen Kleidung und Haut schwarz von Schmer waren, trafen.

Bereits gegen Ende des 19. Jahrhunderts erzeugte die chemische Industrie die Produkte, die der Schmer-Schorsch herstellte, maschinell und viel schneller als das Vogelsberger Original. Dennoch konnte sich das Schmer-Handwerk im Vogelsberg halten bis nach dem Zweiten Weltkrieg. Der Schmer-Schorsch, recht früh verwitwet und kinderlos, starb im Jahr 1937. Vorher hatte er noch den Maurer Konrad Graulich, den Ehemann seiner Nichte, angelernt. Dieser brannte und vertrieb, inzwischen mit dem Motorrad, die Kirtorfer Schmer noch bis 1948. Dann war auch im Vogelsberg die Zeit dieses alten Handwerks abgelaufen.

Ein Bauer aus Wahlen trauerte der Qualität der guten Kirtorfer Schmer noch bis in die Fünfzigerjahre nach:

„Och jo, dos es noch oler Schmer vom Schmer-Schorsch en Keteff. Der kom als hi vobei, on mer hu de Schmer aus seim Fässche in de Eisetopp imgefüllt. Dos war e gutt Zeug, de Schmer, domet hu mer es Veh behonelt, on vor allem ins Schoof."

Das historische Fachwerk-Rathaus von Alsfeld

Fachwerkbau im Vogelsberg als Bild einer Kulturlandschaft

Der Vogelsberg – gerne beschrieben als raue Gegend mit langen Wintern, armen Böden und wortkargen Menschen. Alles davon mag ein wenig wahr sein, doch ist es nur eine von vielen Seiten dieser Region.

Die Besiedelung des Gebietes im ostthessischen Bergland, gelegen zwischen Knüll, Rhön, Spessart und Wetterau, setzte etwa ab dem 5. Jahrhundert nach Christus ein. Häufig standen Rodungen am Beginn einer Ansiedlung – ein Umstand, an den heute noch viele Ortsnamen im Vogelsberg erinnern. Und natürlich lagen die ersten kleinen Dörfer an einem der vielen Bäche und Rinnsale, die sich durch das Bergmassiv schlängelten. Am Anfang galt es, der Natur abzuringen, was die Menschen zum Leben brauchten: Ackerland, Wiesen und dazu ein Dach über dem Kopf. Ein Haus für Mensch und Tier, zu errichten aus dem, was das Land bot: Holz, Lehm, Wasser, Stroh. Auf diese Weise entstanden im Vogelsberg die ersten Holzhäuser, gebaut als Fachwerk, denn für eine Vollholzbauweise, wie sie in Nordeuropa zu sehen ist, war das Holz dann doch zu knapp, vielleicht auch zu schwer zu bearbeiten, vielleicht aber war der Vogelsberger an sich auch immer schon sparsam. Außerdem hatte er etwas, was er in die Gefache füllen konnte: Lehm, ausgestakt mit einem Flechtwerk aus waagerecht gewundenen Weidenruten, wovon sich das Wort „Wand" ableitet. Die Weide wurde zwischen handgespaltene Holzstaken eingeflochten und dann mit Lehm beworfen und verputzt. Zur besseren Haltbarkeit wurden diese Felder später oft noch mit einem Kalkputz versehen oder an den Wetterseiten mit Holz verkleidet.

Von der Eiche zum Haus

Bis zum Dreißigjährigen Krieg waren es Laubhölzer, die in den Wäldern des Vogelsberges wuchsen und geschlagen wurden. Während Buchenholz sich aufgrund seiner geringen Standfestigkeit nicht als Bauholz eignete, kam der Eiche im Fachwerkbau eine Art exklusive Bedeutung zu. Doch schon zu Anfang des 17. Jahrhunderts waren nahezu sämtliche Eichenwälder abgeholzt und es herrschte für den Fachwerkbau Holzknappheit. Und so wurden nach und nach auch im Vogelsberg mehr und mehr Nadelhölzer kultiviert. Fichten- oder Tannenholz wurde nun auch im Fachwerkbau eingesetzt. Diese Hölzer sind zwar nicht so haltbar wie Eiche, aber sie eignen sich wegen ihrer Elastizität gerade dort als Balken und Träger, wo horizontale Lasten auftreten. Auch aufgrund ihrer im Vergleich zur Eiche kurzen Wachstumszeit bis zur Verwendung als Bauholz, nämlich 60 bis 80 Jahre im Gegensatz zu 400 Jahren bei der Eiche, wurden Nadelhölzer auch wirtschaftlich attraktive Bauhölzer.

Der Holzbau erfreut sich heute wieder großer Beliebtheit. Denn obwohl sich mit wachsenden infrastrukturellen, finanziellen und bautechnischen Möglichkeiten der Steinbau auch im Vogelsberg sein Terrain erobert hat, bietet der Holzbau nach wie vor große Vorteile: Holz ist nachhaltig und recycelbar, es benötigt bei der Herstellung heute einen minimalen Energieaufwand, ist aber gleichzeitig ein „warmer" Baustoff – eine Eigenschaft, von der schon in grauen Vorzeiten die Menschen in der rauen Vulkanlandschaft profitierten. Holz unterstützt ein gesundes Wohnklima, hinzu kommen Eigenschaften wie eine hohe Energieeffizienz, Isolierfähigkeit, Beständigkeit und Flexibilität. „Vermutlich gibt es keinen Rohstoff auf der Welt, der positivere Eigenschaften in sich vereint, so gut zu bearbeiten ist und schon immer zum Bauen verwendet wurde", heißt es beim Verband des deutschen Holzfertigbaus. Im Vogelsberg wird man diese Vermutung wohl leichten Herzens unterstreichen.

Zahlreiche Gebäude zeugen in der ganzen Region von einer sehr aktiven Bautätigkeit; besonders aus der Zeit nach dem Dreißigjährigen Krieg sind viele Bauwerke erhalten: von der kleinen Tagelöhnerkate und dem klassischen Einhaus über Mühlen und Gehöfte bis hin zu herrschaftlichen Patrizierhäusern und Profan- und Sakralbauten. Irgendetwas davon hat der auch noch so kleinste Ort im Vogelsberg zu bieten, wobei man beachten muss, dass bei Weitem nicht alle Fachwerkhäuser ihr Fachwerk auch zeigen. Bestenfalls verschindelt oder verputzt, schlimmstenfalls mit Kunststoff oder Eternit verschalt, verstecken viele alte Häuser ihre wertvolle Substanz.

Doch gerade im öffentlichen Bereich fand in den letzten Jahrzehnten ein Umdenken statt; vielerorts wurden die verdeckten Fachwerke wieder freigelegt, obwohl gerade die klassischen Holzschindeln, die ebenso charakteristisch für die Region sind, einen wertvollen Witterungsschutz der Fachwerkfassaden in dem doch oft rauen Klima bieten. So sieht man heute in den Dörfern eine große Anzahl von Fachwerkkirchen, manche klein und bescheiden, andere reich verziert und architektonisch wie baulich hochinteressant. Und in den kleinen Vogelsberger Städten wie Schotten, Lauterbach, Herbstein, Schlitz, Homberg (Ohm) oder Alsfeld findet man bedeutende Fachwerkensembles – jedes einzelne lohnt einen Besuch!

Das Fachwerk – eine „wahrhaftige Bauweise"

„Keine Bauweise ist wahrhaftiger als der Holzbau" – mit dieser Liebeserklärung auch an die ureigene Vogelsberger Art zu bauen eröffnet Heinrich Walbe sein Buch über „Das hessisch-fränkische Fachwerk". Walbe war Baurat, Denkmalpfleger und Baumeister in Hessen in der ersten Hälfte des letzten Jahrhunderts. In seinen Veröffentlichungen hat der Experte das Fachwerk ab dem Mittelalter beschrieben, theoretisch also ab dem 4. Jahrhundert nach Christus. So ist davon auszugehen, dass auch die ersten einfachen Häuser im Vogelsberg bereits als Fachwerkhäuser im Ständerbau errichtet wurden. Die Jahrhunderte allerdings haben diese Häuser nicht überstanden. Gesicherte Erkenntnisse lieferten Walbe zum Betrachtungszeitpunkt noch bestehende Häuser. Die ältesten auch heute noch – zumindest in Teilen - existierenden Fachwerkhäuser datieren aus dem 14. Jahrhundert, sind also bald 700 Jahre alt. Eine beachtliche Zahl, wenn man bedenkt, wie sehr die Vogelsberger Witterung den Häusern zuzusetzen vermag, und wie viele Kriege in dieser Zeit ins Land gingen.

Das Vogelsberger Fachwerk wird dem mitteldeutschen und fränkischen Fachwerk zugeordnet. Südlich vom Neckar bis nördlich zur Diemel, im Osten begrenzt von Thüringen, zieht es seinen Bogen bis ins Elsass. Seine Hauptkennzeichen sind eine enge Ständerstellung, ein Bundsystem – die Verbindung von zwei Wänden – und sein Schmuckreichtum. Die baugeschichtlichen Betrachtungen Walbes teilen das Fachwerk im Vogelsberg ein in das Mittelalter (4. Jahrhundert bis 1470), die Übergangszeit (1470–1550) und die Neuzeit (1550–1750). Dominierte im Mittelalter der zunächst noch schwellenlose Ständerbau – hier bilden durchgehende Ständer vom Boden bis zum Dach das tragende System eines Gebäudes –, wurde dieser im Spätmittelalter und in der Übergangszeit abgelöst vom Rähmbau. Die Stockwerke wurden nun separat mit nur noch ein Stockwerk hohen Ständern errichtet. Sie schlossen mit einem Rahmen ab. Man brauchte somit nicht mehr ganz so lange und stabile Holzstämme, erreichte mehr Stabilität und schuf zudem mehr Raum, weil die oberen Stockwerke nun über das Hausfundament hinausragten.

Alsfelder Fachwerkensemble – eine Reise in die Fachwerk-Geschichte

Beispielhaft für die Entwicklung des oberhessischen Fachwerks kann das historische Fachwerkensemble der Stadt Alsfeld betrachtet werden. Inmitten der mehr als 400 Fachwerkhäuser der „Europäischen Modellstadt für Denkmalschutz" finden sich nicht nur zwei der ältesten noch

Fachwerkensemble in Alsfeld, links das Stumpfhaus, rechts das Bückinghaus

erhaltenen deutschen Fachwerkhäuser, sondern auch zahlreiche Beispiele außergewöhnlicher Zimmermannskunst und bauherrschaftlicher Bedürfnisse.

Mit dem weit über die Grenzen Alsfelds hinaus bekannten „Ständerhaus" in der Hersfelder Straße zeigt sich dem Betrachter ein typisch mittelalterliches Fachwerkhaus. Erbaut wurde es im Jahr 1370 und galt lange Zeit als das älteste noch bestehende und bewohnte Fachwerkhaus Deutschlands. Sieben noch erhaltene Ständer mit Durchsteckzapfen an der östlichen Traufenseite dokumentieren die Bauweise des 14. Jahrhunderts ebenso wie die Hängesäulen an der Giebelseite des vierten Geschosses. Obwohl dieses Haus im Lauf seines Lebens mehrfach verändert wurde, liefert es großen Aufschluss über das mittelalterliche Fachwerk. Die inzwischen nachgewiesene zweigeschossige Halle als untere Nutzungszone lässt heute darauf schließen, dass dieses Haus, gelegen an der ehemaligen Fernhandelsstraße „Durch die kurzen Hessen", das Haus eines wohlhabenden Patriziers gewesen sein muss.

Noch zwanzig Jahre älter und damit in der Tat wohl das älteste noch bewohnte Fachwerkhaus in Deutschland ist das Haus Markt 2 – oder zumindest Teile davon. Gegenüber der westlichen Giebelseite des Rathauses bietet es einen schönen Blickfang auf dem Alsfelder Marktplatz, der mit seinem architektonischen Ensemble denkmalgeschützter Häuser eine der bedeutendsten Marktplatzanlagen Hessens, wenn nicht gar Deutschlands ist. Markt 2 setzt sich als mittelalterlicher Gebäudekomplex aus mehreren Gebäuden unterschiedlicher Bauzeiten zusammen. Der älteste, südwestliche Teil – von vorne betrachtet der linke Hausteil – stammt gemäß dendrochronologischer Untersuchungen aus dem Jahr 1350. Das gesamte Gebäude setzt sich aus zwei weiteren Teilen zusammen, sie datieren aus dem Jahr 1403 und 1465. Besonders eindrucksvoll zeigt dieses Haus die klassischen Geschossvorsprünge, die durch die weiterentwickelte konsolenartige Ausbildung von Knaggen entstehen konnten und sich besonders vorteilhaft auswirkten, wenn ein Haus frei stand. Im benachbarten Rathaus, ein früher Rähmbau im Übergang der Gotik zur Renaissance, wurde die Fläche im ersten Stockwerk schon ganz ohne Knaggen mit verkämmten und überkragenden Balkenlagen, auf denen die Rähmbauwände aufgesetzt wurden, um 60 Quadratmeter im Vergleich zur Grundfläche erhöht.

500 Jahre alt und sehr, sehr berühmt: das Alsfelder Rathaus

Das Rathaus selbst ist das berühmteste Gebäude Alsfelds. Im Jahr 2012 gedachte die Modellstadt des Baubeginns ihres heutigen Wahrzeichens vor 500 Jahren. Erbaut in den Jahren 1512 bis 1516, ist es ein gutes Beispiel für den Übergang vom mittelalterlichen Fachwerk zur Neuzeit. Die Spitzbögen des „steinernen Fußes" ebenso wie die spitzen Turmhelme sind noch der Gotik zuzuordnen, während das Zimmerwerk eindeutig in die Neuzeit und damit zur Renaissance gehört. Und mehr als das: Mit seinem in Alsfeld erstmals in Perfektion gesehenen neuen „Alsfelder Fachwerk" wurde das Rathaus zum Vorreiter für viele Fachwerkgebäude nach ihm. Die vollständige Ausbildung der Mannfiguren, jedoch noch ohne Einbindung der inneren Bundwände im Fachwerk, trug dazu genauso bei wie die „Alsfelder Strebe". Erstmals in der Geschichte des Fachwerkbaus ging eine Verstrebung nun nicht mehr nur über ein Gefach, sondern über die gesamte Stock-

Die älteste Hausinschrift Alsfelds von 1470

höhe von der Schwelle bis zum Rähmholz und überblattete damit Riegel und Pfosten. Besonders eindrucksvoll kommen beide Fachwerkfiguren auf den Giebelseiten des Rathauses zur Geltung.

Gegenüber steht dem Rathaus das wohl auffälligste und am reichsten geschmückte Fachwerkhaus der Stadt: das Stumpfhaus, dessen Erbauer Jost Stumpf sich ein Bildnis als geschnitzte Statue im Eckpfosten des Hauses hat errichten lassen. Erbaut im Jahr 1609 als dreigeschossiges Renaissance-Wohnhaus, bildet es den südlichen Marktplatzabschluss. Entstanden ist dieses äußerst repräsentative Haus des Bäckermeisters und dreifachen Bürgermeisters der Stadt in zwei Bauabschnitten, wie die in den beiden Obergeschossen sich gegenüberliegenden reich verzierten Eckpfosten belegen. Aufwendiges Schnitzwerk ziert dieses hochherrschaftliche Gebäude: Zöpfe, Eierstäbe, Blattwellen, Ranken, Fächerrosetten und Muschelbekrönungen; letztere vermutlich römischen und griechischen Bauten nachempfunden.

Ebenso prachtvoll, wenn auch längst nicht so reich geschmückt wie das Stumpfhaus, fällt das Bückinghaus im Marktplatzensemble ins Auge. Bauzeitlich und architektonisch steht dieses Gebäude in einer Reihe mit dem Rathaus. Sein aufwendiges Fachwerkgefüge und der ausladende Erker machen den Reiz des Bückinghauses aus. Nach neuesten wissenschaftlichen und dendrochronologischen Untersuchungen konnte die Bauzeit des prachtvollen Renaissancegebäudes für das Jahr 1541 festgestellt werden.

Fachwerk entdecken

Jedes einzelne Haus am Marktplatz und in der gesamten Altstadt könnte Geschichten erzählen, die es wert wären, gehört zu werden. Wenn man alleine oder geführt auch durch die engen Gassen streift, entdeckt man fast an jedem Haus eine besondere Schnitzerei, ein auffälliges Bildnis, eine ungewöhnliche Inschrift. Wie gut, dass die großen Kriege zumindest den Stadtkern und auch viel Peripherie verschont haben! So bietet das gesamte Fachwerkensemble, das als solches auch – neben dem Denkmalschutz einzelner Häuser – unter Ensembleschutz der Denkmalbehörde steht, reizvolle Eindrücke einer großen Vergangenheit. Sei es die Rittergasse mit ihren großen herrschaftlichen Gebäuden, die heute das Regionalmuseum beherbergen, oder der Grabbrunnen, einer der malerischsten Plätze der Stadt. Und Kuriositäten gibt es an jeder Ecke: Am Kirchplatz beispielsweise findet man ein Fachwerkhaus, dessen mittleres Stockwerk aus dem Jahr 1365 stammt, das Erdgeschoss allerdings datiert aus dem Jahr 1664, das Obergeschoss aus dem Jahr 1585. Noch älter ist ein Stück Fachwerkwand, das man in der Vietorgasse finden kann – wenn man danach sucht: Aus dem Jahr 1289 stammen hier einzelne Wandteile wie Knaggen und Holznägel. Ebenfalls am Kirchplatz steht übrigens das jüngste Fachwerkhaus der Stadt, erbaut 1996.

Bei so viel Fachwerk ist es kein Wunder, dass Alsfeld, gemeinsam mit Homberg (Ohm), Schlitz und Lauterbach an der insgesamt mehr als 3.000 Kilometer langen Deutschen Fachwerkstraße liegt. Die feierte im Jahr 2015 ihren 25. Geburtstag und lädt Touristen wie interessierte Anwohner ein, die Region unter dem Blickwinkel des Fachwerkbaus zu entdecken. Keine schlechte Idee – ein Anfang wäre gemacht. Im Vogelsberg!

Eine Fachwerkkirche mit außergewöhnlichen Schnitzereien

„Im Vulkangebiet des Vogelsbergs, wo es an brauchbarem natürlichen Baustein mangelt, wurde in den Jahrzehnten um 1700 eine große Zahl von Fachwerkkirchen gebaut. Viele sind vernichtet, aber ein Teil mag noch stehen. Sie bilden einen seltenen Schatz der Landschaft als Mittelpunkte der Dörfer, mit denen sie durch die gleiche Bauart verwachsen sind." So beschrieb im Jahr 1954 Heinrich Walbe den Fachwerkkirchenbau im Vogelsberg in seinem Klassiker „Das hessisch-fränkische Fachwerk". Und trifft damit ziemlich genau den Kern des Wesens von Fachwerkkirchen. Natürlich heben sie sich optisch ab von den Häusern der Dorfbewohner, früher häufig Bauern und Handwerker, dennoch stechen sie nicht durch einen großen Bauaufwand oder Pomp hervor. Sie sind aus Holz und Lehm, genauso wie die Häuser der Menschen, die sie einladen wollen, in ihnen zu Gott zu beten, Ruhe und Trost zu finden oder gemeinsam zu feiern oder zu trauern.

Sellnrod, Büßfeld, Dirlammen, Breungeshain – alle aus der Hand eines Meisters

Fachwerkkirchen sind in Oberhessen besonders typisch – eine Vielzahl von ihnen gibt es in den Dörfern und kleinen Städten des Vogelsberges zu entdecken. Als eine der schönsten Fachwerkkirchen im ganzen Vogelsberg wird häufig die Kirche in Schotten-Breungeshain genannt. Und in der Tat: Seit ihr mehr als 300 Jahre altes Fachwerk wieder vom Putz befreit und saniert wurde, strahlt die Kirche in dem kleinen 350-Seelen-Dorf voller Stolz, ihr Backsteinturm mit seiner dem Barock nachempfundenen Haube weist schon von weitem den Weg in die Mitte des Ortes. 1708 an derselben Stelle wie ihr Vorgängerbau errichtet von Zimmermeister Hans Georg Haubruch aus Herbstein, reiht sich die Breungeshainer Kirche ein in die sakralen Bauwerke in Sellnrod, Büßfeld und Dirlammen, die alle vom selben Meister gebaut wurden und sich besonders durch ihre Raumhöhe und Größe auszeichnen. Die Kirche ist ein einschiffiger Saalbau mit dreiseitigem Chorschluss an der Ostseite des Gebäudes, die teilweise verschindelt ist. Den Kirchenraum überspannt ein Kreuzgewölbe, gefertigt aus Holz und teilweise verputzt. Die Rippenbögen stützen sich auf hölzerne Halbsäulen, die fest mit der Wand verbunden sind – eine durchaus seltene Konstruktion in Fachwerkkirchen. Den Abschluss des Chorgewölbes bildet ein Schlussstein mit dem geschnitzten Abbild eines Pelikans, der seine Jungen mit dem eigenen Blut nährt. Der Pelikan steht hier als Sinnbild für den fürsorgenden Jesus, der sich für die Menschen opfert. Datiert ist diese Arbeit mit der Jahreszahl 1715 – ein Hinweis auf die Fertigstellung der Kirche; offenbar musste der Innenausbau warten, bis wieder ein wenig Geld in der Kasse war. Wie die Legende des in dieser Zeit in den Vogelsberger Breiten noch völlig unbekannten Vogels hierher kam, ist fraglich, allerdings findet sich der Pelikan in vielen anderen Kirchen, beispielsweise auch in der Fachwerkkirche in Stumpertenrod. Die reich verzierte Kanzel in der eigentlich schlichten Kirche stammt ebenso wie die Steinfliesen aus der Entstehungszeit des Gebäudes, ist also dem Barock zuzuordnen. Wie in vielen zur damaligen Zeit entstandenen Kirchen sind auch in Breungeshain eine Quer- und eine Längsempore angeordnet. In früheren Zeiten waren sie für die Männer bestimmt – es gab sogar eine „Soldatenbühne" -, die Frauen saßen unten. Eine Sitzordnung, die heute nur noch selten eingehalten wird.

Mächtige Eichenstämme, von Hand bearbeitet

Die Außenwände der Kirche sind aus mächtigen Eichenstämmen errichtet, denen man ansieht, dass sie per Hand und mitunter recht grob bearbeitet wurden. Die weniger schönen Balken wurden für das Gestühl verwendet – hinter der Täfelung fiel es nicht so auf, dass die Balken ein wenig krumm und unregelmäßig sind. Es ist zu vermuten, dass sie aus dem holzreichen Oberwald stammen, wie das Holz für die meisten Fachwerkhäuser in der Region. Mehrere Mannfiguren zieren das Fachwerk – ein für die Region durchaus typisches Erscheinungsbild. Wären da nicht die außergewöhnlichen maskenartigen Menschenköpfe über dem Portal – ein reicher Schnitzschmuck, den man nicht an vielen Kirchen im Vogelsberg sieht. Ein Fratzenwerk, das vielleicht Geister verjagen soll, vielleicht aber auch menschliche Gemütszustände wiedergibt. Zu ihnen gesellt sich eine Gesichtsplastik an der Choraußenseite.

Auch das Portal selbst stellt einen beeindruckenden Blickfang dar: Sein geschweiftes Dach zitiert die Steinarchitektur – ebenso wie das Kreuzgewölbe im Inneren. Ungewöhnlich ist die Ausrichtung des Portals an der nördlichen Längsseite. Sie ist vermutlich der Lage der Kirche im Ort geschuldet. Die Kirchentür umgeben zwei verzierte Wandpfeiler, ein Türriegel schließt das Portal nach oben ab. Darin befindet sich eine Inschrift, die den Bauherrn würdigt: „Im Jahre Christi 1708 den 17. Juni. Der Zimmermann M. Hans Georg Haubruch von Herbstein". Das Giebelfeld über dem Portal ziert das hessische Staatswappen, so wie es zur Zeit des Landgrafen Ernst Ludwig geführt wurde. Breungeshain gehörte in der Bauzeit seiner Fachwerkkirche zur Landgrafschaft Hessen-Darmstadt. Alle dazugehörigen Abteien und Grafschaften sind in dem Wappen vertreten: Hessen, Hersfeld, Katzenellenbogen, Nidda, Ysenburg, Ziegenhain, Diez und Schaumburg.

Ein Fachwerkbau braucht Aufmerksamkeit

Zur Zeit ihrer Entstehung bis in die Fünfzigerjahre des vergangenen Jahrhunderts trug die Breungeshainer Kirche einen Dachreiter. Dieser litt jedoch unter den Schwingungen der Glocke und drohte einzustürzen. So wurde er abgebrochen und der Kirche ein massiver Turm zur Seite gestellt, der sich sehr gut in das Gesamtbild einfügt.

Wenngleich die Breungeshainer Fachwerkkirche äußerlich schon mehrfach verändert, verschindelt, verputzt, freigelegt und teilweise neu verschindelt wurde, blieb sie sich doch immer treu. Auch im Inneren hat sie sich seit ihrer Entstehung nur unwesentlich verändert. Bis auf einige Bemalungen, die aus den Dreißigerjahren stammen, und einigen Modernisierungen wie dem Bau einer Heizung, der Vergrößerung der Orgelbühne und einigen anderen kleinen Arbeiten, ist diese Kirche noch immer ein schönes Beispiel oberhessischer Baukunst des 18. Jahrhunderts geblieben, das jeden Besucher in seinen Bann zieht.

Allerdings, so weiß man in Breungeshain, fordert ein Fachwerkgebäude immer wieder Aufmerksamkeit, denn das Vogelsberger Klima setzt dem Holzbau ständig aufs Neue zu. Daher soll eine weitere Seite des Chorpolygons an der Südseite verschindelt werden. Die Sichtseiten allerdings sollen erhalten bleiben. Schließlich sind die Breungeshainer stolz auf ihr Kleinod mitten in ihrem Ort.

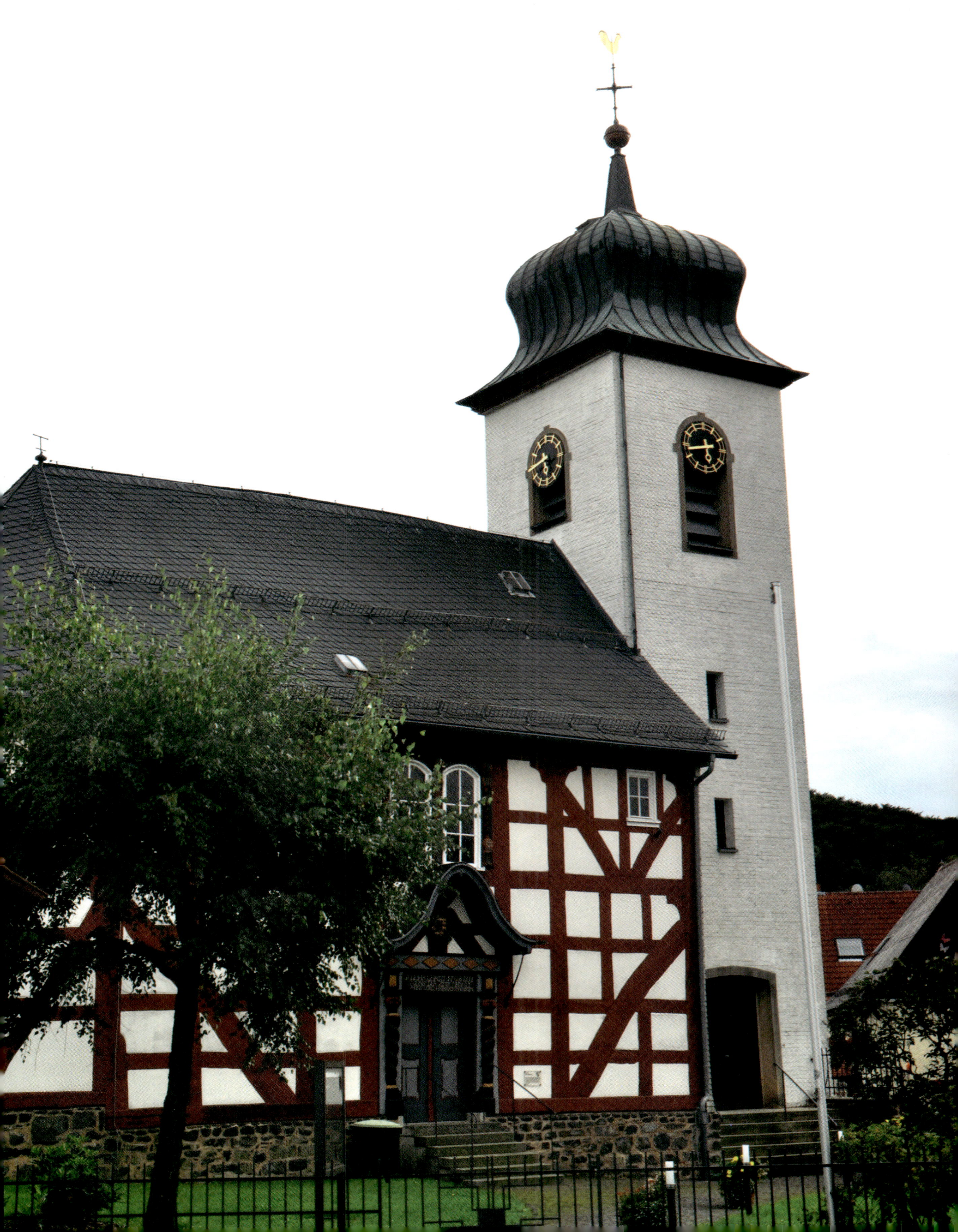

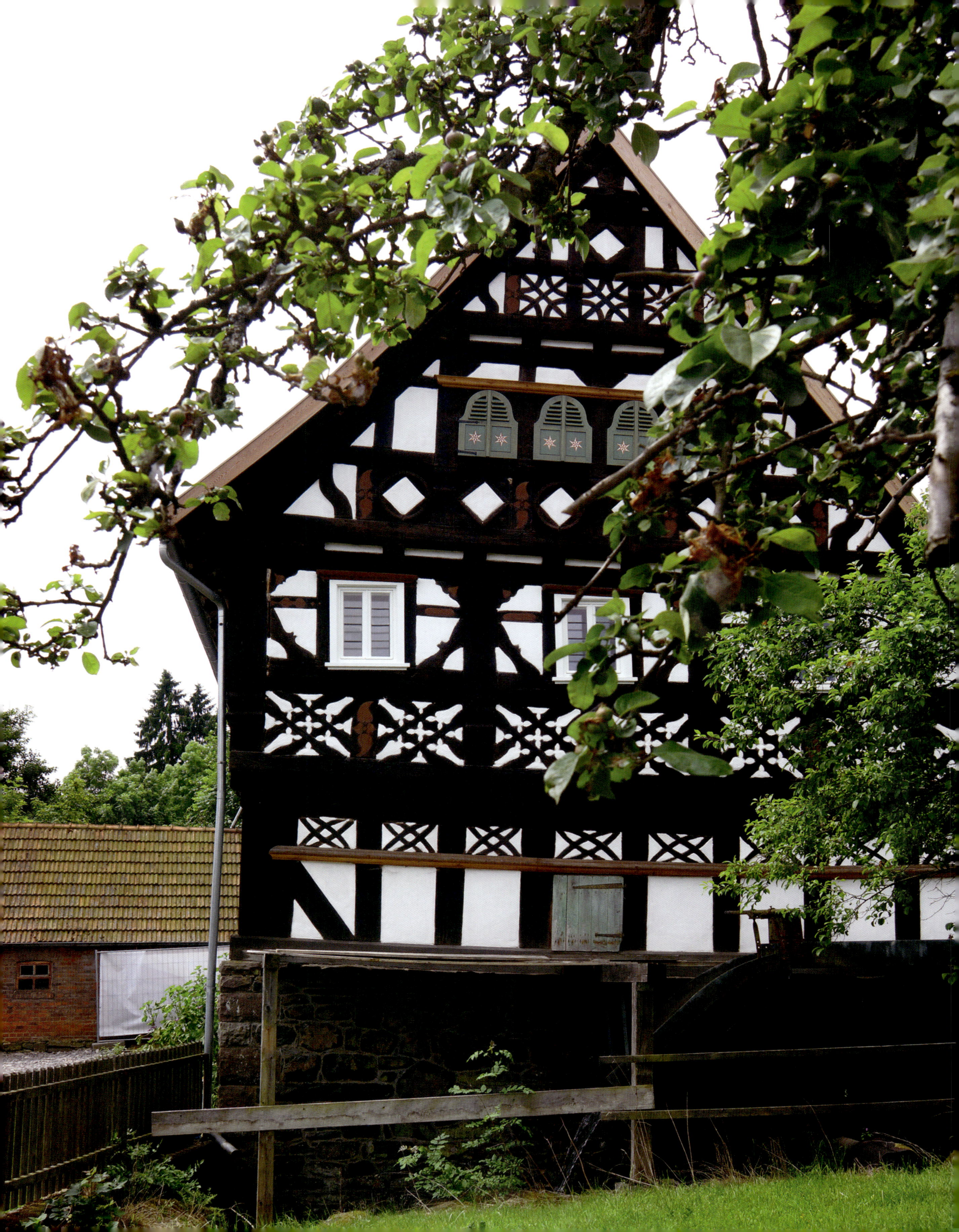

Fachwerk wie nicht von dieser Welt – Teufelsmühle in Ilbeshausen

„Unter allen Gebäuden zu Ilbeshausen, ja, man kann sagen, im ganzen hohen Vogelsberg, zeichnet sich die Hansenmühle durch ihre Bauart aus. Sie ist zwar aus Holz gemacht, aber so bedeutend in der Länge, so fein und kostbar mit allerlei Zierrat an Fenster, Gebälk und Türen, wie kein ander Haus herum. Das hat auch seine besondere Bewandtnis."

So beginnt die Sage um die geheimnisvolle Geschichte der Teufelsmühle zu Ilbeshausen, und wer die Teufelsmühle einmal gesehen hat, ist geneigt, zu glauben, dass eine solche Pracht, wie sie das reiche Schmuckfachwerk an beiden von der Straße her sichtbaren Seiten des mehr als 320 Jahre alten Mühlengebäudes im Schwarzbachtal aufweist, tatsächlich nicht von Menschenhand geschaffen worden sein kann. Dennoch: Eine irdische Geschichte und einen ganz normalen Namen hat sie, die Hansenmühle oder, wie man in Ilbeshausen sagt, die Hansemell. Erbaut wurde sie 1691 von dem in der Region nicht unbekannten Zimmermeister Hans Muth aus Lauterbach. Die Bauherrschaft war die Familie des Müllers Claes Tuveln – aus diesem Namen mag im Volksmund der Begriff „Teufelsmühle" entstanden sein. Erstaunen über die reiche Fachwerkkunst mochte dabei mitgeschwungen haben, genauso wie ungläubiges Staunen über das Zurschaustellen derselben, war es doch ungewöhnlich, leichtsinnig und auch ein wenig arrogant, eine solche Pracht unverschindelt den rauen Vogelsberger Wintern auszusetzen.

Eines der bedeutendsten Fachwerkgebäude in Hessen

Als Erklärung für den seinerzeit sicherlich Aufsehen erregenden Bau – nicht nur das Fachwerk, auch die Deckenhöhe von über zwei Metern war einzigartig in der Region – sieht man heute den ursprünglichen Besitz: Das Vorgängergebäude gehörte einst den Freiherren von Riedesel, die dieses Anwesen 1530 an Claes Tuveln zu Lehen gaben, mit der Auflage, es „in gutem Bau und Besserung zu halten" – einem Gebot, dem ein Nachkomme Tuvelns mit dem Neubau der heutigen Mühlenanlage offenbar mehr als pflichtbewusst nachkam.

Es ist die Vielzahl an Rauten, Kreis- und Andreaskreuzmotiven in den Brüstungsfeldern der vorderen Giebel- und Traufseiten, die die Blicke auf sich ziehen und von einer außergewöhnlichen Zimmermannskunst zeugen. Die Eichenbalken – vermutlich aus dem Oberwald rund um Grebenhain und Ilbeshausen-Hochwaldhausen – sind gebogen und gekreuzt angeordnet und in herausragender Weise künstlerisch gestaltet. Ein Grund für diese im Vogelsberg sehr ungewöhnlichen Fachwerkmotive sehen die Historiker in den Wanderjahren des Baumeisters, der einige Zeit in Thüringen verbracht hat und von der dortigen Fachwerkkunst beeinflusst war. So hat Hans Muth diesem Bauwerk sehr markante Merkmale zugeordnet, etwa indem der gesamte obere Wandteil des Obergeschosses um wenige Zentimeter nach außen hervortritt. Die konstruktiven Verstrebungen in der klassischen Mann-Form wirken aufgrund ihrer kurzen Kopf- und Fußbänder sehr ungewöhnlich und weisen einen eher schmückenden als konstruktiven Charakter auf. Und genau dieser schmückende Charakter ist es, der die Teufelsmühle zu einem der schönsten und bedeutendsten Fachwerkgebäude nicht nur im Hohen Vogelsberg macht, wie es eingangs in der Sage hieß, sondern in ganz Hessen.

Nach neuesten Studien des Fachbereichs Architektur der Hochschule Darmstadt geht man davon aus, dass die Teufelsmühle, so ungewöhnlich sie auch gebaut ist und so auffällig ihre Optik, nicht nur aus dem mächtigen Eichenholz des Oberwaldes, sondern sehr profan auch aus dem Material von mehreren alten Häusern errichtet wurde. „Die Untersuchungen haben ergeben, dass einige der Balken älteren Datums als 1691 sind", erläutert Reinhard Schneider. Auch die Haustür, ein prachtvolles Stück selten gesehener Holzkunst, soll aus einem anderen Gebäude, vielleicht sogar der Vorgängermühle stammen. „Ich wollte sie bei der Sanierung gerne etwas grader einbauen, als sie war, aber aus Gründen des Denkmalschutzes blieb sie so windschief wie eh und je", lacht Schneider. Gemeinsam mit seiner Frau Renate ist er heute Besitzer des stattlichen Anwesens, zu dem in dem 1000-Seelen-Dorf auch viel Land und einige Nebengebäude gehören. Das Ehepaar hat es sich zur Aufgabe gemacht, die sagenumwobene Mühle zu erhalten. Dafür haben sie in den Jahren 2011 bis 2015 große Anstrengungen unternommen: Die Teufelsmühle wurde gemeinsam mit der Denkmalschutzbehörde und ausgewählten Handwerksbetrieben komplett saniert und erstrahlt nun wieder in ihrem ganz besonderen Glanz. Bewohnt ist das alte Gebäude auch – ein Wunsch der Vorfahren von Renate Schneider, die die Mühle vor einigen Jahren geerbt hat. Dieser Verpflichtung ist die Familie Schneider so vorbildlich nachgekommen, dass sie im Jahr 2014 sogar einen Denkmalschutzpreis erhielt. Maßgabe für die Sanierung war, möglichst viel originale Substanz zu bewahren und der Teufelsmühle ihre ursprüngliche Schönheit wiederzugeben. Mit viel Engagement und Herzblut ist dies gelungen. Dabei wurde auch im Innenraum auf eine möglichst schonende Sanierung geachtet: Im Eingangsbereich finden sich über hundert Jahre alte Fliesen, die von ihrer Art und ihrem Dekor ganz typisch für die Region sind, fast alle Türen konnten erhalten werden und der neue Mieter nutzt sogar einige der alten Bauernmöbel, die auf dem Dachboden lagerten. Die Mühle läuft immer noch, wenn auch nur zu nostalgischen Zwecken. Ach ja, auf den anderen beiden Seiten der Teufelsmühle sieht man übrigens ein ganz normales Fachwerk, das noch dazu auf der Wetterseite verschindelt ist. Ganz so, wie es sich gehört im Vogelsberg!

... was der Teufel mit der Mühle zu tun hat

Und was hat es nun mit der Sage auf sich? „Ein einzlinger Mann hatte sich sieben Jahre im Oberwald das Holz gehauen und bearbeitet und den ganzen Plan mutterseelenallein gemacht, dass, als es ans Bauen ging, ihn der Hochmut überkam und er mit dem Teufel wettete, dass er grade so schön und schnell bauen könne wie er selbst", heißt es in dem Band „Oberhessische Sagen". „Infolgedessen machten sich denn die zwei an ihr Werk, der Teufel baute den unteren Giebel, der so wunderschön und noch jetzt der Bewunderung aller ist, der Zim-

Wasserrad der Teufelsmühle in Ilbeshausen

mermann den oberen, der jenem nicht im mindesten entspricht. Zudem ward der Teufel auch eher fertig und hing zum Hohn seinen roten Hut auf die oberste Spitze des Gebäudes nach dem Walde hin auf, dann führte er den Zimmermann ins Krainfelder Feld; da zerriss er ihn in den Lüften. Seitdem heißt die Mühle die Teufelsmühle im Leutemund, obschon es der Müller nicht gern hat, wenn man sie so nennt. Es befindet sich in ihr ein Wandgefach, das ist von außen anzusehen wie ein Fenster, dadurch schlupft der Teufel aus und ein auf der Mühle. Wenn man dasselbe den einen Tag zugemauert hatte, fand man's allemal am nächsten Morgen wieder geöffnet."

Zumindest für den Glanz nach der Sanierung ist sicher, dass der Teufel nicht die Hände im Spiel hatte, oder sollte er etwa doch heimlich von der benachbarten Teufelskanzel hinabgestiegen sein?

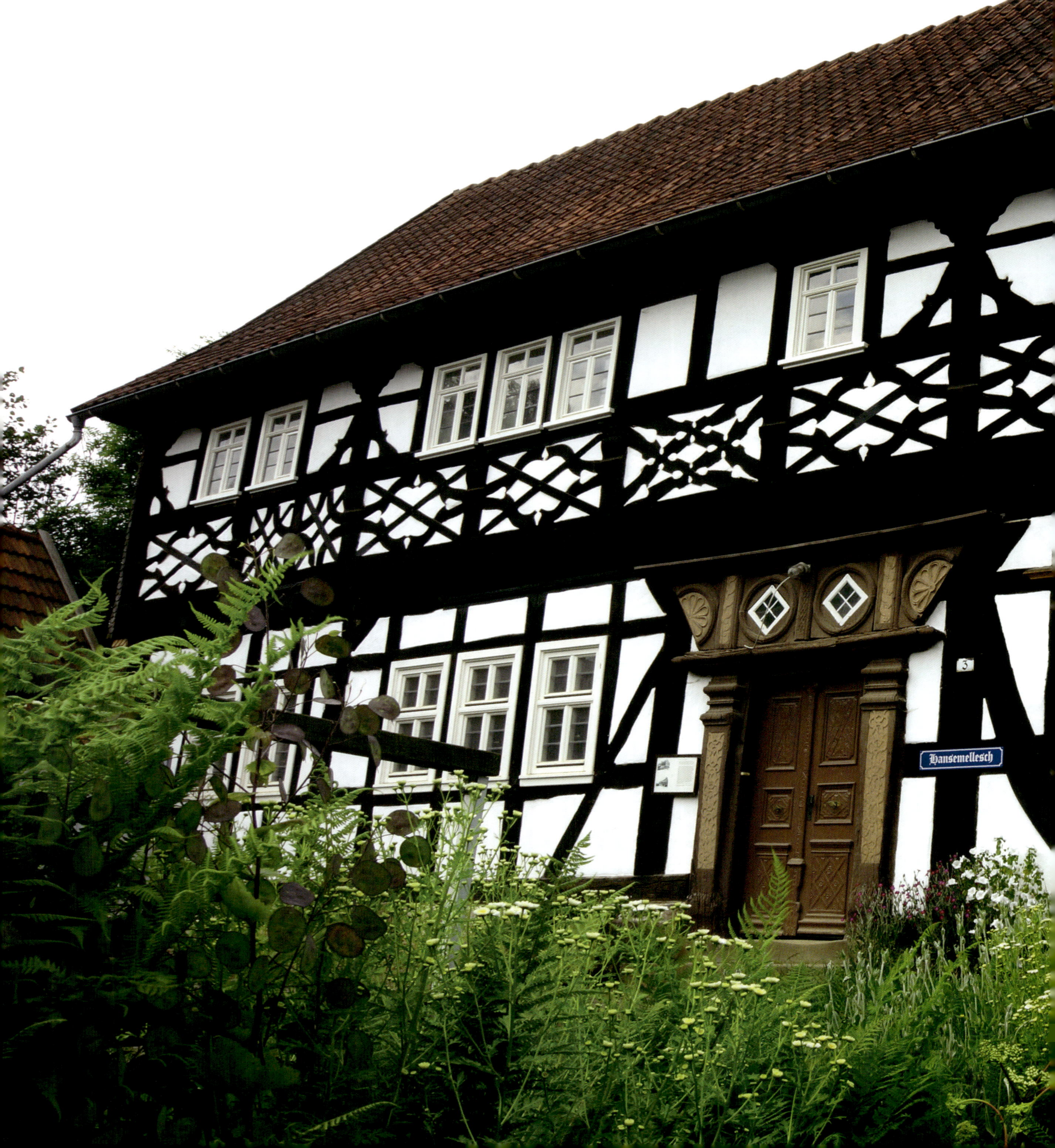
3
Hansemellesch

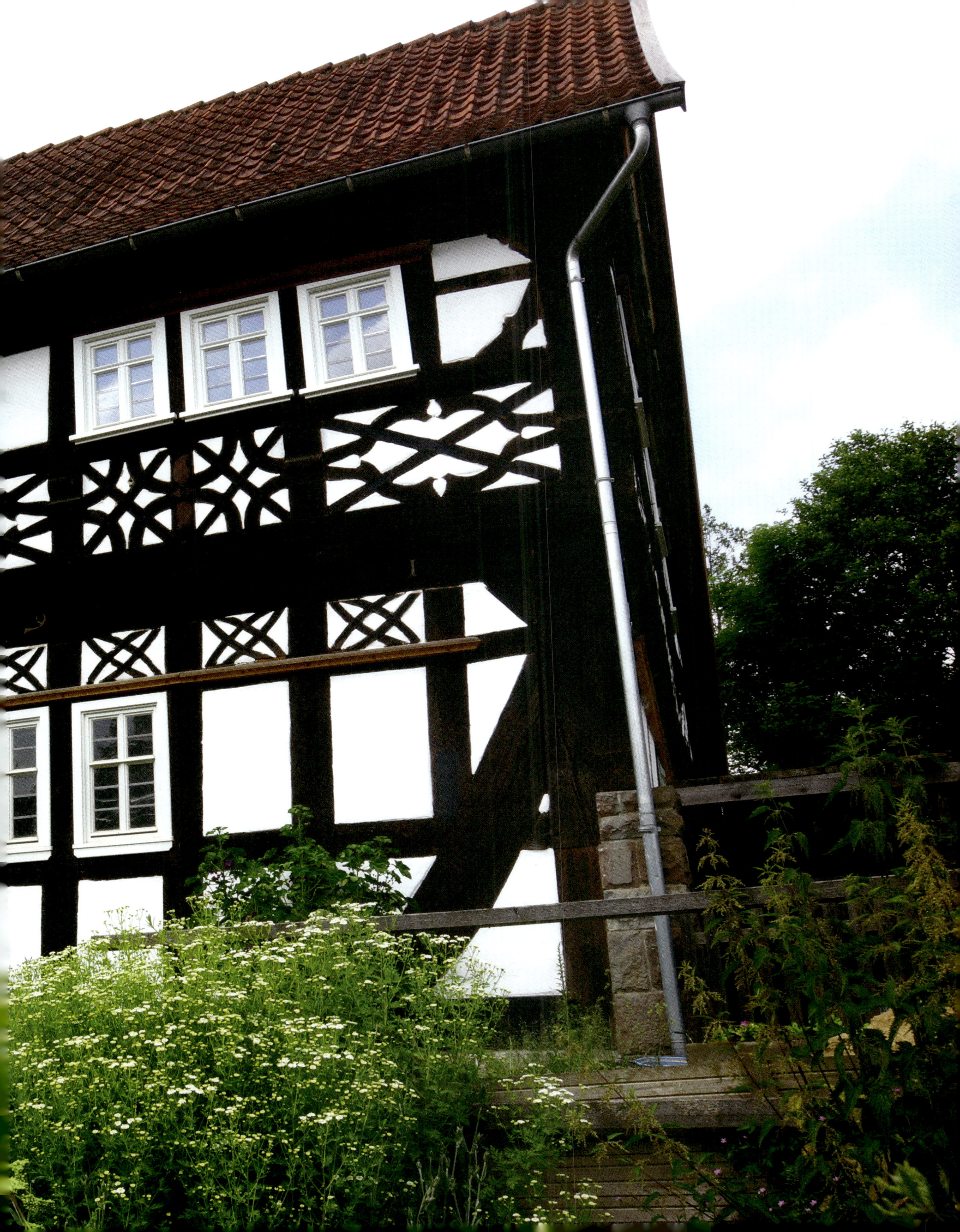

Der Totenköppel – mystischer Ort von einmaliger Schönheit

Die Besiedelung des Vogelsberges hatte bis zur ersten Jahrtausendwende die Höhen des Mittelgebirges erreicht. Reste früher menschlicher Siedlungen und Begräbnisstätten findet man heute noch an der ganzen oberen Schwalm von Altenburg über den Kugelberg bei Vadenrod bis hin zum Ziegenrückskopf bei Dirlammen und Allmenrod. Die dort oberirdisch erhaltenen Grabhügel stammen aus der Bronzezeit. Ihre Erbauer lassen sich keiner bekannten Volks- oder gar Stammesgruppe zuordnen. Später jedoch haben auch die Chatten, unsere germanischen Vorfahren, dort ihre Spuren hinterlassen, was sich noch heute an den Flurnamen ablesen lässt.

Die größte Verehrungsstätte des Gottes Thor stand bei Meiches. Genau dort findet man heute noch den Totenköppel, den letzten bestehenden Sippenfriedhof Deutschlands.

Grandiose Landschaft vor geheimnisvoller Geschichte

Fragt man sich, ob der Meicheser Totenköppel wohl ein mystischer Ort ist, so muss man sich nur einmal dorthin begeben. Den Blick über die weite Landschaft schweifen lassen, den Wind spüren, der auch im Hochsommer für angenehme Kühle sorgt („De Duurekebbel ess emmer fier en Motze mieh guud" – „Der Totenköppel ist immer für eine Jacke mehr gut", heißt es hier), die Augen schließen, schweigen.

Ja, der Totenköppel ist ein mystischer, ein besonderer Ort, die Kirche darauf der Legende nach von Engeln höchstpersönlich geschaffen – im Flug von Rom, aus dem Heiligen Land oder gar direkt vom Himmel dort hingebracht. Nach einer anderen Sage sollen zwölf weiße Hirsche das Bauholz für die Kirche auf ihren Geweihen immer wieder vom einst vorgesehenen Ort im Dorf Nacht für Nacht auf den Totenköppel gebracht haben, bis die Menschen ein Einsehen hatten und ihre Heilig-Kreuz-Kirche schließlich an der Stelle errichtet haben, wo sich zuvor eine heidnische Gebetsstätte befunden haben soll. Seit mehr als 1200 Jahren werden hier die Toten des Dorfes Meiches beerdigt, doch wann genau ein erster Kirchenbau an dieser Stelle vollendet wurde, kann bisher niemand sagen.

Nähern kann man sich dem Totenköppel auf verschiedene Möglichkeiten: Die einmalige Topografie mit einer exponierten Lage am Rand des Vogelsbergmassivs, im Quellgebiet der Schwalm, kann ein Ausgangspunkt sein. Oder die Religionsgeschichte, die sich anhand der Gräber, Epitaphien und der Kirchenbauten hier wie in einem offenen Buch präsentiert. Oder die Baugeschichte – denn das, was man heute auf dem Totenköppel sieht, ist nicht der Urzustand, sondern das Ergebnis einiger erheblicher Um- und Ergänzungsbauten, wenn auch ein Teil des Inneren der Totenkirche als seit 700 Jahren unverändert gilt.

Erbaut von Himmelsboten an einem einst heidnischen Platz, steht die Totenkirche auf dem letzten Sippenfriedhof Deutschlands.

„Schmerzensmann" und Taufstein

Sehr alt soll auch der „Schmerzensmann" sein, den man erst vor wenigen Jahren, im Jahr 2007, bei Arbeiten an dem Mauerwerk freigelegt hat. Dieses Bildnis Jesu, geschätzt um das Jahr 1275 entstanden, gilt als eine der ältesten bekannten Darstellungen des „Schmerzensmannes" in Wandmalerei, der gleichsam in seiner tiefsten Erniedrigung als auch in seiner größten Erhabenheit dargestellt ist: Blutspuren zeugen von seinem übergroßen Leid, seine vor dem Leib fast waagerecht angehobenen Unterarme machen die Wunde an der Seite sichtbar. Geißelspuren bedecken den Körper, er trägt eine schwarze Taukrone, so wie man sie sich zu dieser Zeit vorgestellt haben mag. Seine erhobenen Hände sind Ausdruck seiner Erhabenheit, eine fürstliche Geste geradezu. Die überlangen Finger entsprechen der damaligen Bildersprache wie derjenigen des Sachsenspiegels, und sein gedehnter, überlanger Oberkörper soll dem tiefer stehenden Betrachter eine ansprechende Perspektive vermitteln. Das Fresko des „Schmerzensmannes" in der Meicheser Totenkirche wurde aufwendig restauriert und beeindruckt heute Besucher und Kunstkenner aus nah und fern.

Ein Taufstein ist ebenfalls in der kleinen, nur spärlich eingerichteten Kirche zu finden. Der große Stein trägt die Jahreszahl 1501, so scheint das Alter des

Relikts gesichert, das zu einer größeren Anzahl gleichartiger Taufsteine des hiesigen Raumes aus den Jahren 1465 bis 1525 gehört. Darauf zu sehen ist nicht nur ein Abbild des Gekreuzigten, sondern auch des Drachentöters St. Georg, der ein beliebter Heiliger sowohl in der Landwirtschaft als auch unter den Rittern war. Der Kirchenpatron ist er dennoch nicht, obwohl viele Jahre lang angenommen wurde, die Totenkirche trage nach ihm den Namen „St.-Georgs-Kirche". Heute weiß man, dass sie stets die Heilig-Kreuz-Kirche war, was vielleicht sogar ein Hinweis auf die Anwesenheit Bonifatius' auf dem Totenköppel ist. Viele Anspielungen auf Insignien der damaligen Machtverhältnisse sind in dem achteckigen Becken enthalten: Paradies und himmlisches Jerusalem (Zion) werden durch ein stilisiertes Zaungeflecht am Fuß des Beckens dargestellt, ein fünfstrahliger Stern symbolisiert alle Geheimnisse der Menschheit, und der Lilienstab steht für das Reichszepter und somit für die Macht des Reiches. Experten vermuten, dass sich im Chorraum der Kirche eine Krypta befunden hat. Die Sage geht noch ein wenig weiter: Bis nach Eisenbach oder gar Fulda soll ein unterirdischer Gang geführt haben.

Geschichten von Zeiten und Menschen

Viele, viele Geschichten könnte auch die Friedhofsmauer erzählen. Sie rahmt einen Platz ein, der, obwohl außerhalb des Dorfes, seit vielen Jahrhunderten eine tragende Rolle im Leben der Menschen in Meiches spielt: Nur sie allein haben Recht und Anspruch auf ein Begräbnis auf Deutschlands einzigem noch aktiven Sippenfriedhof. Dieses Begräbnisrecht ist ungeschrieben mit dem jeweiligen Haus verbunden. Eine neu geschaffene Tafel gibt Aufschluss darüber, welche Familie – mit Hausnamen natürlich – an welcher Stelle ihre letzte Ruhe findet. Noch dazu lässt sie einen Blick frei auf die Totenkirche und gesteht ihr die zentrale Rolle auf dem Totenköppel zu. Doch wo wurden die anderen, die Zugereisten, begraben? Für sie hatte man einen Platz an der Kirchhofmauer. Dort fanden Fremde ihre letzte Ruhestätte, Handwerksburschen, Zigeuner, Lehrer, Pfarrer, und sogar ein amerikanischer Soldat, der im 2. Weltkrieg bei Meiches abgeschossen wurde, fand hier, wenn auch nur vorübergehend, ein Grab.

Jede Generation trauert auf ihre Weise – Zeugnis der verschiedenen Arten zu trauern, legen die Grabsteine und Epitaphien ab, die aus längst vergangenen Tagen aufgehoben und rund um die Totenkirche und an der Leichenhalle aufgestellt werden. Alte Grabsteine, die heute verblasst sind, mögen in ihrer Blütezeit farbig gefasst gewesen sein. Sie bilden die komplette Familie eines Verstorbenen ab, so akribisch, dass bereits verstorbene Kinder einer Familie mit einem Kreuz in der Darstellung bedacht wurden. Andere erzählen die Sterbeszenen – so ist in Stein gemeißelt der Sturz von einem Obstbaum dokumentiert. Die „Mode" der Grabmale im Lauf der Jahrhunderte lässt sich an den verschiedenen Gräbern ablesen. Heute finden sich wieder Schmiedekreuze wie vor hundert Jahren auf dem Totenköppel – ein nie endender Kreislauf findet dort oben statt, symbolisiert auch durch den Umgang der Menschen mit dem Tod und mit ihren Toten.

… eine großartige Harmonie

Jeder Stein, jeder Baum, jedes Grab – alles atmet Geschichte an diesem ver-

Historische Grabsteine (oben) und eine Übersichtstafel zur Anordnung der Gräber auf dem Sippenfriedhof (links)

wunschenen Ort, der auch gerne nur zum Verweilen einlädt und zu einem berauschenden Blick über die weite, weite Landschaft des Vogelsberges und der Rhön. Von hier aus blickt man zur Burg Herzberg und zum Rimberg, zur Amöneburg oder bis nach Fulda, zur Milseburg und zur Wasserkuppe und bei gutem Wetter sogar bis zum Großen Inselberg im Thüringer Wald. „Hier oben fügt sich alles zu einer großartigen Harmonie: Vergangenheit und Gegenwart; Geschichte und Schöpfung." Mit diesen Worten hat der ehemalige Meicheser Pfarrer Traugott Begrich den einzigartigen Berg beschrieben. Sie treffen es genau.

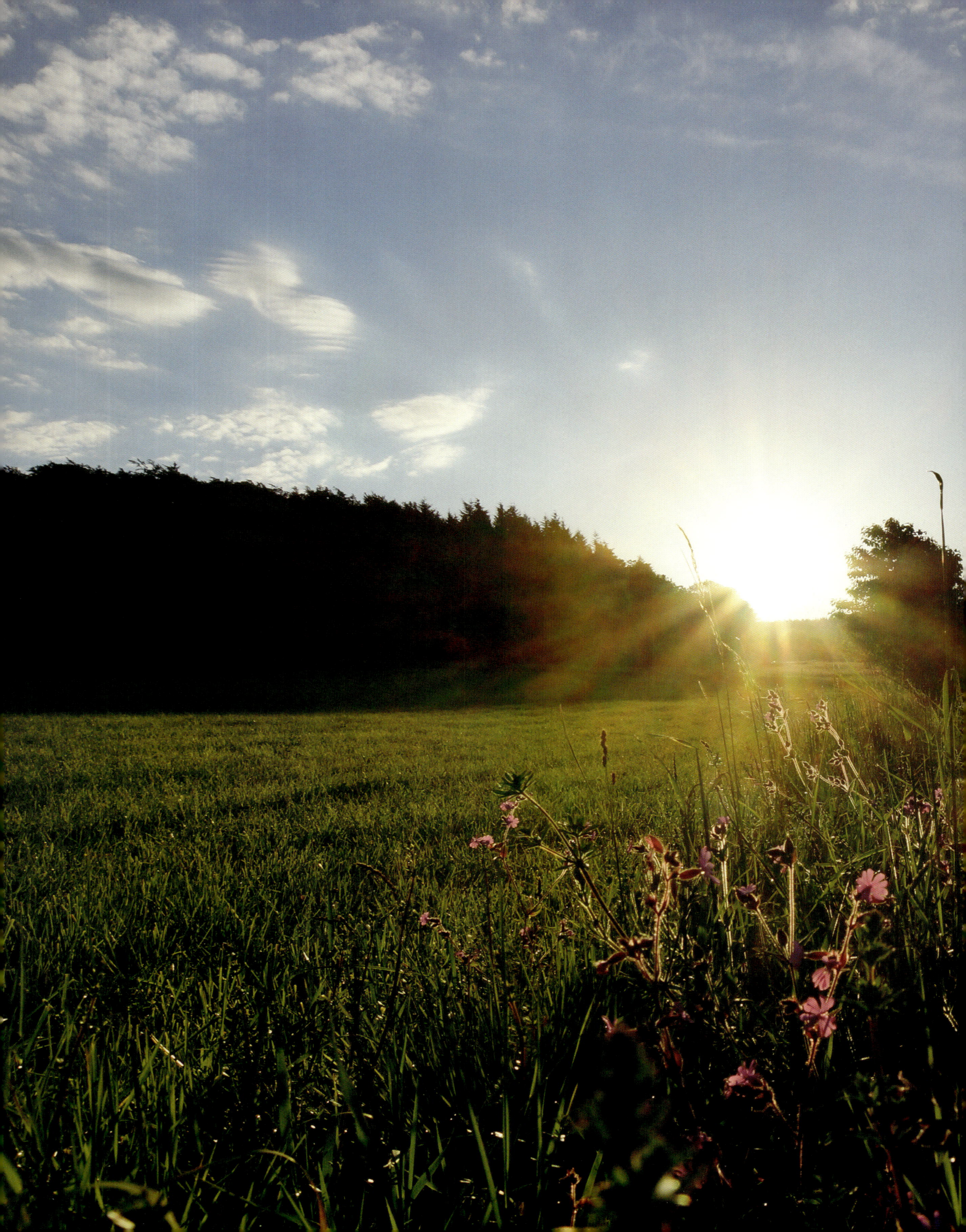

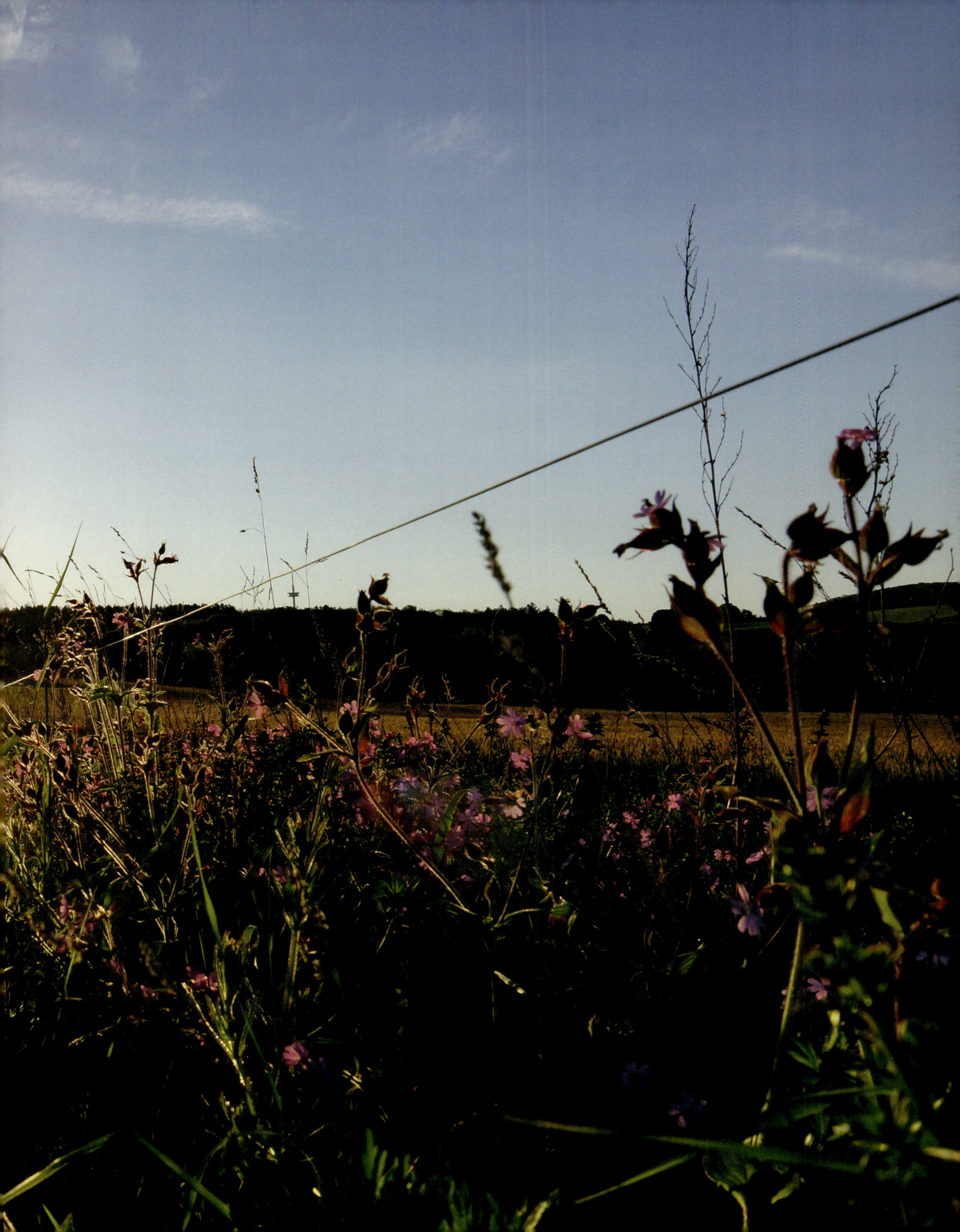

Danksagungen

Elfriede Maresch sagt Danke ...

Meine Beiträge hätten nicht ohne Dialog mit den vielen haupt- oder ehrenamtlich im Naturschutz Engagierten geschrieben werden können. Sie gaben ihr Wissen bereitwillig weiter, ihre Leidenschaft für den Naturraum Vogelsberg war ansteckend. So muss ich schon Jahrzehnte zurückdanken: den Begleitern auf Vogelstimmen- oder Pflanzenwanderungen, den Referenten beim „Schottener Forum". Stellvertretend für sie alle sei Karlheinz Zobich, Vorsitzender des NABU Vogelsberg, genannt, der mich zu den Mooser Teichen begleitete. Ebenso hilfsbereit waren die Mitarbeiter von Hessen-Forst, etwa Jörg Mewes (Naturwaldreservat Niddahänge östlich Rudingshain). Wichtiges über Quellen war von Stefan Zaenker (Landesverband Höhlen- und Karstforschung e.V.), über Hydrogeologie des Vogelsbergs von Dr. Hans Otto Wack (Schutzgemeinschaft Vogelsberg e.V.) zu erfahren. AZN-Gesprächspartner war Dr. Martin Jatho, stellvertretend für die Naturparkführer seien Claudia Blum und Andreas Rüb genannt, für den Vogelsberggarten dessen „Vater" Ernst Happel und Geschäftsführer Richard Golle. Über Naturschutz um das Bauwerk Niddatalsperre herum informierte Talsperrentechniker Armin Hudetz. Beim Naturschutzgroßprojekt waren Günter Schwab und Ruben Max Garchow informative Gesprächspartner. Susanne Seipel war Dialogpartnerin beim Abschluss der Texte.

Traudi Schlitt sagt Danke ...

Pfarrer Helmut Korth und Helmut Klaus für die Unterstützung bei der Recherche zur Basaltkirche Wingershausen. Reinhard Schneider, Besitzer der Teufelsmühle und Ansgar Brockmann, der mit seiner Veröffentlichung in „Denkmalpflege und Kulturgeschichte, 1/2014" die Fakten zur Teufelsmühle in Ilbeshausen-Hochwaldhausen lieferte. Karl Rudi für die spannende Führung rund um Mücke als Grundlage des Beitrags „Erzabbau Mücke". Helmut Meß unterstützte dabei, die Geschichte vom alten Schmer-Schorsch zu erarbeiten. Handwerklich große Leistung und anschauliche Darstellungen lieferte Martin Räther, der genau wusste, wie Trockenmauern aufzuschichten sind. Mit dem Totenköppel kannte sich Helmut Volz aus, und Ingrid Wriedt erzählte, wie sie aus dem Gestein des Vogelsbergs ihren Basaltschmuck fertigt. Jochen Weppler und Armin Ziegler hatten einiges zum Thema Fachwerk zu berichten. Werner Weitzel, Frank Eckhardt und Erco von Dietze schließlich lieferten die entscheidenden Details zur Fachwerkkirche Breungeshain.

Frank Uwe Pfuhl sagt Danke ...

Mein ganz besonderer Dank geht an Alfred Leiß, der sich für die Herausgabe eines Bildbandes zum Vogelsberg eingesetzt und schließlich die OVAG überzeugt hat, dieses Projekt anzugehen. Alfred Leiß hat auch während der Vorbereitung und Erstellung des Buchs immer wieder Informationen und Fachwissen eingebracht. Besonders schön waren die gemeinsamen Streifzüge durch den Vogelsberg und seine motivierenden Worte.
Ein großer Dank auch an Kerstin Bär: Mit großem Engagement war sie bei der Sache, stand für die fachliche Beratung in allen Fragen der Geologie und Vulkanologie zur Verfügung, hat Texte gegengelesen, fachliche Anmerkungen gemacht und damit das Kapitel zur Geologie wesentlich mit geprägt. Ein Dank auch an das restliche Team der Deutschen Vulkanologischen Gesellschaft (DVG), Sektion Vogelsberg, die mir bei der Auswahl geeigneter Geotope halfen.
Gerold Beckmann war einer der ersten Interviewpartner bei der Recherche. Ihm und seiner intimen Kenntnis des Vogelsbergs sind viele gute Hinweise auch auf Bildmotive zu verdanken.
Rund um Gedern und auf dem Eisenpfad führte mich ortskundig Erhard Müth, mit ihm stieg ich über Pingenfelder und kletterte in den Steinbruch am Schmitterberg. Eine ebenso spannende Führung zum Eisenerzabbau rund um Mücke, durch die Weikartshainer Schweiz und zur Renaturierung des Seenbaches hat mir Karl Rudi geboten. Danke auch an Hartmut Greb für die ergänzenden Informationen zum Geopark.
Seit vielen Jahren bin ich mit Manfred Vogt über den NABU verbunden. Er liefert herausragende Tieraufnahmen. Seine Wat- und Wasservögel schmücken schon die „Auenlandschaft Wetterau", jetzt hat er Aufnahmen Vogelsberger Tierarten beigetragen.
Ebenfalls NABU-Kollegen sind Günter Trageser und Otto Kirchner. Zwei Pflanzenkenner, die mich durch das Unterholz des Oberwaldes schleiften und mit der Nase auf Pflanzen stießen, die ich sonst nie gefunden hätte. Auch ein großer Pflanzenkenner und Orchideenspezialist ist Ortwin Heinrich, der einige Aufnahmen zu Orchideen und Schmetterlingen zu diesem Buch beigetragen hat. Er hat mir, ebenso wie Martin Heerd, auch noch einmal Pflanzennamen bestätigt, bevor sie schwarz auf weiß in den Bildunterschriften landeten.
Herzlichen Dank auch an alle, die hier jetzt nicht genannt sind, aber mit Hinweisen, Tipps und Informationen zum Gelingen des Buchs beigetragen haben.

Bildautoren

Kerstin Bär: 15 (Karte), 34 Mi., 80
Christian Gelpke: 81, 91, 93 Mi., 96 o., 118 Mi., 160 (2, 3), 161 (4)
Ortwin Heinrich: 118 o. + u., 135 u., 140 (1, 2, 3), 141 (4, 6), 161 (5, 6)
Alfred Leiß: 160 (1)
Elfriede Maresch: 99 li. + re., 116, 117, 130, 157, 159
Christina Marx: 79
OVAG: 90, 193
Nikolaus Ruhl: 42, 43
Bodo Runte: 74 o. + u., 171, 175 o. + u., 180, 183, 201, 203 o. + u.
Traudi Schlitt: 163, 164 o. + u., 165, 169 o. + u., 184, 187, 188, 192
Günter Trageser: 141 (5)
Manfred Vogt: 12/13, 93 o., 101 o., 106 o. + u., 107, 123 o. + Mi., 149 o. + u., 179 o.
Werner Weitzel: 191

Alle anderen, hier nicht aufgeführten Bilder, stammen von Frank Uwe Pfuhl.

Impressum

Autoren: Elfriede Maresch, Traudi Schlitt, Frank Uwe Pfuhl

Herausgeber:
Rainer Schwarz und Rolf Gnadl
Oberhessische Versorgungsbetriebe AG (OVAG)
Hanauer Straße 9-13, 61169 Friedberg

Lektorat: Silke Scriba
Fotografie, Gestaltung und Satz: Frank Uwe Pfuhl
Druck: Petermann GZW, Bad Nauheim

Friedberg, Oktober 2015
2. Auflage, September 2016

Alle Rechte vorbehalten. Nachdruck, auch auszugsweise, verboten.
Kein Teil dieses Werks darf ohne schriftliche Einwilligung des Verlegers und der Autoren in irgendeiner Form (Fotokopie, Mikrofilm oder ein anderes Verfahren) reproduziert oder unter Verwendung elektronischer Systeme verarbeitet, vervielfältigt oder verbreitet werden.

Printed in Germany
ISBN 978-3-9815015-8-2

Auenlandschaft Wetterau
Naturjuwel im Herzen Europas

Ralf Eichelmann · Frank Uwe Pfuhl

Die Lebensadern der Auenlandschaft Wetterau sind Usa, Wetter, Horloff, Nidda, Nidder und Seemenbach. Mit dem „Auenverbund Wetterau" entstand 1989 entlang dieser Flüsse ein bis dahin europaweit einmaliges Biotopverbundsystem. Zahlreiche Naturschutzgebiete bilden die Kernzonen. Darin tummeln sich unzählige seltene Tier- und Pflanzenarten, einige davon haben hier sogar ihr einziges Vorkommen in Hessen. Außerdem sind die Auen Rastgebiet für den internationalen Vogelzug: Kraniche, Rotschenkel, Kampfläufer und viele mehr sammeln hier auf ihrer weiten Reise neue Kräfte.

Die Wetterau ist eine Landschaft voller Gegensätze: Sie ist geprägt von Feuchtwiesen, Sümpfen, breiten Flussauen und offenen Wasserflächen. Dabei ist dieser Naturraum einer der niederschlagsärmsten in Hessen. Im benachbarten Vogelsberg regnet und schneit etwa die doppelte Menge an Wasser.

Ein Streifzug in Bildern und Texten. Mit Rad- und Wandertouren.
300 Seiten, über 350 Farbfotos, Lesebändchen und Schutzumschlag
25 Euro zzgl. Versand

ISBN: 978-8-9812122-8-0

Erhältlich telefonisch direkt bei der ovag Energie AG unter 06031 6848-1118 oder in jeder Buchhandlung.